中社智库丛书
Think Tank Series
国家发展与战略丛书
人大国发院智库丛书

2023全球货币金融形势的思考

Reflections on the Global Monetary and Financial Situation in 2023

王晋斌　著

中国社会科学出版社

图书在版编目（CIP）数据

2023全球货币金融形势的思考／王晋斌著. -- 北京：中国社会科学出版社，2025. 4. --（国家发展与战略丛书）. -- ISBN 978-7-5227-4784-2

Ⅰ. F113.4；F831

中国国家版本馆 CIP 数据核字第 2025TY7989 号

出 版 人	赵剑英	
责任编辑	郭曼曼	
责任校对	韩天炜	
责任印制	李寡寡	

出　　版	中国社会科学出版社	
社　　址	北京鼓楼西大街甲 158 号	
邮　　编	100720	
网　　址	http://www.csspw.cn	
发 行 部	010 - 84083685	
门 市 部	010 - 84029450	
经　　销	新华书店及其他书店	

印　　刷	北京明恒达印务有限公司	
装　　订	廊坊市广阳区广增装订厂	
版　　次	2025 年 4 月第 1 版	
印　　次	2025 年 4 月第 1 次印刷	

开　　本	710×1000　1/16	
印　　张	16.5	
插　　页	2	
字　　数	251 千字	
定　　价	89.00 元	

序 一

欣闻晋斌教授的 2023 年新作即将出版,我很高兴为他的作品写序。晋斌教授是中国宏观经济论坛(CMF)的主要成员,世界经济和国际金融领域的知名专家,具有广泛的社会影响力。2020 年年初新冠疫情爆发,全球金融市场剧烈动荡,美国股市从 3 月 9 号开始,短短十天时间里出现了 4 次熔断,这是历史上没有出现过的。这也是学者研究国际金融的难得样本。晋斌教授抓住了这样的机遇,以自己的专业知识和敬业精神,开始高频率跟踪研究世界经济和国际金融市场上的热点问题,取得了不俗的成果,连续 4 年高频创作,产生了积极广泛的社会影响。我为他的刻苦勤奋取得的成绩感到高兴。

中国宏观经济论坛(CMF)是 2006 年创立的,至今已经走过 17 个春秋。在这 17 年里,论坛主要成员积极工作,论坛已经取得了很大的影响力。晋斌教授积极参与论坛的工作,在论坛中磨练、在论坛中成长,在世界经济、国际金融领域颇有建树。这本书也体现了晋斌教授在这些领域的专业敏锐性和扎实的功底。写作高峰时期几乎每天写一篇,记录了金融大动荡时期的历史,这是需要毅力的。

本书收录了晋斌教授在 2023 年主要发表在 CMF 微信公众号的短文,每篇短文针对热点问题做了时评。尤其是针对国际金融市场变化、汇率变动等问题的研究是比较深入的,我读后觉得有价值,愿意推荐给读者。晋斌教授用朴素、简单的语言，依靠自己扎实深厚的专业知识素养形成的逻辑，时评了国际金融市场上的热点问题，读起来通俗易懂，观点明确，这是本书写作的一大特点。

当今世界正处于百年未有之大变局，世界经济格局面临深刻调整、国际金融市场的波动也是常态。这是一个从事国际经济和国际金融等领域研究人员发挥自己研究能力，出成果的时期。希望晋斌教授发挥自己的专业所长，再接再厉，取得更多、更好的研究成果。

刘元春

2023 年 12 月 24 日

上海财经大学校长，中国人民大学原副校长

序　二

王晋斌教授邀我为他的 2023 新书作序，我有点忐忑不安，因为我对他研究的世界经济与国际金融领域不算太熟悉，学术上没有作序的底气。但又有点盛情难却，因为我们在同一个战壕里翻滚摸打十多年，好像应该为他的新作写点"溢美"之词。

王晋斌教授博士毕业留校在其他学院任教。我于 2002 年年初任经济学院院长，上任后为组建一支一流的师资队伍煞费苦心。时任经济学院副院长的刘元春教授向我推荐，说有一个叫王晋斌的年轻老师在《经济研究》及其他重要学术期刊上发表了多篇论文，我拿来一看，觉得质量不错，于是请来一见。办公室一叙，双方都感觉挺投缘，于是经过必要的组织程序开启了引人计划。经过一番周折，王晋斌终于落户经济学院国际经济系，其研究方向也稍作调整，转向世界经济与国际金融的教学与科研。多年来科研成果发表颇丰，特别是在教学上颇为努力，课堂教学深得学生欢迎，每次毕业典礼上赢得的掌声也比较大，在经济学院顺利评上教授，并出任经济学院副院长。

2006 年在时任副院长的刘元春引荐下，我与中诚信集团董事长毛振华教授相见恨晚，一拍即合与中诚信集团联合创办中国宏观经济论坛，定期发布中国宏观经济形势分析与预测报告，一办就是 17 年。在这 17 年中，王晋斌教授始终是积极的参与者，成为中国宏观经济论坛的核心成员，每年都要写几篇有关世界经济形势、国际金融形势、人民币汇率走势等研究报告，研究水平大有长进，研究成果颇受好评，因在汇率研究方面发表了若干篇颇有影响的论文，被我们团队成员戏称为"汇率王"。

中国宏观经济论坛通过我们自己的公众号首发我们对宏观热点问题的研究文章。目前网上的公众号多如牛毛，能否吸引更好的粉丝，除了必要的推广工作外，很大程度上取决于你的公众号能否推出让网民有兴趣阅读的文章，特别是首发文章。为此，我们号召宏观论坛的研究团队成员踊跃向公众号投送文章。王晋斌教授自告奋勇，说他每周为中国宏观经济论坛的公众号提供一篇原创文章。原来我以为是说着玩的，每周写一篇几千字的文章并不是一件轻松的事情。后来连续几个月每周在公众号上都能看到王晋斌对世界金融热点问题的时评文章，甚至有时每周写两篇以上的文章。过了几个月，我以为王晋斌教授难以坚持下去，没有想到他越写兴致越高，今年是连续第四年，迄今已经写了超过三百篇时评文章。他对国际金融问题的评论文章在网络上产生了越来越大的影响，很多文章被其他网站转载，头条还邀请他去开专栏，现在他把第四批的文章结集出版。

这次新冠疫情对世界经济造成了巨大的冲击，全球金融也出现了显著的震荡，这种震荡也波及了中国的宏观经济、金融环境、企业行为。因此，及时研究全球金融的震荡以及对中国的影响是有重要学术价值和应用价值的。王晋斌教授的这本文集的及时出版无疑是有重要意义的。我作为中国宏观经济论坛的联席主席，平时对王晋斌教授首发在中国宏观经济论坛公众号上的时评文章也颇为关注。我过去也为媒体写过经济随笔，也曾结集出版，深知写随笔或时评并不容易。写好一篇能吸引读者的随笔或时评，一是要选题好，这需要有敏锐的眼光与独特的研究视角，紧紧抓住读者关心的热点问题。收录在本书的文章大多非常好地抓住了当时国际金融形势变化的重要热点问题召开讨论，时代脉搏的跳动在这本书中能明显感受到；二是要有扎实的理论功底。其实，在学术研究上要写出一篇让同行都看不懂的文章并不是非常难的，但要让不是从事学术研究的人都能看得懂的专业文章是相当难的，这要求写作者能对相关理论相当精通，并能用浅析的语言表达出来。读了王晋斌这本书，发现他对国际金融理论、汇率理论相当熟悉，对国际金融发生的事情也相当熟悉，从而能写出通俗易懂但背后具有明确的理论逻辑的时评；三是要有较好的语言表达能力。随笔或时评是专业人士写给主要是非专业人士看的文章，因此，对写作者的语言表达能力有着较高的要求。王晋斌教授这本书是一本能让非国际金融专业人士读得懂的一本关于全球金融动荡的书。

王晋斌教授在我们自己的公众号上推出了一大批热评国际金融变化大事件的文章，这是要出版第 5 本文集，无论是对于他本人，还是对于我们的中国宏观经济论坛都是一件值得庆贺的事情。即使我不是国际金融方面的研究专家，我也很高兴为我的同事王晋斌教授写了这篇序，以示庆贺。

杨瑞龙

中国人民大学中国宏观经济论坛联席主席

2023 年 12 月 22 日

序　三

　　王晋斌教授的新书《2023全球货币金融形势的思考》系列即将出版，嘱我写序。

　　这本书收录了晋斌教授2023年所写的关于全球疫情和国际金融市场的几十篇文章。一开始，晋斌教授是应中国宏观经济论坛的邀请而写的。我是索稿人，自然就成了第一个读者，有时也会把自己的一些看法同晋斌教授分享。晋斌教授的文章在我们宏观论坛的公众号发表后，很快引起了广泛的关注，其他财经媒体和公众号竞相转载，也向他约稿，促进了他的勤奋写作，有时甚至是一天一篇。现在他将这些文章结集出版，有助于为读者全面呈现2023年国际金融市场的风云变幻，结合经济金融的基本理论，全面分析了各主要国家的应对政策以及金融市场的波动态势。这一系列文章的写作和结集出版，相当于晋斌教授开了一门生动的理论联系实际的课程，而我恰似这门课的忠实学生，每课必学。因此，我来写序，更恰当地说是写学习体会。

　　2023年是主要发达经济体货币政策转向的一年。在高通胀压力下，欧美等采取了史上罕见的激进紧缩政策，给全球金融市场带来的剧烈波动，美欧出现了银行业关闭危机。在这个不确定性加大的市场变化中，要做到透过现象看本质，对今后走势和长期趋势发表明确的看法，既需要理论功底，又需要实证能力，更重要的是需要学者的勇气。晋斌教授的分析，阐述原理时像涓涓细流娓娓道来，判断趋势时则方向明确毫不含糊，而利弊分析时更是抓住要害立场鲜明。我和广大读者一样，喜欢他的这些文章，更欣赏他的风格。

如果把视角拉得更长，我们可以发现一些更有趣的现象。2008 年的国际金融危机，大体的成因，是过度的货币化和金融创新，解决之策似乎应该是抑制货币创造并令金融服务实体经济。为了应对恐慌向市场投放大量的货币以维持流动性，作为短期应急政策是必不可少的，但短暂的恐慌之后似乎应该归于常态。但 2008 年国际金融危机后各国的货币政策则完全不是这个思路。实际上，各国都将宽松的政策维持下来，并唯恐美国利用美元世界货币的优势收取"铸币税"，即网络所说的"薅羊毛"。在这个背景下，虽然持续的过量货币投放并未引发通货膨胀和金融崩溃，各国也先后走出了金融危机的阴影，但同时也导致了全球的债务率和资产价格的持续攀升。当然，从中国的角度来看，由于当时中国并未发生金融危机，加之采取了有力的宽松政策加以应对，2008 年国际金融危机实际上使中国获得了一次超常规的错峰发展的机会。2008 年之后，中国经济总量超越日本成为世界第二大经济体，并大大缩小了与美国的差距；2019 年中国 GDP 总量达到美国 2/3 的水平，2020 年更是突破百万亿人民币，超过了美国经济总量的 3/4。2020 年，在新冠疫情全球蔓延的背景下，有效的疫情防控措施使得中国又一次赢得了错峰发展的机会，货币政策也正率先向常态化回归。2022 年美欧进入了紧缩周期，研究国际金融，特别是各国的货币政策效应，学者的任务还很重，"不要浪费每一场危机"，用在这里恰如其分。

我于 2006 年加入中国人民大学经济学院，无论是带学生还是搞研究，都得到了晋斌教授的支持和帮助，我们还在中国宏观经济论坛的工作中有很好的合作。借此机会，我向晋斌教授表示谢意，并祝他的研究取得更大的成就。

毛振华

2023 年 12 月 22 日 于北京

目　录

全球货币进入地缘大博弈时代

1月4日

　　全球经济多极化是全球政治多极化的基础。美国地缘政治关系是美元维持霸权的基础支撑。新地缘经济—货币关系是推动国际货币体系变革的关键力量。2022年的俄乌冲突显化了次贷危机以来全球地缘政治经济关系的矛盾和冲突，也凸显了美元主导、欧元跟随的国际货币体系的地缘政治化性质。作为具有全球公共品属性的国际货币，如果以地缘政治关系作为能否使用的标准，必将带来现有国际货币体系的变革。由此，全球货币进入了地缘大博弈时代。

　　货币国际化进程是货币竞争与替代的过程，是国际市场选择的结果。美元作为主导性国际货币，美国极力维持美元霸权是美国对外战略的核心。因此，货币国际化是全球地缘政治与经济金融相互作用的产物。

　　2022年俄乌冲突爆发，美、欧对俄罗斯发起多轮制裁，将俄罗斯剔除出SWIFT系统（Society for Worldwide Interbank Financial Telecommunications，国际资金清算系统），并冻结俄罗斯央行海外约3000亿美元的外汇储备。这一事件是国际货币体系历史上的重大事件，暴露了美元体系的霸凌：即使俄罗斯是世界上国土面积最大的国家，2021年经济总量约1.78万亿美元，排名世界第十一位，同时还是全球军事强国和全球能源、粮食重要出口国，美、欧却肆意将俄罗斯排除在美元主导、欧元跟随的国际货币体系之外。

　　俄乌冲突暴露了国际货币体系地缘政治化的性质。在经济多极化趋势已经形成并深化的局面下，国际货币的竞争将展现出地缘政治博弈和经济相互竞争的新格局，全球货币进入地缘大博弈时代。

一 全球经济多极化是全球政治多极化的基础

马克思主义理论认为，经济基础决定上层建筑。次贷危机之后，全球经济格局发生了重大变化。这种变化主要体现在以下三个方面。首先，中国经济总量在全球经济总量中的占比快速上升。依据 IMF（International Monetary Fund，国际货币基金组织）《世界经济展望报告》的数据，依市场汇率计算，2007 年中国经济总量占全球经济总量 6.1%，预计 2022 年达到 18.0%。其次，新兴经济体在全球经济中的占比快速上升。2007 年新兴市场及发展中经济体经济总量占全球经济总量 28.6%，预计 2022 年达到 43.6%，首次超过 G7 经济总量在全球总量中的占比（42.9%）。最后，发达经济体和 G7 经济总量占比分别从 2007 年的 71.4% 和 54.6% 预计下降至 2022 年的 56.4% 和 42.9%，美国经济在全球经济中的占比保持稳定，从 2007 年的 24.8% 微降至 2022 年的 24.7%（见图 1）。可见，美国在发达经济体中的经济占比是上升的。2007 年美国经济总量占发达经济体和 G7 经济总量的比例分别为 34.7% 和 45.4%，2021 年上升至 41.0% 和 54.2%，2022 年预计进一步上升至 43.8% 和 57.6%。从经济总量来看，美元在发达经济体中具有明显的相对优势。

新兴市场和发展中经济体经济总量在全球经济总量中的占比接近 44%，世界经济多极化发展会进一步深化。随着新兴市场和发展中经济体经济地位的上升，其对自身合法、合理权益的要求也会上升，难免会与其他经济体出现碰撞，甚至冲突，全球治理将会进入动荡变革期。经济多极化是决定全球政治多极化的基础，这一趋势不可阻挡。新兴市场和发展中经济体需要形成合力，才能形成有效推动全球经济金融治理格局变化的有生力量，

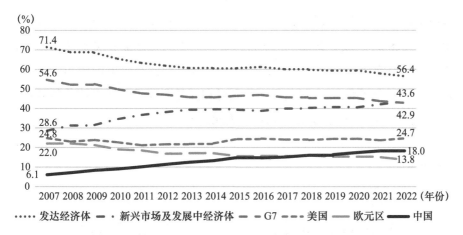

图1　全球主要经济体经济总量占全球经济总量比例的变化

资料来源：IMF《世界经济展望报告》，October，2022。

国际货币体系才会发生一定的实质性变化。

二　美国地缘政治关系是美元
维持霸权的基础支撑

目前，外国政府持有的美国安全资产中，约3/4是被与美国有军事联系的国家持有的。截至2021年12月，与美国有共同防御伙伴关系的北约盟国（还包括澳新美安全条约等）、非北约盟国两类国家的政府持有美国安全资产数量约占外国政府持有美国安全资产总量的55%。

依据美国财政部网站公布的数据（Treasury International Capital，TIC，System），2022年10月全球（美国境外投资者）持有美债金额超过300亿美元的经济体一共有38个，国际投资者总计持有7.185万亿美元的美国国债。从2021年12月到2022年10月，全球（美国境外投资者）总计减持了5950亿美元的美国国债，其中日本减持2258亿美元，占37.9%；中国减持了1591亿美元，占26.7%；冰岛减持了953亿美元，占16.0%。日本、中国和冰岛减持的美债数量占其间全球（美国境外投资者）减持美债数量的80.7%（图2）。截至2022年10月，日本、中国和冰岛在美国国债国际投资者排名中分别占据第一、第二和第八位，分别持有美国国债10782亿美元、9096亿美元和2390亿美元。比利时和开曼群岛是其间增持美债数量最多的，分别达到556亿美元和338亿美元。

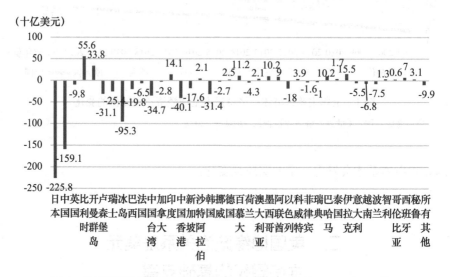

图2　美国国债国际投资者减持数量（2021年12月—2022年10月）

日本大规模减持美债与日本继续实施宽松货币政策紧密相关。为了阻止日元贬值，日本需要干预外汇市场的美元。这与美联储加息以来全球外汇储备下降直接相关。依据IMF的数据，在全球已分配的外汇储备中，与2021年年底相比，截至2022年第3季度，全球外汇储备下降了近1.28万亿美元，其中美元外汇储备下降了约6440亿美元。外汇储备发挥了美联储加息资本回流减震器的作用。图2尚看不出全球集体减持美债的明确信号，因为仍然有17个经济体在这一过程中增持了美债。

中国拥有超过3万亿美元的外汇储备，目前持有近1万亿美元的美国国债。美元体系需要中国。中国是美元储备体系、美元资金全球大循环的重要参与者，也因此是美元体系运行的重要参与者。同时，中国也需要美元货币体系。中国对外贸易、投资都与美元有着密切的关系，中国经济深度融入全球化的过程也是和美元一路相伴的过程。从地缘政治上来看，近些年来美国主观把中国视为最有威胁的竞争对手，为了减缓中国发展的步伐，采取了一系列有违 WTO（World Trade Organization，世界贸易组织）原则的措施对中国实施打压。同时，美国对伊朗、俄罗斯、古巴、委内瑞拉等经济体实施大规模制裁和封锁。这种依靠美元地位实施霸权的行为会加速破坏美元国际货币的全球地缘政治关系。

三 新地缘经济—货币关系是推动 国际货币体系变革的关键力量

2008 年 11 月 15 日二十国集团（G20）在美国华盛顿举行第一次峰会，峰会就各国合作应对国际金融危机、维护世界经济稳定达成重要共识。2009 年 9 月举行的匹兹堡峰会将 G20 确定为国际经济合作的主要论坛，标志着全球经济治理改革取得重要进展。但从特朗普高举"美国优先"的对外政策实施后，G20 集团开始出现分化，尤其是 2022 年 2 月俄乌冲突升级以来，G20 成员之间的分化明显加深。2022 年 11 月 15—16 日 G20 领导人第十七次峰会在印尼召开，峰会主题为"共同复苏、强劲复苏"，在全球大通胀的背景下，全球宏观政策，尤其是货币政策没有展现出合作迹象。G20 成立本来为国际社会共同应对经济危机、推动全球治理机制改革提供了新动力和新契机，促使全球治理开始从"西方治理"向"西方和非西方共同治理"转变，以反映全球经济多极化的客观现实和趋势，但从目前来看，其面临着巨大的挑战。

拜登上台以后，美国在对外关系上向 G7 回归，向盟友回归，这也促使了全球经济向特定的区域化发展。美墨加协议，以美国为首的印太经济框架、"芯片"联盟，日本主导的 CPTPP，等等，发达经济体在加速经济区域化或者跨区域化发展，强化自身产业链的安全和竞争力，试图维持既有的利益格局，阻碍经济全球化的发展。此外，新兴市场和发展中经济体通过已有的区域合作机制或者创建新区域合作，推动经济区域化的发展。共建"一带一路"倡议、"金砖＋"及其扩容趋势、《区域全面经济伙伴关系协定》（Regional Comprehensive Economic Partnership，RCEP）等均对国际经贸合作产生了重大影响力。

2020 年新冠疫情暴发后，全球新地缘经济—货币关系发展迅猛。欧元区 2023 年吸收了克罗地亚作为新成员国，欧元成为全球 20 个国家的统一货币。全球贸易，尤其是大宗商品中的油气非美元结算出现了重要的新变化。俄罗斯推出卢布天然气挂钩机制、中东部分重要产油国与中国采用人民币结算石油、印度推出国际贸易卢比结算机制等。这些都将逐步降低美元在全球贸易结算中所占份额，新地缘经济—货币关系会逐步创造出货币多极化的发展机遇。

依据 IMF "官方外汇储备货币构成"（COFER）的数据，截至 2022 年第 3 季度，人民币在全球外汇储备中占比约为 2.8%，2022 年 8 月 IMF 上调人民币在最新特别提款权（Special Drawing Right，SDR）货币篮子中的权重，由此前的 10.92% 上调至 12.28%。这有助于进一步提升人民币国际储备货币地位，也彰显出人民币资产对国际资金的吸引力，中国已经具备了有序推进人民币国际化的基础。

2022 年俄乌冲突显化了次贷危机以来全球地缘政治经济关系的矛盾和冲突，也凸显了美元主导、欧元跟随的国际货币体系的地缘政治化性质。作为具有全球公共品属性的国际货币，如果以地缘政治关系作为能否使用的标准，必将带来现有国际货币体系的变革。由此，全球货币进入了地缘大博弈时代。

2023 年世界经济形势展望

1 月 7 日

　　2023 年世界经济依然面临世纪疫情冲击、全球主要发达经济体加息控通胀以及俄乌冲突不确定带来的深度影响，世界经济面临下行压力。依据 2022 年 10 月 IMF《世界经济展望报告》的数据，2023 年全球经济增长 2.7%，美国和欧元区两大经济体经济增速只有 1.0% 和 0.5%。相比 2022 年全球增速 3.2% 以及美国、欧元区增速 1.6%、3.1% 来说，世界经济增速出现严重放缓。同时，2022 年全球通胀率高达 8.8%，预计 2023 年全球通胀率下降至 6.5%，通胀压力犹存。目前，美、欧等经济体通胀还处于 40 年来的高位。2022 年 11 月，美国通胀率（CPI）高达 7.1%，欧元区通胀率（HICP）高达 10.1%。2022 年全球出现的各种危机和不确定性继续阻碍着全球经济增长，高通胀、低增长将会是 2023 年世界经济的基本态势。

　　首先，疫情冲击存在不确定性。三年以来，全球经济饱受世纪疫情的冲击，全球为应对世纪疫情付出了巨大的成本。依据 IMF 的数据，全球应对疫情冲击的财政支出超过 11 万亿美元。巨大的疫情成本以及对疫情所致危害认识的变化，使全球疫情防控政策不断地调整。依据 WTO-IMF COVID－19 Vaccine Trade Tracker 提供的最新数据，截至 2023 年 5 月底，全球疫苗接种率中，低收入经济体 7.04 亿人中的接种率只有 14.1%，低中收入经济体接近 30 亿人中的接种率也只有 51.8%。尽管变异病毒致死率有所下降，但其对全球经济的冲击并未消失，世界卫生组织何时宣布疫情大流行结束还存在不确定性。虽然开放已经成为全球的基本基调，但疫苗接种率的差异以及病毒变异的不确定性，世纪疫情尚难言何时结束以及以何种方式结束。

其次，美联储继续加息给全球带来负面外溢性。美联储 2022 年 3 月以来已经加息 425 个基点，创造了 40 年来最激进的加息方式。2022 年 3 月以来美元指数快速走高，并持续高位运行，尽管全球外汇储备充当了这轮美联储加息对全球金融市场冲击的缓冲器，但资本回流还是导致全球主要货币出现了幅度不小的贬值，2022 年日元和欧元贬值幅度均超过 10%。依据 IMF "官方外汇储备货币构成"（COFER）的数据，相比 2021 年第 4 季度，2022 年第 3 季度全球外汇储备下降了 1.275 万亿美元，其中美元储备下降了 6440 亿美元。资本回流美国、其他经济体外汇市场的干预和美元升值导致其他货币的外汇储备以美元计价的价值下降，这些因素共同导致了全球外汇储备的下降。

依据美联储 2023 年 1 月 4 日公布的 2022 年 12 月货币政策纪要，美联储 2023 年会继续加息，其预测的加息峰值在 5.1% 左右，达到限制性利率水平，而且要在高位持续一段时间。此外，日本央行在通胀上行的态势下，存在放弃实施非常规的收益率曲线控制（YCC）货币政策框架的风险，这会直接改变全球长期债券收益率定价，全球金融条件将进一步收紧，金融市场还会出现动荡。全球利率继续上行会加剧债务负担。依据《2022 年全球债务监测》的数据，2021 年全球公共和私人债务总额占全球 GDP 的 247%，比 2020 年峰值水平下降了 10 个百分点，但比新冠疫情暴发前的水平仍高出近 19%。此外，美联储高利率政策会约束其他经济体货币政策刺激经济的空间，在全球主要经济体货币政策缺乏协调的背景下，会持续对世界经济的增长前景带来负面影响。

再次，俄乌冲突持续对全球供应链产生冲击。俄乌冲突升级已经过去了 10 个月，目前仍没有明显的迹象表明这场军事冲突会很快结束。俄乌冲突所带来的地缘政治成本将波及全球，影响深远。以美国为首的北约及其同盟削弱俄罗斯的战略不会因为这场冲突以何种方式结束而有显著改变。欧洲与俄罗斯的全方位 "脱钩" 随着多轮制裁、能源禁售和限价等措施实施逐步展现出来。世界市场也因为俄乌冲突导致的全球供应链重构而出现经济区域重新划分，能源、食品全球供应链市场的重组成本将推高全球的物价水平。俄乌冲突爆发以来，全球 20 多个经济体出台了限制食品出口的政策。FAO（Food and Agriculture Organization of the United Nations，联合国粮食及农业组织）的数据显示，食品价格指数从 2022 年 8 月以来基本维持在 135—140 的位置（2014 – 2016 = 100），2022 年 11 月为 135.7，相较疫情前的 2019 年年底上涨了 34.3%。目前，全球供应链压力风险依然存在。依据纽约联储的数据，2022 年 11 月全球供应链压力指数为 1.20，相比 10 月的 1.0 上升了 20%。

最后，中、美摩擦导致全球产业链安全成本上升。美国执意将中国视为战略竞争对手，中、美之间摩擦加大。2022 年美国采取了一系列不公平的手段遏制中国发展，如芯片法案、芯片联盟、印太经济框架、反通胀法案等，并禁止中国部分高科技产品在美国销售。美国在全球频繁使用违背国际公平竞争的手段，并拉帮结派，软硬兼施，对荷兰和日本施压，禁止它们向中国出口高端的半导体制造设备。美国试图利用市场分割手段降低中国在全球产业链中的重要性，在高端芯片及其制造业中采取所谓的"去中国化"的策略，严重违背 WTO 公平贸易的精神。作为世界上最大的两个经济体，中、美之间双边经贸关系是全球最重要的双边经贸关系。美国加大中国参与国际分工和产业链的成本，也必将伤及其自身利益。美国试图依靠政治及意识形态主导新一轮的全球化，世界市场会出现萎缩，这对世界经济来说，是一个长期的负面因素。

新兴经济体为 2023 年世界经济注入了积极因素。按照 IMF《世界经济展望报告》的预测，2023 年新兴市场和发展中经济体经济增速与 2022 年 3.7% 的增速持平，而亚洲新兴经济体的经济增速将达到 4.9%，成为拉动世界经济增长的关键一极。一方面，以美国为代表的主要发达经济体泛化安全概念，采用"友岸""近岸"外包，推动世界经济向特定的区域化发展，忽视全球分工的收益，为世界经济增长带来了负面影响；另一方面，新地缘经济关系已成为全球经济增长的重要引擎。以中国为代表的新兴市场和发展中经济体通过已有的区域合作机制或者创建新区域合作，推动经济区域化的发展。共建"一带一路"倡议、"金砖＋"及其扩容趋势、《区域全面经济伙伴关系协定》（RCEP）等在国际经贸合作上产生了重大影响力，推动了经济全球化的发展。

当前，外部环境动荡不安，给中国经济带来的影响加深。2022 年年底中央经济工作会议提出 2023 年积极的财政政策要加力提效，稳健的货币政策要精准有力，着力扩大国内需求，增强国内大循环内生动力和可靠性，并更高效率实现内外市场联通，加快推进中国经济的高质量发展。2013—2021 年中国经济平均增长率为 6.6%，世界经济平均增长率为 2.6%。世界银行的研究表明，2013—2021 年中国对全球经济增长的贡献率达到了 38.6%，超过七国集团对全球经济增长的贡献率 25.7%。相信 2023 年中国经济将与过去十年一样，持续为世界经济增长注入强大动力。

美联储寻求的美国经济"软着陆"的逻辑

1 月 10 日

2023 年是美联储控通胀年。在能源食品冲击下降、财政常态化和极低居民储蓄率的背景下，美联储会聚焦劳动力市场，打破工资物价螺旋机制成为控通胀的关键。美联储有两个不愿意：一是不愿意看到风险资产价格上涨，二是不愿意看到金融条件放松。美联储有一个悲忧交织：低失业率给了控通胀的底气，但又怕出现经济衰退。美联储寻求的美国经济"软着陆"的逻辑是：在极低储蓄率的背景下，通过工作岗位空缺率下降换取失业率不要显著上升，工资涨幅下降，需求下行，物价下行，实现"贝弗里奇魔法"。

一 关于美国经济几个重要的信息

1. 美联储长期通胀率 2% 目标不变，2023 年是美联储的控通胀年。2023 年 1 月 4 日美联储公布了 2022 年 12 月 13—14 日的《联邦公开市场委员会会议记录》，重点就一句话：未来继续加息，并按照原定计划缩减资产负债表，以实现货币政策具有足够的限制性的立场，使通货膨胀率随时间恢复到 2%。

2. 美国通胀性质出现了明显改变，需求成为通胀的核心推动力。美联储关注的通胀指标是消费者支出价格指数（PCE），从最近几个月的 PCE 来看，PCE 与核心 PCE 之间的差距不断缩小，说明能源和食品价格冲击对美国通胀的边际影响显著下降。2022 年 7—11 月美国经济中的 PCE 同比涨幅分别为 6.4%、6.3%、6.3%、6.1% 和 5.5%，核心 PCE 同比涨幅分别为 4.7%、4.9%、5.2%、5.0% 和 4.7%，11 月美国 PCE 和核心 PCE 同比涨幅之间的差距缩小为 0.8 个百分点，这与之前能源食品价格显著冲击通胀的情况相比发生了明显改变。

3. 美国财政赤字回归常态化。从拜登政府公布的财政预算来看，2023 财年财政赤字为 1.15 万亿美元，在 2022 财年财政赤字大幅下降至 1.42 万亿美元的基础上进一步下降（2021 财年财政赤字高达 2.78 万亿美元）。2023 财年财政赤字占 GDP 的比例下降至 4.5%。

4. 居民储蓄率降至历史低点。2022 年 11 月美国私人储蓄率 2.4%，比 10 月 2.2% 上涨了 0.2 个百分点，与 9 月持平。在美国经济分析局（BEA）自 1959 年以来的月度储蓄率统计数据中，2021 年 11 月的储蓄率是历史上第三低位（最低的是 2005 年 7 月 2.1% 的储蓄率）。可见，美国私人储蓄率是极低的。

5. 失业率低位和企业利润高位相伴。2022 年 12 月美国经济失业率再次下降至 3.5%，比 11 月回落了 0.2 个百分点，美国劳动力市场供求依然紧张。依据 BEA 的数据，2022 年第 3 季度（季度年率）美国公司税后利润接近 2.9 万亿美元，较第 2 季度的 3 万亿美元略有下降，但仍维持在高位。疫情前三年（2017—2019 年）季度年率的税后利润比较稳定，季度年率的平均利润接近 1.96 万亿美元，相比疫情前三年，2022 年第 3 季度美国公司税后利润增加了近 1 万亿美元（季度年率）。企业利润从 2020 年第 3 季度开始一直增加到 2022 年第 2 季度的峰值 3 万亿美元，2022 年第 3 季度略有下降。可以看出，企业利润的增加与美国失业率下降相伴。

6. 美国对外贸易条件改善。全球性通胀和高通胀下的强美元导致了美国对外贸易条件的显著改善。图 1 显示了 2021 年起美国贸易条件开始改善，2021 年也是这一轮美元指数逐步上扬的起始点。截至 2022 年 11 月，以 2000 年为基期，美国出口价格指数比进口价格指数高出 14—15。

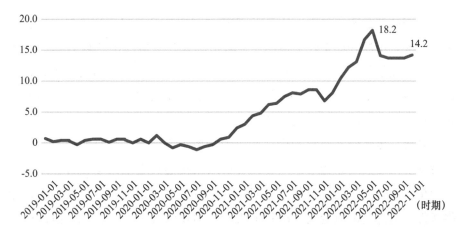

图1 美国所有商品出口价格指数与进口价格指数之差（2000 指数 =100）

资料来源：U. S. Bureau of Labor Statistics。

7. 全球供应链压力状况在改善。依据美联储纽约分行的数据，2022 年 12 月全球供应链压力指数 1. 18，较 11 月的 1. 23 有所下降。从 2022 年 8 月以来，连续 5 个月在 1. 5 以下，但与疫情前相比仍有比较大的差距。供应链压力指数下降有助于减缓通胀压力。

二 美联储关注的和不愿意看到的

1. 美联储关注的。2023 年作为美联储控通胀年，美联储自然最关注通胀。但由于劳动力市场持续的紧张状态，失业率仍处于 60 年来的低位，名义工资自然会上涨。在能源食品冲击下降、财政赤字常态化和居民储蓄率处于历史低位的背景下，工资物价螺旋机制几乎是美联储唯一需要重点关注的。

2. 美联储不愿意看到的。首先，美联储不愿意看到市场抱有美联储在 2023 年下半年"转鸽"的预期，并在金融市场上提前兑现这种预期交易。尤其是金融市场上存在一种预期，认为 2023 年下半年随着美国经济衰退的开始，美联储会转向放松。从 2022 年美国风险资产价格变化来看，加息以来美国股票市场表现要好于预期，金融市场存在美国经济"软着陆"的预期。新冠疫情催生了纳斯达克科技股泡沫，2022 年除了纳斯达克指数跌幅超过 30%，标普 500 指数下跌了约 20%，道琼斯指数下跌幅度不足 10%。这是在美联储采取 40 年以来最激进加息方式下出现的。

其次，美联储不愿意看到金融压力指数上涨缓慢，甚至放松，这不利于发挥货币政策紧缩的效果。美国货币政策要通过金融市场发挥作用，不能简单以金融市场条件指数代表货币政策立场。在每一次危机冲击时，金融条件指数都会迅速走高，次贷危机和新冠疫情冲击都是如此，但这完全不反映美联储的货币政策立场。当美联储要紧缩或者放松货币政策时，美联储希望其能传递到金融市场上，以反映货币政策取向。

依据美联储芝加哥分行的数据，2023 年 1 月 5 日芝加哥联储全国金融条件指数为 -0.212。美联储 2022 年加息 425 个基点，但金融条件指数并未触及 0，最高点是 2022 年 10 月出现的 -0.03。2022 年 10 月以来美国金融条件指数是放松的，这不利于美联储控通胀。从美国目前的金融条件指数来看，相比疫情前三年 -0.5 左右的水平来看，是有所紧缩的，但应该没有达到美联储的预期，未来的金融条件会进一步收紧。从美联储纽约分行的逆回购规模来看，日逆回购规模还是超过 2 万亿美元，逆回购利率作为金融市场利率下限已经达到了 4.30%。因此，美联储更愿意看到股市进一步以可控的幅度下跌，房价以可控的幅度下跌（目前 30 年抵押贷款利率在 6.4% 左右，与高点 7.0% 相比有一定的下降），从而持续收紧金融条件。从美国全国房价指数（S&P/Case-Shiller U. S. National Home Price Index）来看，截至 2022 年 10 月，美国房价指数连续 4 个月下降，下降幅度 3.04%。如果金融市场与美联储在预期上存在分歧，就会延长美联储加息的时间，并将限制性利率水平保持更长的时间。

三 美联储聚焦劳动力市场，喜忧交织

美联储会聚焦劳动力市场，美国劳动力市场持续紧张状态令美联储喜忧交织：低失业率给了美联储控通胀的底气，但又担忧控通胀会导致美国经济出现衰退。

从现有的研究来看，失业率与经济增长之间的关系主要有以下几种常见的类别。首先是传统的菲利普斯曲线。通胀下行必须伴随失业率上行。其次是奥肯定律。GDP 变化和就业率变化之间存在一种相当稳定的关系，没有失业率上升，经济不会降温，物价也不会下来。再次是萨姆衰退指标（Sahm Recession Indicator）。当全国失业率三个月移动平均值相对于前 12 个月的低点上升 0.50 个百分点或更多时，萨姆衰退指标标志着衰退的开始（2022 年 12 月该指标仅为 0.03）。最后是贝弗里奇曲线。反映劳动力市场中的失业率与岗位空缺率之间的反向关系。理想的一种情况是，劳动力市场的降温更大程度上通过减少职位空缺来实现，而不是通过失业率显著上升来给劳动力市场降温。一般意义上，对抗通货膨胀必将导致职位空缺的减少和失业率的上升。如果职位空缺率和失业率之间凸向原点的曲线关系比较陡峭，职位空缺率的下降才不会带来失业率的显著上升，同时劳动力市场出现逐步降温的态势。也有人称之为"贝弗里奇魔法"。

"贝弗里奇魔法"会出现吗？应该说，目前美国经济中的极低储蓄率和劳动力市场的紧张状态为实现美联储憧憬的"贝弗里奇魔法"，或者说为实现经济"软着陆"创造了一定的条件。这个过程需要美国金融市场的配合：风险资产幅度"合意"的跌幅以及金融条件收紧所致的消费投资走弱。有一点应该可以肯定，在主要经济数据，尤其是通胀数据没有出现显著下行的情况下，美联储不会改变控通胀的政策。

美联储会抑制美国股市的兴奋与上行

1 月 17 日

美国股市越涨，美联储控通胀的决心只能越大，美联储定下了 2023 年的目标通胀率（PCE）3.1%，而 2022 年 11 月的 PCE 依然高达 5.5%。劳动力的紧张状态给了美联储控通胀的底气，但金融市场的兴奋和上行增加了美联储持续紧缩的压力，收窄了美联储期望美国经济"软着陆"的通道，这是美联储绝对要避免的。美联储会进一步通过收紧金融条件，迫使风险资产价格适度下行，降低风险资产价格过度上行挤压美国经济"软着陆"的空间。

2023 年开年之后的两周时间内，美国三大股指上扬，截至 1 月 16 日，道琼斯指数、纳斯达克指数和标普 500 指数分别上涨了 3.49%、5.85% 和 4.16%。与此同时，依据美国财政部网站的数据，美国国债收益率从 2023 年以来出现了泾渭分明的变化：从 1 月 3 日到 13 日，6 个月期以下期限的美债收益率出现了上行，期限越短上行幅度越大，但 1 年期及以上期限的美债收益率出现了下行，其中 10 年期的美债收益率从 3.79% 下行至 3.49%，下跌幅度达到 30 个 BP。这也意味着美债长短期收益倒挂更加严重。一般认为，美债收益率倒挂是美国经济衰退的重要预兆。

美国股市和债市表现出现了明显的背离：股市认为美国经济会出现"软着陆"，而债市利率倒挂认为美国经济会出现衰退。金融市场投资者的意见发生了显著的分歧。我们认为，这种分歧说明美国金融市场本身也难以确定美国经济是出现"软着陆"，还是会出现衰退，这也决定了 2023 年美国金融市场依然具有多变特征。

从美债市场来看，1 年期以上美债收益率的显著下行，也说明了在美联储通过减持美债、缩表过程中，中长期美债在市场上还存在买家（抄底行为等），降低了美债市场的流动性风险，也有助于保持金融市场底层资产的稳定性，但美股过度上行是美联储不愿意看到的。

从世界银行 2023 年 1 月 10 日的预测来看，2023 年美国经济增长率为 0.5%，与发达经济体 2023 年经济增速持平，与 2022 年 12 月 14 日美联储和 2022 年 9 月 OECD（Organization for Economic Cooperation and Development，经济合作与发展组织）对美国经济增速的预测一致，也是主要国际机构对美国 2023 年经济增速预测的最低值（见图1）。

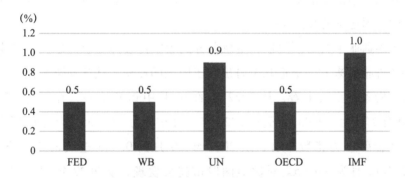

图1 美联储及重要国际机构对 2023 年美国经济增速的预测

资料来源：FED（美联储）：Summary of Economic Projections（December 14，2022）；WB（世界银行）：Global Economic Prospects，January，2023；UNCTAD，UN（联合国）：Trade and Development Report 2022，Oct.，2022；OECD（经合组织）：Economic Outlook，Interim Report，September，2022；IMF（国际货币基金组织）：World Economic Outlook，Oct.，2022.

从上述预测值来看，比有些预期美国经济出现衰退的情况要好一些，0.5% 的经济增速不是衰退，是极缓慢的增长。但由于 2023 年美国经济也存在不确定性，包括新冠疫情、供应链、大宗商品价格以及地缘格局冲突带来世界经济的下行等因素，这增加了美联储控通胀的难度，也增加了 2023 年美国经济增长的不确定性。

2022 年 12 月美国通胀率（CPI）继续下行，CPI 同比 6.5%，环比 -0.1%，这是导致 2023 年开年以来美股保持上涨的主要原因。2022 年 12 月美国通胀率下行主要是能源价格和商品价格下行所致，能源价格环比 -4.5%，商品价格环比 -0.3%。除能源服务以外的服务价格环比上涨了 0.5%，同比上涨高达 7.0%，尤其是住房服务类价格环比上涨 0.8%，同比上涨达到 7.5%，与 2022 年 11 月相比都有所扩大。美国通胀率（CPI）从 11 月同比 7.1% 下降至 12 月的 6.5%，主要得益于能源价格环比出现了比较大的降幅。

2022 年 12 月美国失业率 3.5%，劳动力市场依然紧张。由于储蓄率处于极低水平（2.4%），劳动力市场收入成为支撑美国居民消费的来源。如此低的失业率很难指望工资出现显著的下降，这就意味着基于劳动力市场支撑的美国通胀是有韧性的。

美国通胀下行必须要依靠金融条件的收紧持续降低总需求，但从金融市场条件指数来看，最近几个月出现了明显的放松。从芝加哥联储的每周美国金融条件指数来看，从 2022 年的 10 月中旬开始一直在下行。2022 年 10 月 7 日为 -0.032，而在 2023 年 1 月 6 日为 -0.265。从堪萨斯分行的月度金融压力指数来看，从 2022 年 10 月的 0.453 连续两个月下降，2022 年 12 月为 -0.05。对比美国股市就会发现，从 2022 年 10 月开始，美国股市出现了明显上行。相对于 2022 年 10 月的低点，目前道琼斯指数上涨了大约 20%，标普 500 指数大约上涨了 15%，纳斯达克指数大约上涨了 10%。股市上涨与美股房价连续 6 个月出现下降形成了鲜明的对照。

美国股市在经济增速下行，还处于加息通道中，却出现了幅度不小的上涨，这不利于美联储控通胀。从美联储 2019 年调查数据来看，美国非金融类企业资产中 44%—45% 是金融资产，在金融资产中房地产资产占约 70%，股票资产占 10%—11%。在家庭资产中，低收入家庭（占 50%）财产中房产占 22.3%，金融资产占 8.5%；在中间收入家庭（占 40%）中房产占 22.7%，金融资产占 12.0%；在高收入家庭（占 9%）中房产占 13.0%，金融资产占 22.7%；在最高收入家庭（占 1%）中房产占 7.2%，金融资产占 36.5%。因此，金融资产是美国企业和居民财富的重要组成部分。如果金融资产的价格不下跌，通过财富效应来减少投资和消费的作用就会大幅度下降，这不利于美联储控通胀。

通胀下行韧性犹存:美国消费者预期
显示了软着陆的可能?

1 月 19 日

美国消费者调查数据显示：美国通胀预期下行，消费者未来支出增速下降；劳动力市场支撑了美国通胀韧性；美国消费者的财务状况依然比较稳健；疫情三年美国消费者也不愿意到处跑；看好美国股市上涨的预期下降。通胀下行韧性犹存可能成为美国经济软着陆的重要信号：给了美联储平滑通胀和就业的机会。

2023 年 1 月 17 日美联储纽约分行公布了 2022 年 12 月的消费者预期调查（Survey of Consumer Expectations），数据显示美国短期通胀预期继续下行，家庭支出预期大幅度下降，整体上美国经济中的通胀已经进入了持续下行的通道。

消费者预期调查报告主要包括以下三个方面的内容。

一 关于通胀预期

2022 年 12 月消费者预期调查显示，美国一年期通胀预期中值降至 5.0%，是 2021 年 8 月以来的最低值（2021 年 8 月为 5.2%）。三年的中期预期保持在 3.0%，而且从 2022 年 9 月以来变化很小。五年期预期通胀率相比 2022 年 8 月最低值 2.0% 上升至 2.4%。同时，关于一年期和三年期通胀预期的不确定性从 2022 年 6 月开始一直是下降的。

关于不同区间通胀结果的概率判断，2022 年 12 月依然有 55.6% 的消费者认为一年后的通胀超过 4%，与 2022 年 5 月 68.5% 相比有明显下降；16.2% 的消费者认为一年后的通胀会处在 2%—4% 的区间；28.2% 的消费者认为一年后的通胀率会在 2% 以下。

关于一年后房价同比涨幅的预期为 1.3%，2022 年 12 月相比 11 月的 1.0% 有所上升，但处于低位，相比同年 3—4 月 6.0% 高位预期已经大幅度下降。关于食品、医疗、大学教育和房租的一年后价格仍然处于比较高的位置，预期中值同比涨幅分别为 7.6%、9.7%、9.2% 和 9.6%。

二　关于劳动力市场预期

2022 年 12 月美国消费者预期一年后工资收入增长率的中值为 3.0%，比 11 月的 2.8% 有所上升。从 2021 年 9 月以来这一预期值变化很小，维持在 2.8%—3.0% 这一区间，要高于疫情前三年 2.0%—2.8% 的水平。

从未来 12 个月内失业或离职的平均概率来看，2022 年 12 月失业平均概率为 12.6%，比同年 2 月的 10.75% 有所上升，但低于疫情前三年的月度均值 14.1%。2022 年 12 月自愿离职的平均概率为 19.3%，较 11 月的 18.6% 略有上升，但低于疫情前三年的月度均值 21.3%。

如果今天失业未来三个月内找到工作的平均概率在 2022 年 12 月为 57.49%，相比 11 月的 58.24% 有所下降，也比疫情前三年的 58.90% 有所下降。未来 12 个月更换主要住所的平均概率在 12 月为 13.74%，为 2022 年 4 月以来的最低值，显著低于疫情前三年的月度均值 18.3%。一年后美国失业率将更高的平均概率 12 月的预期是 40.81%，相比 2022 年 10—11 月均值下降了 1.8 个百分点，但明显高于疫情前三年月度均值 35.75%。

三 关于家庭财务预期

2022 年 12 月消费者预期一年后家庭收入增长率高达 4.6%，比上个月预期的 4.5% 略有上升，2020 年 4 月以来这一预期值一直呈上升趋势，显著高于疫情前三年月度均值 2.8%。但一年后家庭支出在 12 月预期的增长率为 5.87%，相比 2022 年 5 月的 9.0% 出现了大幅度下降，但依然显著高于疫情前三年的月度增长率均值 3.12%。

从当前和未来财务状况对比来看，相比一年前来说，37.6% 的消费者认为持平，36.6% 的消费者认为有点恶化，9.5% 的消费者认为恶化了很多，认为有些改善的比例为 13.1%，认为很大改善的比例为 3.3%。从未来一年的状况来看，44.5% 的消费者认为持平，24.9% 的消费者认为有点恶化，4.8% 的消费者认为会恶化很多，认为有些改善的比例为 22.9%，认为很大改善的比例为 3.0%。

从债务拖欠预期来看，未来三个月达不到最低债务偿还的平均概率在 2022 年 12 月为 11.44%，比 11 月的 11.79% 略有下降，也略低于疫情前三年月度预期的均值 12.08%。

从对股价上涨的预期来看，2022 年 12 月调查显示 34.9% 的消费者认为一年后股价会更高，相比美联储从 3 月加息以来的预期下降了 2.4 个百分点，也显著低于疫情前三年的月度均值 41.7%。

从目前的实际情况看，2022 年 12 月美国失业率 3.5%，劳动力市场紧张状态持续。从美国消费者当前的支出来看，2022 年 12 月家庭月支出增幅中值从 8 月的高点同比 9.0% 降至同比 7.7%，仍高于 2021 年 12 月的同比增幅 5.1%，也远高于 2019 年 12 月疫情前的 2.5%。与 2022 年 8 月相比，2022 年 12 月美国消费者在家电、电子产品和家具上进行大量购买的份额有所增加，而在车辆、家庭维修、住房和度假方面的支出份额有所下降。

简单归纳一下，纽约联储的消费者调查报告可以归纳为以下五点。

第一，美国通胀预期下行和消费者未来支出增速的下降促使美国通胀继续下行，消费者预期的一年后通胀率依然过高，与美联储的目标存在显著分歧，美联储持续紧缩政策不会改变。

第二，劳动力市场紧张状态导致美国消费者对工资收入上涨的预期过高，其对就业市场的信心还是比较足的，未来消费支出增长率会下降，但预期支出增长率依然会高于疫情前的支出增长率。劳动力市场支撑了美国通胀韧性。

第三，美国消费者财务状况未来改善的占比低于恶化的占比，财务状况会出现下降，但从债务拖欠预期下降来看，美国消费者的财务状况依然比较稳健。

第四，疫情三年美国消费者也不愿意到处跑了。寻找新工作难度略有增加、自愿离职概率的下降与更换主要住所的概率下降一致。消费者降低更换主要住所的行为与其在车辆、家庭维修、住房和度假方面的支出份额减少一致，也与其在家电、电子产品和家具上支出增加的消费方式变化一致。消费者降低更换主要住所的行为会导致房价下行。

第五，消费者看好美国股市上涨的预期下降了。通胀下行但韧性犹存，这可能成为美国经济软着陆的信号。2022 年 12 月 CPI 与核心 CPI 之间的差距缩小至 0.8 个百分点，11 月 PCE 与核心 PCE 之间的差距也缩小至 0.8 个百分点，说明能源食品价格冲击对美国通胀的影响已经大幅度下降。如果这种冲击是一次性的，那么就会随着时间进一步消退。美联储可以聚焦劳动力市场控通胀，低失业率给了美联储继续紧缩的底气，低失业率导致工资还会上涨，但居民实际购买力的下降、居民储蓄近乎耗竭以及美国财政赤字下降共同决定了居民消费将会走弱，消费市场走弱会缓解劳动力市场的紧张状态，失业率逐步上升，通胀也因此逐步下行。而且随着 2022 年基数抬高，2023 年美国通胀也会出现下行。

美联储需要的是通胀逐步下行，并不希望看到通胀的超预期下行，通胀超预期下行的结果一定是美国经济硬着陆，或者说衰退。应该说，美国消费者微观调查数据给了美联储想要的美国经济软着陆的机会：能够平滑通胀与就业的关系。当然，俄乌冲突依然是重大的不确定性。

超预期视角下此轮美国的通胀及其含义

1 月 28 日

从超预期视角下看美国的通胀，可以总结成五点。第一，美国经济出现"软着陆"的概率可能增加。第二，通胀还处于高位，加之存在货币"沉淀"现象，即使广义货币供应量（M2）同比增速出现负值，美联储依然会继续紧缩。第三，能源和食品价格对美国通胀冲击快速递减，美国通胀演进为总需求主导型通胀。第四，总需求主导型通胀决定了美国通胀下行必然伴随美国经济中失业率上行。第五，劳动力市场低失业率决定了美国通胀不会快速递减至美联储的目标区间。换言之，美联储因为供给冲击通胀因素而错杀总需求因素的概率下降，美联储可以聚焦劳动力市场控通胀，这是美联储试图实现美国经济"软着陆"的重要条件。美联储货币政策从就业优先急转通胀优先，能否实现经济"软着陆"，时间会给出答案。

疫情激进刺激政策开启了美国超预期的经济金融周期。此轮通胀过程中，美国PCE通胀率出现了40年来的高点，通胀超预期。依据目前的数据来看，与超预期通胀相伴的还有几个超预期的经济金融现象，包括GDP增速超预期、个人储蓄率下降超预期、广义货币供给增速下降超预期以及低失业率超预期。

一　美国 2022 年 GDP 增速
超出了之前的预期

美国经济分析局（BEA）1 月 26 日公布了美国 GDP 及相关数据，2022 年美国实际 GDP 同比增长 2.1%。新冠疫情以来的三年（2020—2022 年）经济增速分别为 -2.8%、5.9% 和 2.1%，三年几何均值为 1.7%。

对比一下 2022 年 9 月以来的预测，就会发现 2022 年美国经济增长率超出了重要国际机构以及美联储之前的预期。图 1 中所有重要国际机构都低估了 2022 年美国经济增速情况，IMF 等机构预测的差距大部分在 0.5 个点及以上。尤其是美联储在 2022 年 12 月预测美国第 4 季度实际 GDP 同比增长只有 0.5%[①]，但依据 BEA 公布的实际数据，2022 年第 4 季度美国实际 GDP 同比增长 1.0%[②]。换言之，美联储仅仅预测了 2022 年第 4 季度实际增速的一半。

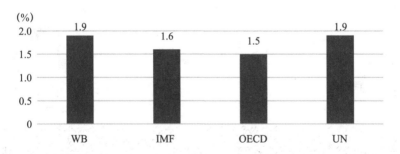

图 1　2022 年主要国际机构对美国经济增速预测

资料来源：WB（世界银行），The World Economic Prospects, Juanuary, 2023；IMF（国际货币基金组织），WEO, Oct., 2022；OECD（经合组织），Economic Outlook, Interim Report, September, 2022；UNCTAD（联合国，UN），Trade and Development Report 2022, 03 Oct., 2022.

[①]　Percent change from the fourth quarter of the previous year to the fourth quarter of the year indicated, Summary of Economic Projection, December 14, 2022.

[②]　Table 6. Real Gross Domestic Product: Percent change from fourth quarter to fourth quarter one year ago.

2021—2022 年，美国实际 GDP 增速几何均值为 4.0%，已远超美国经济潜在产出水平。美国国会预算办公室（CBO）预测 2022—2026 年美国经济潜在产出水平为 2.0%，美联储预测美国长期潜在产出水平 1.8%。这一轮通胀来源确实复杂，存在供应链瓶颈、大宗商品冲击等推高通胀的因素，但美国 2021—2022 年 GDP 几何均值同比增长 4.0%，因此有理由认为美国经济出现了过度刺激政策导致的经济短期"过热"现象。

从更短的每周经济指数来看，从 2008 年有该数据以来，从未出现过 2020—2022 年如此剧烈波动的现象。即使在次贷危机时期，周经济指数预示的 GDP 年率增速也依然在 −4.02% 至 4.92% 之间，但 2020 年疫情冲击下的周经济指数波动区间巨大，在 −8.78% 至 10.71% 之间（图2）。2021 年 3 月至 2022 年 10 月之间的周经济指数基本都是超过 2% 的，这也说明美国经济可能存在短期"过热"的迹象。

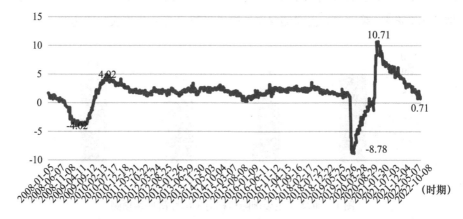

图2 美国经济的周经济指数（实际 GDP 增速，年率%）

资料来源：Weekly Economic Index（Lewis-Mertens-Stock），Index，Weekly，Not Seasonally Adjusted，Federal Reserve Bank of New York.

从 BEA 公布的同比数据来看，2021 第 2 季度开始到 2022 年第 1 季度的 4 个季度，美国 GDP 季度同比增速为 12.5%、5.0%、5.7% 和 3.7%。从环比数据来看，剔除 2020 年第 3 季度的数据（第 2 季度环比年率深度下滑了

29.9%），2020 年第 4 季度到 2021 年第 4 季度，5 个季度 GDP 环比年率分别为 3.9%、6.3%、7.0%、2.7% 和 7.0%。2022 年第 1—2 季度出现了环比年率 -1.6% 和 -0.6% 的增长，但第 3—4 季度环比年率增速为 3.2% 和 2.9%。不论是同比增速还是环比增速，美国经济出现了连续 4 个季度及以上明显超过潜在产出水平的事实。2023 年 1 月，James Bullard 的一项研究认为从 2022 年后半期开始，美国经济增速是要略高于潜在产出水平的，这也意味着美国经济存在短期"过热"的现象。

二 美国个人储蓄率出现了超预期的下降

从 BEA 公布的年度数据来看，2022 年美国个人储蓄率 3.3%，是 1960 年以来的历史第二低点，仅次于 2005 年的 2.9%（图 3）。对比历史上 1960—2022 年美国年均储蓄率 8.8%，目前美国居民储蓄率出现了超预期的下降。2020 年大规模的财政刺激和疫情防控使美国个人储蓄率达到历史最高的 16.8%，2021 年也高达 11.8%，这两年个人转移支付收入高达约 4.23 万亿美元和 4.62 万亿美元，分别占当年可支配收入的 24.0% 和 24.8%，明显高于 2022 年的个人转移支付收入约 3.91 万亿美元和近 20.1% 的占比。

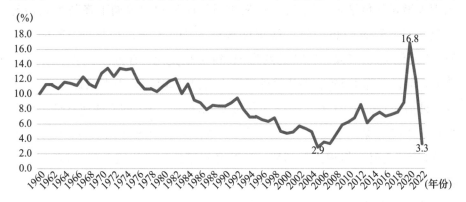

图3　美国经济中个人储蓄率的变化

资料来源：BEA.

2020 年疫情防控导致美国个人支出只有 14.6 万亿美元，低于 2021 年的 16.4 万亿美元，也显著低于 2022 年的 17.9 万亿美元。个人财政转移支付的增加和支出的大幅度下降导致 2020 年出现了 1959 年以来美国历史上个人最高年度储蓄率。

2022 年美国个人储蓄只有 0.61 万亿美元（个人储蓄率 3.3%），考虑到个人总储蓄余额，美国居民还具有一定的消费潜力和消费能力（依据 BEA 的数据，截至 2022 年第 3 季度，美国个人总储蓄约 5 万亿美元，与 2020 年第 2 季度的约 8 万亿美元相比大幅度下降，比 2019 年年底高出 950 亿美元）。当然，考虑到 12 月居民储蓄率上升了 0.2 个百分点（个人储蓄率 3.4%），如果居民增加储蓄，将降低劳动力市场紧张对通胀的压力。从这个角度来看，劳动力市场是目前通胀压力的主要来源。

三 广义货币供应量（M2）供给增速 出现了超预期的下降

2022 年 12 月美国经济中广义货币供应量（M2）的同比增速为 −1.3%，在 11 月同比零增长的基础上进一步下滑，这是美国 1959 年以来 M2 首次出现零增长和负增长（图 4）。广义货币供应量的超预期下降与个人储蓄率超预期下降的趋势一致。从季度调整的 M2 来看，2022 年 12 月约为 21.21 万亿美元，2021 年 12 月约为 21.49 万亿美元，存量减少了 0.28 万亿美元，同比下降 1.3%，但依然处于历史高位（2021 年 10 月突破 21 万亿美元，此后一直处于 21 万亿—22 万亿美元）。同时，M2 的流通速度处于历史低位，2022 年第 4 季度 M2 流通速度 1.225，相较 1959 年以来的历史最低值 1.112 有所上升，但相比于 1959—2022 年以来的季度均值水平 1.775，差距甚远。

从广义货币供应量和流通速度来看，美国经济中应该存在大规模的"沉淀"货币，当前的美国经济存在货币供应量高、流通速度慢的特点。美

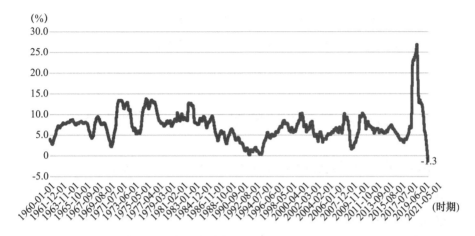

图4 美国经济中广义货币供应量（M2）的变化（同比）

资料来源：Federal Reserve Bank of St. Louis.

国经济产出缺口的快速收敛以及 GDP 超过潜在产出水平的增长体现了货币短期非中性的论点。或者说，美国经济这一轮的增长在相当大程度上是靠美联储印钱和美国财政部发钱带来的，而总需求扩张恰恰又是推动通胀持续高位运行的基本因素。

四 失业率超预期的低

2022 年 12 月美国经济中失业率为 3.5%，仍处在 60 年来的低位，这是在 2022 年美联储 7 次加息 425 个基点后的失业率，与疫情暴发前 2020 年 1—2 月的失业率水平一致。如果从美国这两年的 GDP 增速来看，经济总需求上升降低了失业率。

从就业人口占比来看，1948—2022 年的年度均值为 59.2%，2022 年为 60.0%，高于历史上的均值。相对于 2020 年的 56.8% 已经上升了 3.2 个百分点。但相较疫情前最近一次高点——2019 年的 60.8%——来看，理论上就业人口仍然有 0.8 个百分点的空间，从绝对值来看，这是一个不小的数目，即使按照 3 亿人口来计算，也大约有 240 万人。这部分劳动力蓄水池能否发挥作用，要看经受世纪疫情冲击后这些人是否愿意返回就业。

五 美国通胀超预期，已处于下行通道

最后，我们回到此轮超预期的通胀。PCE 作为美联储最关注的指标，依据 BEA 1 月 26 日公布的数据，2022 年第 4 季度 PCE 环比年率增速 3.2%，低于第 3 季度的 4.3%，相比 1—2 季度环比年率 7.5% 和 7.3% 已经大幅度下降。从 1 月 27 日公布的月度数据来看，2022 年 12 月仍然高达 5.0%，远超长期 2% 的通胀目标。2022 年 6 月美国 PCE 通胀率同比高达 7.0%，是自 1982 年以来 40 年的最高水平。从 7 月以来，PCE 和核心 PCE 通胀率均出现下降趋势，而且 PCE 和核心 PCE 通胀率同比增速之间的差距不断收敛，这说明能源和食品价格对美国的通胀冲击已经大幅度降低，从 6 月相差 2 个百分点一直下降至 12 月相差 0.6 个百分点（图 5）。经济总需求已经成为支撑当前美国通胀的核心因素。

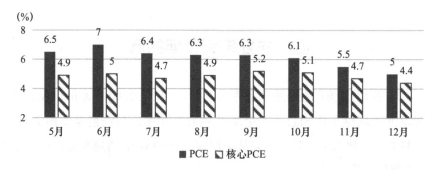

图 5　2022 年 5—12 月美国经济中的 PCE 通胀率（同比,%）

资料来源：BEA.

除以上情况之外，可以进一步关注一下全球供应链以及运输成本的变化。从美联储纽约分行提供的数据来看，2022 年 12 月全球供应链压力指数

下降至 1.18，与 2021 年年底的 4.30 相比大幅度下降，但仍然显著高于疫情前基本为零的状态。从航运成本来看，出现了超预期的下降。目前 BDI 指数为 600—700，已经跌至疫情前的水平。一项 2023 年的研究表明①，航运成本翻番会导致通货膨胀上升约 0.7 个百分点。考虑到 2021 年全球航运成本的实际增长，估计 2022 年其对通胀的影响会超过 2 个百分点。考虑到航运成本冲击对通胀的影响比商品价格冲击的影响更持久，其在大约一年后达到峰值，持续时间长达 18 个月，航运成本的大幅放缓有助于扭转通胀压力。当然，也存在一些正向冲击通胀的因素，包括地缘政治成本将长期推高全球化成本、全球绿色转型会带来相关金属价格的上涨等，但在 2023 年全球经济低增长的预期下，对全球通胀的正向冲击程度应该可控。

---

① Yan Carrière-Swallow, et. al. , "Shipping Costs and Inflation", *Journal of International Money and Finance*, Vol. 130, February, 2023.

美联储:低失业率下的控通胀

2月5日

就业指标是一个滞后性指标,加息周期中失业率下降不是特殊情况,更像是一种常态。在劳动生产率没有显著变化的情况下,物价下降需要工资下降,但工资还在上涨。在劳动参与率没有恢复到疫情前水平的背景下,大量的空闲岗位导致美国劳动力市场出现了"人挑工作"的环境,工资上涨是"人挑工作"环境下的必然结果。"人挑工作"环境的出现是因为美国企业税后利润总额还是处于高位。尽管私人储蓄率的上升在一定程度上可以降低物价上涨压力,但近几个月金融压力指数的下降不利于控通胀。美联储必须继续紧缩,扭转近几个月金融条件宽松的趋势,提高企业融资成本、降低企业利润,才能矫正劳动力市场的失衡状态,从而使美国通胀向美联储的目标区间收敛。

一方面,美联储从2022年3月开始加息8次,加息幅度高达450个基点。美国基准利率水平再次刷新2008年金融危机以来的峰值,联邦基金利率维持在4.5%—4.75%的区间。美联储从2022年6月开始缩表,截至2023年1月26日,美联储总资产为8.47万亿美元,相比2022年6月初的8.92万亿美元,美联储总资产缩减了4500亿美元。

另一方面,美国经济中的失业率从2022年3月开始加息时的3.6%下降至2023年1月的3.4%,创造了1969年6月以来的最低失业率。

一方面激进紧缩,一方面失业率下降,这矛盾吗?从美国历史上的情况看,这并不矛盾,因为失业率是个滞后指标。从图1来看,除了20世纪

70 年代中期到 80 年代中期供给冲击导致的"滞胀"时期难以区分，1954 年以来每一次美联储加息的峰值在很多情况下也是失业率处于低位的情形，在加息趋近峰值或者峰值后失业率才会有所上升。图 1 中标注出了 9 次这样的情况，最早的一次周期是 1954—1957 年。1954 年 11 月美联储开始加息，当时联邦基金利率为 0.83%，失业率为 5.3%，美联储一直加息至 1957 年 11 月的周期峰值 3.50%，当时的失业率只有 4.5%。最近的一次是 2015—2019 年。2015 年 12 月美联储开始加息，从 2015 年 11 月的 0.12% 一直加息至 2019 年 7 月的周期峰值 2.40%，美国经济中的失业率从 2015 年 11 月的 5.1% 下降至 2019 年 7 月的 3.7%。

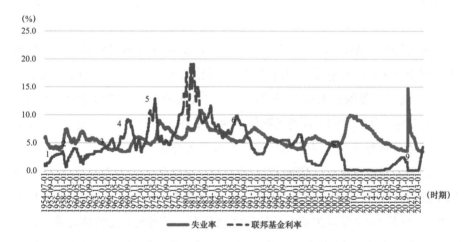

图 1　联邦基金利率与美国经济中的失业率

资料来源：Federal Reserve Bank of St. Louis.

　　因此，从持续加息和美国劳动力市场失业率下降来看，在失业率是滞后指标的情况下，这一次似乎并没有什么特殊性。

　　从长期视角来看，我们需要关注两个比较重要的变化。一个是劳动生产率的变化，一个是居民储蓄率的变化。前者直接涉及企业层面的物价水平，后者涉及消费者层面的物价水平。

　　从非农商业部门的劳动生产率来看，依据美国劳工部的数据，1948—

2022 年度简单平均劳动生产率同比增长 2.1%，2022 年同比下降 1.3%，这与 2021 年同比基数 2.4% 较高有一定的关系。从季度数据来看，1948—2022 年季度简单平均劳动生产率同比增幅为 2.1%，2022 年第 4 季度同比增幅为 −1.5%，2021 年第 4 季度同比增幅为 1.9%。从季度环比数据来看，1948—2022 年季度简单平均劳动生产率环比增幅为 0.5%，2022 年 4 季度环比增幅为 0.8%。从定基（2012 = 100）趋势来看，2022 年美国劳动生产率基本上还处于正常的趋势路径。从环比数据来看，美国劳动生产率从 2022 年第 1 季度开始上升，处于比较正常的状态，但从同比数据来看，美国劳动生产率是下降的。由于通胀率大多采取同比数据观察，在美国劳动生产率出现同比下降的情况下，工资水平必须出现下降才能显著推动物价水平下行。

从美国劳工部 2023 年 1 月 3 日公布的就业和薪酬相关数据来看，失业率下降至 3.4%，对应了员工平均时薪环比上升 10 美分，同比增幅达到 4.4%。同时，美国劳工部 2023 年 1 月 1 日公布的职位空缺和劳动力流动调查数据显示，2022 年 12 月美国职位空缺数量环比增长 6.7%，达到 1100 万个，而劳动参与率 62.4%，低于疫情前水平大约 63% 的水平。

从居民储蓄率来看，依据 BEA 的数据，美国私人储蓄率自 2022 年 9 月以来连续 3 个月上升，2022 年 12 月上升至 3.4%，9 月时储蓄率只有 2.4%，这是 1959 年以来第二低的月度储蓄率。以当前美元价格计算，2022 年 9—12 月美国居民收入环比增幅分别为 0.4%、0.9%、0.3% 和 0.3%，但私人支出环比分别为 0.6%、0.8%、−0.1% 和 −0.2%。收入增长和私人支出下降对应的是储蓄率的上升。

从以上数据我们大致可以做些判断。（1）由于就业指标是一个滞后性指标，加息周期中失业率下降不是特殊情况，更像是常态。（2）在劳动生产率没有显著变化的情况下，物价下降需要工资下降，但工资还在上涨。（3）在劳动参与率没有恢复到疫情前水平的背景下，大量的空闲岗位导致美国劳动力市场出现了"人挑工作"的环境，工资上涨是"人挑工作"环境下的必然结果。（4）私人储蓄率的上升在一定程度上可以降低物价上涨压力。

在美联储激进加息背景下，2022 年美国实际 GDP 同比增长 2.1%，这与低失业率直接相关。低失业率就意味着企业还有大量的利润可赚，否则企业不会雇用更多员工。依据 BEA 2023 年 1 月 31 日公布的数据，美国公司利润在 2022 年第 2 季度为 3 万亿美元。这个利润水平要比疫情前 2019 年季度年利率约 2 万亿美元整整超出了 1 万亿美元。由于劳动力市场是引致需求，是由商品市场引致的，低失业率的原因很直接：美国企业有钱可赚。

美联储激进的紧缩也确实引起了企业私人投资的下滑。2022 年第 2—3 季度年率分别为 − 2.83% 和 − 1.80%，第 4 季度年率为 0.27%。2021 年私人投资在实际 GDP 5.9% 的增长中贡献了 1.55 个百分点，消费贡献了 5.54 个百分点。2022 年私人投资在实际 GDP 2.1% 的增长中贡献了 0.68 个百分点，消费贡献了 1.9 个百分点。企业投资和居民消费呈现了一定的韧性，还是缘于美国企业有钱可赚。这就出现一种负面循环：高物价（销售价格高）企业有利润，雇用更多工人，工资上涨，又会支撑物价上涨。

因此，必须要提高企业成本才能从根本上降低通胀。从反映美国金融市场融资条件的金融压力指数来看，出现了不利于控通胀的变化。美联储持续加息并没有带来没有金融条件的持续收紧，反而出现了一边加息，金融压力指数一边宽松的局面。此轮金融条件最紧的 2022 年 9 月，数值为 − 0.107，联邦基金利率为 2.56%；到了 2023 年 1 月金融压力指数为 − 0.311，联邦基金利率为 4.33%（图 2）。

对比 2022 年 12 月通胀率同比 5.0%，核心 PCE 价格同比 4.4% 涨幅的条件下，可以认为美国金融市场条件还是宽松的。在能源和食品价格冲击大幅度下降的背景下，美联储可以聚焦劳动力市场控通胀，但市场流动性还是很充分的，这与美联储加息带来的资金回流有关系（依据 BEA 数据，2022 年第 3 季度美国金融账户交易净额为 − 2942 亿美元，反映了美国从外国居民的净借款）。依据纽约联储的数据，美联储从 2022 年 6 月开始缩表以来，每日逆回购规模至今仍有 2 万亿美元以上。宽裕的流动性导致了相对宽松的金融条件。从这个视角来看，美联储只有持续紧缩，扭转 2022 年 9 月

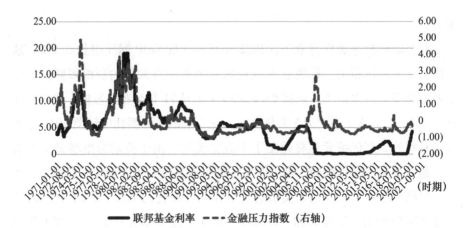

图 2　美联储联邦基金利率与金融压力指数（月度数据）

资料来源：Federal Reserve Bank of St. Louis.

以来金融条件宽松的趋势，才能有效地控制美国通胀向美联储的目标区间收敛。

疫情激进政策与美元货币体系

2 月 9 日

2021 年年底美国对外投资净头寸达到了创纪录的 – 18.12 万亿美元，2022 年第 3 季度净头寸下降至 – 16.71 万亿美元，但仍显著高于新冠疫情暴发时 2020 年第 1 季度的 – 12.56 万亿美元。2023 年以来美国对外投资负净头寸下降了 1.41 万亿美元，资产价格效应和汇率估值效应可能是引起净头寸变化的重要因素。2022 年美国贸易赤字再创新高，2022 年第 1—3 季度美国金融净交易 – 6821 亿美元，美国作为全球风险资本家的性质没有改变。国际投资者持有美债数量回到疫情前的水平，美元体系"过度特权"长期赖以生存的结构效应收窄至疫情前水平。在结构效应空间的约束下，美元体系的运行要么维持对外投资效应来弥补经常账户逆差，要么缩小对外贸易赤字。疫情激进政策导致美元货币体系经历了扩张和收缩。

2020 年疫情冲击以来，美国依据美元主导货币体系实施大规模的财政赤字货币化。依据美联储的数据，从 2020 年 3 月初到 2022 年 5 月底，美联储总资产从 4.24 万亿美元扩张到近 8.95 万亿美元，其总资产中持有政府债券的规模增加了近 3.28 万亿美元，这相当于 2020—2021 年美国财政赤字规模（约 5.9 万亿美元）的 55.6%。

依据美国财政部的数据，国际投资者持有美债规模从 2020 年 3 月的 6.95 万亿美元上升至 2021 年的 7.79 万亿美元。从历史上看，2021 年年底是国际投资者持有美债规模的峰值。

依据 IMF（COFER）提供的全球已分配外汇储备数据，全球美元国际外汇储备占全球外汇储备的比例从 2020 年第 1 季度的 61.85% 下降至 2021 年年底的 58.81%，下降幅度超过了 2 个百分点。

依据 BEA 提供的数据，2020 年第 1 季度美国对外投资净头寸为 –12.56 万亿美元，2021 年年底达到历史上的峰值 –18.12 万亿美元，美国作为全球风险资本家的性质没有改变，可以说冒险程度也因此达到了历史上的峰值。

2022 年以来美元货币体系出现的一些显著变化值得我们关注。2021 年年底由于美国通胀已经超过长期弹性通胀目标 2% 多月，2021 年 3 月美国 CPI 通胀超过 2%，PCE 不断走高，压力迫使美联储在 2022 年 3 月开始加息，6 月开始缩表。与美联储此轮激进扩张和激进紧缩货币政策周期相伴，美元货币体系也出现了一些新变化。

新变化 1，国际投资者持有美债数量回到疫情前的水平。截至 2022 年 11 月，国际投资者持有美债数量为 7.27 万亿美元，与 2020 年 2 月的 7.22 万亿美元接近。这也就意味着，2020 年 2 月之后到 2022 年 11 月美国财政部增发的美债基本是被美国国内投资者持有的。相比 2021 年年底，2022 年 11 月，国际投资者减持美债数量达到了 5125 亿美元。依据美国财政部网站公布的 2020—2022 财年的美国发行在外的债务存量来看（Debt Outstanding Amount），大约增加了 4 万亿美元，目前存量已经接近 31.4 万亿美元的债务上限。美国通过美债低利率借款、高利率投资国外获取投资净收益的效应被称为结构效应，这是美元货币体系"过度特权"长期赖以生存的基础。国际投资者持有美债规模的收缩将直接约束美元货币体系的结构效应。

新变化 2，美元全球外汇储备总额下降。依据 IMF（COFER）提供的全球已分配的外汇储备（Allocated Reserves）数据，2021 年年底美元外汇储备接近 7.1 万亿美元，基本是美元外汇储备的峰值。相比 2021 年年底，截至 2022 年第 3 季度全球美元外汇储备下降至 6.44 万亿美元，下降了 6440 亿美元。其间全球各种货币外汇储备下降了近 1.28 万亿美元，美元占据了下降总额的 50.5%。

新变化 3，美国货物服务贸易赤字创新高，但近期下降速度较快。依据 BEA 的数据，2019 年美国货物服务贸易赤字 5597 亿美元，2021 年达到

8450 亿美元，2022 年 1—11 月累计达到 8863 亿美元，但第 3 季度贸易赤字占当前美元国内生产总值的 3.4%，相对第 2 季度的 3.8% 明显下降。2022 年 1—11 月美国货物贸易赤字创年度历史新高，达到近 1.11 万亿美元，但服务贸易顺差自 2018 年达到约 3002 亿美元以来，连续 4 年下滑，2022 年 1—11 月美国服务贸易顺差为 2208 亿美元。

新变化 4，国际投资负净头寸出现了较大幅度收缩。从 2022 年开始，美国国际投资负净头寸出现了较大规模减少。依据 BEA 的数据，2022 年第 3 季度美国国际投资净头寸为 –16.71 万亿美元，相比 2021 年年底的 –18.12 万亿美元收窄了 1.41 万亿美元。

综合以上信息，大体上可以得出以下几个判断。

首先，由于美联储不断加息，利率上行导致美债价格走低，再加上美国债务上限的风险，国际投资者对美债的需求出现了明显下降。

其次，美元全球外汇储备下降数量占 2022 年以来全球已分配外汇储备下降数量的一半，美元储备的下降与美元回流以及外汇市场干预有关。但美元占比从 2021 年第 4 季度的 58.81% 上升至 2022 年第 3 季度的 59.79%。这一轮全球外汇储备出现了整体收缩，而且是历史上最大的一次收缩。从 1999 年第 1 季度至今，全球已分配外汇储备也出现过两次下降。一次发生在 2008 年第 2 季度到 2009 年第 1 季度的次贷危机期间，全球外汇储备收缩了 3502 亿美元，其中美元外汇储备下降了 1135.2 亿美元。另一次发生在上一轮紧缩周期中（2014 年 Q2 至 2015 年 Q1），全球已分配外汇储备也下降了 2939.4 亿美元，但其间美元外汇储备反而增加 117.9 亿美元。

再次，美国贸易账户赤字规模总量持续扩大，但存在逆差规模趋势性缩小的可能，美元依旧在通过经常账户赤字向全球大规模输出美元。

最后，从美国国际投资头寸来看，相比 2021 年第 4 季度，2022 年第 3 季度美国对外资产下降了约 5.34 万亿美元，对外负债下降了约 6.75 万亿美元，两者对应了美国对外投资负净头寸收窄 1.41 万亿美元。但需要注意存量数据存在资产价格效应和汇率估值效应，2022 年全球资产价格出现了比较大幅度的下跌，资产和负债的市场价值都会下降；同时以市场美元价值衡量的差异可能会比较大，尤其是在美元快速升值的周期中，资产和负债货币计价方式的不同可能会导致比较大的差异。如果美国对外资产是外币，美元升值，以美元计价的资产减少；如果负债也以其他货币计价，对外负债的美元价值也会减少。进一步从流量数据来看，2022 年第 1—3 季度净金融账户交易为 -6821 亿美元，这表明美国还是从国外净借入了大量的资金。从借入流量数据来看，2023 年第 1—3 季度的数额与 2020 年全年的 6970 亿美元相当，低于 2021 年全年的 7406 亿美元，美国全球风险资本家的特征不会改变。

　　总体上，世纪疫情导致美国大规模从国外净借入资金，从至今的数据上看，2021 年美国对外投资净头寸达到了 -18.12 万亿美元。2022 年第 3 季度负净头寸下降至 16.71 万亿美元，但显著高于疫情暴发时 2020 年第 1 季度的 12.56 万亿美元，美国作为全球风险资本家的特征更加明显。

美联储控通胀面临的难题:流动性过于充裕

2 月 13 日

过于充裕的流动性是美联储控通胀面临的难题。美联储必须持续收紧，尤其是流动性要持续收紧，减弱投资者风险偏好，才能有利于控通胀。

美联储控通胀面临着当下的难题：联邦基金利率快速抬升，但金融条件逆转并快速宽松。从 2022 年 10 月中旬开始，当联邦基金利率从 3.1% 上

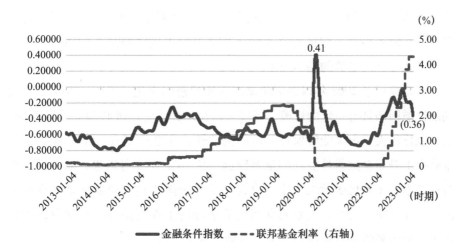

图1 联邦基金利率与金融条件指数（周数据）

说明：金融条件指数从 2013 年 1 月 4 日开始，联邦基金利率从 2013 年 1 月 2 日开始。

资料来源：Federal Reserve Bank of St. Louis.

升至 2023 年 2 月初的 4.6% 时,美国金融市场中的芝加哥全国金融条件指数从 -0.028 下降至 -0.359。金融条件如果不能持续收紧,美联储控通胀的效果将事倍功半。

图 1 显示,除了 2020 年 3 月出现的金融大动荡导致金融条件骤然收紧的特殊阶段,我们还可以观察上一轮紧缩中的情况。2013 年 12 月 18 日美联储 FOMC 正式决定适度降低资产购买速度,从 2014 年 1 月开始每月减少购买 50 亿美元 MBS 和 50 亿美元长期国债,开启了上一轮的 TAPER。金融条件基本从 2014 年的阶段性底部开始逐步收紧,一直收紧至 2016 年 2 月。从 2015 年年底美联储开始第一次加息,到 2016 年年中之前,联邦基金利率基本保持不变(0.4% 左右)。此后美联储缓慢加息至 2018 年年底,联邦基金利率维持在 2.4% 左右的水平。从 2016 年 2 月到 2017 年 12 月,也出现了联邦基金利率上升和金融条件宽松的反向走势。IMF 在 2014 年 4 月的《全球金融稳定报告》中将 2013 年 TAPER 恐慌时间的阶段划分为 2013 年 5 月 21 日—2014 年 3 月 21 日,共计 8 个月的时间。但随后由于欧洲央行在 2014—2017 年经历了大约 2.3 万亿欧元的大规模扩表,推动美元指数走高,引起资本回流美国,充裕的流动性是这个阶段出现联邦基金利率上升和金融条件宽松反向走势的基本原因。

图 2 显示了 2008 年以来美联储逆回购规模的变化。2016—2017 年美联储隔夜逆回购具有一定的规模,规模可以在几百亿美元到 4700 亿美元之间,波动也比较大,市场能够保持一定的流动性,这也是 2016—2017 年联邦基金利率上升而金融条件宽松的重要原因。从 2022 年 5 月以来,隔夜逆回购规模基本在 2 万亿美元及以上,这说明美国金融市场的流动性是非常充裕的。对比历史,也可以大致判断当前美国金融条件宽松与美联储激进加息出现反向走势的基本原因还是市场流动性过于充裕。

美联储 2022 年 6 月开始缩表以来,从 2022 年 5 月的峰值约 8.95 万亿美元下降至 2023 年 2 月 9 日的约 8.44 万亿美元,下降了 0.51 万亿美元。但由于美元指数从 2022 年 4 月中旬以来,一直持续在 100 以上运行,强美元吸引了资本回流。按照 BEA 给出的 2022 年第 1—3 季度美国金融账户净

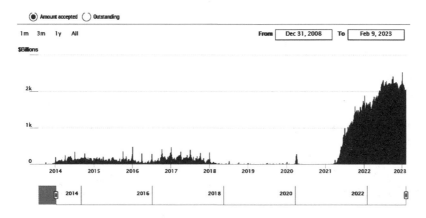

图 2　美联储逆回购规模（十亿美元）

资料来源：The New York Fed.

交易数量数据，美国从国外净借入了大约 6800 亿美元。一方面美联储通过缩表减少流动性，另一方面外部资金在不断流入美国，对冲了美联储对流动性的紧缩，结果导致了逆回购规模居高不下，一直维持在 2 万亿美元及以上的规模。目前逆回购利率作为利率下限已经达到了 4.55%，成本不可谓不高。

充裕的流动性会带来市场预期与美联储预期之间的差异，典型的就是市场风险偏好可能与美联储想要的风险偏好下降存在差异。图 3 利用穆迪 Aaa 与 10 年期美债之间收益率差减去 Baa 债券与 10 年期美债收益率差以反映风险偏好的变化，可以看出，目前两者差距在 100 个 BP 左右，基本回到了新冠疫情前的水平。尤其是从 2023 年以来两者差距出现了明显的缩小趋势。风险偏好并未出现恶化也是 2023 年以来美股三大估值出现了不同上涨的支撑，纳斯达克指数 2023 年以来上涨超过了 10%。

2022 年 12 月美国 PCE 通胀率 5%，核心 PCE 价格同比上涨 4.4%。2022 年全年失业率 3.6%，2023 年 1 月失业率 3.4%。2022 年岗位空置数量相比疫情前 2018—2019 年的均值超过 390 万个，2022 年劳动参与率比疫情前 2018—2019 年的均值减少 0.8 个百分点。即使劳动参与率回到疫情前水平，也改变不了当前的"人挑工作"的就业环境，工资还是会上涨。

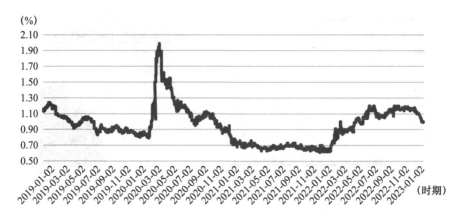

图 3　穆迪 Aaa 与 Baa 债券之间收益率

资料来源：Moody's Seasoned Aaa and Moody's Seasoned Baa Corporate Bond Yield Relative to Yield on 10-Year Treasury Constant Maturity，Percent，Daily，Not Seasonally Adjusted，Federal Reserve Bank of St. Louis.

美联储怎么办？笔者认为有两个选择：一是提高对通胀目标的容忍度；二是严格控通胀。从目前美联储的态度来看，倾向于严格控通胀。在这一目标下，美联储采取的措施有以下三种。

第一，继续加息，加息峰值超过 2022 年年底预测的中值 5.1%。

第二，加息到美联储认为的限制性利率水平时，保持高利率更长时间。

第三，加息周期结束，但缩表周期不结束，继续缩表。持续缩表对于美联储来说其痛苦程度也许更大，因为涉及债券市场是否有更多国际购买者的问题，或者说涉及美国财政赤字债务化问题。

上述措施都会抬高全球利率水平和收紧流动性，使全球经济和金融市场处于承压状态。过于充裕的流动性是目前美联储控通胀面临的难题。

2022—2023 年推动美元指数趋势性变化因素的差异

2 月 16 日

2022—2023 年美元指数的走势从拼加息走到了拼经济基本面的阶段，利差影响美元指数走势的作用相对 2022 年大幅度下降。地缘政治冲突的不确定性依然是影响美元指数走势的重要因素。目前尚未出现推动美元指数趋势性下行的重要因素。

始于 2022 年 3 月加息的美联储紧缩政策，是一次非正常经济周期中的紧缩。非正常性主要体现在两点：一是经济产出缺口并未显著超出潜在产出水平；二是供应链、能源食品等价格供给冲击是早期通胀的主要因素，就业优先的货币政策导致了美欧央行对通胀采取了高容忍度，在通胀率远超通胀目标的情况下才开始紧缩。

美联储在 2022 年 3 月美国失业率下降至 3.6%、通胀率（PCE）同比涨幅高达 6.8% 的情况下才开始紧缩。欧洲央行也类似，2022 年 7 月才开始加息紧缩，那时欧元区的失业率下降至 6.9%、通胀率（HICP）同比涨幅高达 8.9%。

非正常周期的激进加息是指美元指数在 2022 年 4 月中旬突破 100 之后，至今一直在 100 以上运行。如果按照美元指数 95 及以上可以视为强美元的标准来说，2022 年 2 月中旬至 2023 年 2 月强美元已经持续了一年时间。当然，2022 年 2 月初开始，美元指数的快速上涨也与俄乌冲突升级预期带来的避险情绪有关。

那么，2023 年美联储继续非正常周期的紧缩，美元指数会呈现出什么走势？全年美元指数维持在相对高位运行的概率比较大，这是由美国和美元指数中经济体的经济基本面决定的。俄乌冲突如果有机会出现缓和，或者出现了通过谈判解决冲突的可能性，那么有助于美元指数下行。全球地缘政治格局变化的复杂性也对美元指数全年的走势造成了难以判断的扰动。

2022 年的强美元和 2023 年的相对强美元背后的逻辑存在明显的差异。2022 年主要是美国政策性利率的快速上行导致了强美元，避险情绪也有一定的助推作用；2023 年美元走势主要取决于美国与美元指数中经济体的基本面以及全球的避险情绪，利差推动美元走强的作用相较 2022 年显著缩小。

从美国通胀和就业来看，依据美国劳工统计局发布数据，2023 年 1 月美国消费者价格指数（CPI）同比增长 6.4%，为连续第 7 个月下降，核心 CPI 当月同比上涨 5.6%，但服务业物价升至 40 多年来的最高水平。2023 年 1 月占 CPI 比重约 1/3 的居住成本走高，是推动当月整体物价上涨的主要因素，住房成本的涨幅约占月度涨幅的一半，住房成本的下降可能还需要数月。能源也是一个重要影响因素，月率和年率分别上涨 2% 和 8.7%，食品成本月率和年率则分别上涨 0.5% 和 10.1%，能源和食品价格冲击依然存在，但与此轮通胀的早期相比作用显著下降。由于全球普遍出现通胀，美国不可能通过进口降低物价水平。依据 BEA 的数据，2022 年 12 月进口价格指数同比上涨 3.5%，相比 2022 年阶段性峰值同比涨幅 13.0% 显著下降，但 2022 年全年同比增幅依然高达 8.5%。2023 年 1 月美国经济中失业率 3.4%，2022 年 12 月空置岗位仍然有超过 1100 万个，好在 2023 年 1 月平均时薪环比下降 0.2%，同比下降 1.8%。美联储只有持续紧缩才能使通胀向目标区间收敛，加息的峰值或将超过 2022 年 12 月预计的中值 5.1%。截至目前，美联储加息 8 次，加息幅度 450 个基点，目前政策性利率水平处在 4.50%—4.75% 的区间。

从欧元区通胀和就业来看，2023 年 1 月预估通胀率（HICP）同比增长 8.5%，服务类价格同比增长 4.2%；核心通胀率同比上涨 7.0%，通胀率连续三个月下行，但仍然处于高位。从就业来看，2022 年 12 月欧元区失业率6.6%，2022 年全年失业率 6.7%，低于疫情前 2018—2019 年年均失业率7.9%，2022 年第 1—3 季度岗位空置率 3.3%，也高于疫情前两年的均值2.2%，但劳动参与率高于疫情前两年均值近 2.5 个百分点，达到 74.6%。欧元区央行目前加息 5 次，总计加息 300 个基点，目前政策性利率水平达到 3.0%。

从英国通胀和就业来看，2022 年 12 月英国消费者价格指数（CPI）同比上涨 10.5%，从峰值 10 月的同比涨幅 11.1% 连续 2 个月下降。12 月核心CPI 同比上涨 6.3%，与 11 月持平，通胀处于高位。从就业来看，2022 年第 4 季度国际劳工组织（International Labour Organization，ILO）失业率3.7%，2023 年 1 月失业率 3.9%，劳动力市场则略有降温。2022 年 11 月至2023 年 1 月期间的职位空缺连续第七次下降，目前的职位空缺数量还是达到了 113.4 万个。英国央行自 2021 年 12 月以来已连续 10 次加息，加息幅度 400 个基点，目前政策性（基准）利率水平达到 4.0%。

从加拿大的通胀和就业来看，2022 年 12 月通胀率 6.6%，核心通胀率5.0%，相比 2022 年 11 月的峰值略有下降。2022 年加拿大劳动参与率65.5%，比疫情前 2018—2019 年的均值低 0.5 个百分点。2022 年加拿大失业率 4.5%，低于疫情前 2018—2019 年的均值 4.9%。2022 年 11 月职位空缺率 4.6%，显著高于疫情前 2018—2019 年的均值 2.7%。2022 年 11 月每周薪酬同比上涨 4.2%，加拿大经济存在"过热"现象。加拿大央行从2022 年 3 月开始加息（2022 年 3 月通胀率同比 5.2%，核心通胀率 4.1%），至今加息 8 次，加息幅度 400 个基点，政策性利率水平达到 4.50%，为 15年来的最高水平。

日本是美元指数中唯一没有受到通胀压力的经济体，目前依然采取收益率曲线管制和负利率的货币政策，依然坚持宽松，没有改变的明显迹象。2022 年日本平均完全失业率为 2.6%，较 2021 年下跌 0.2 个百分点，时隔 3年出现改善。

瑞士的通胀压力不大，2022 年物价平均上涨 2.8%。2023 年 1 月失业率 2.2%，环比增长 0.1%。瑞士央行从 2022 年 6 月开始加息，3 次加息175 个基点，目前政策性利率水平维持在 1.0%。瑞典正在经历高通胀，2022 年 12 月的通胀率同比增长 10.2%，达到自 1991 年以来的最高水平。2022 年失业率为 6.8%，存在劳动力短缺的问题。瑞典央行从 2022 年 5 月开始加息，至今已加息 6 次，加息幅度达到 300 个基点，政策性利率水平达到 3.0%。

对比美国经济基本面和美元指数中经济体的经济基本面，可以大致做出以下判断。（1）美国及美元指数中经济体中的失业率普遍低于疫情前水平。（2）除了日本和瑞典没有出现过高的通胀率外，其余经济体都不同程度地存在高通胀的压力。（3）2022 年至今美联储加息幅度是上述所有经济体中最大的，达到了 450 个基点。（4）欧元区和英国的通胀过高，而且 CPI与核心 CPI 之间的差距相对比较大，决定了欧元区和英国控通胀错杀需求的概率相对比较大。

整体上，2022 年全球加息潮中出现了高通胀下的强美元，主要原因是美联储加息幅度最大，再加上地缘政治动荡。2023 年加息竞赛接近尾声，美联储加息的峰值以及利率维持限制性水平的时间可能会超出市场原有的预期，但限制性利率水平应该不会偏离原来的中值（5.1%）太远。欧洲央行加息的空间相对美联储要大一些，通胀过高以及核心通胀与核心通胀率之间差距缩小给了欧洲央行紧缩的底气。英国央行加息的空间有限，CPI 和核心 CPI 之间差距过大，供给冲击通胀性质比较明显，英国央行加息可能需要看美联储和欧洲央行加息的情况而定。加拿大央行已经表态"有条件的暂停加息"，表明当前利率已经达到足够稳定物价的限制性水平。日本央行目前尚没有出现改变宽松政策的迹象。瑞郎在美元指数中占比只有 7.8%，对美元指数走势影响较小。

因此，2022—2023 年美元指数的走势从拼加息走到了拼经济基本面的阶段，利差影响美元指数走势的作用相对 2022 年大幅度下降。地缘政治冲突的不确定性依然是影响美元指数走势的重要因素。

去杠杆与加杠杆：美国两次
反危机的相同与不同

2 月 24 日

通过以下几组有关美国经济内部杠杆和外部杠杆的重要数据，可以大致了解两次大危机冲击后美国经济中不同主体杠杆的不同变化。

一　关于政府债务杠杆

依据美国白宫管理和预算办公室（OMB）的数据，从 2007 年年底至 2009 年第 3 季度，美国联邦债务占 GDP 的比例从 62.7% 上升至 82.4%，上升了 19.7 个百分点。2019 年年底至 2021 年第 1 季度，美国联邦债务占 GDP 的比例从 106.9% 上升至 126.1%，上升了 19.2 个百分点。次贷危机和新冠疫情使美国联邦债务占 GDP 的比重上涨了近 39 个百分点。截至 2022 年第 3 季度美国联邦债务占 GDP 的比例为 120.2%。从政府利息支付占 GDP 的比例来看，两次反危机期间均出现了下降，低利率是导致筹资成本下降的重要原因。2008—2009 年美国政府利息支出占 GDP 的比例从 1.71% 下降至 1.29%；2019—2021 年美国政府利息支出占 GDP 的比例从 1.75% 下降至 1.51%。2022 年加息周期开始，这一比例上升至 1.87%。1950—2022 年美国政府利息支出占 GDP 比例的年度均值为 1.76%。

二 关于家庭债务杠杆与储蓄率

依据 IMF 的数据，2007 年年底美国家庭债务占 GDP 的比例为 101.0%，次贷危机爆发后，美国家庭经历了长达 12 年的去杠杆过程，截至 2019 年第 1 季度下降至 74.8%。此后有所上升，并在 2020 年年底达到阶段性高点 81.9%，2022 年第 1 季度为 74.1%，第 3 季度为 76.8%。两次危机冲击美国家庭债务的变化有一定差异，疫情冲击导致 2020 年比 2019 年的杠杆率上涨了 4.7 个百分点，随后的杠杆率虽有所波动，但并未表现出明显的趋势。从债务增量来看，2008 年美国家庭债务在 2007 年增加了 0.95 万亿美元的基础上，全年下降了 51 亿美元。2020 年疫情冲击导致家庭债务增加了 0.62 万亿美元，高于 2019 年的 0.51 万亿美元。2021 年家庭债务增加了 1.23 万亿美元，截至 2022 年第 3 季度年率仍然高达 1.16 万亿美元。从家庭债务服务支出在可支配收入中的比例来看，依据美联储数据，2007 年年底为 13.2%，2019 年末为 9.8%。疫情暴发后，2021 年第 1 季度下降至自 1980 年有该数据以来的最低点 8.3%。截至 2022 年第 3 季度为 9.7%，与 2019 年年底的 9.8% 接近。

从储蓄率来看，2007 年美国私人储蓄率只有 3.2%，2008—2009 年为 6.2% 和 5.6%，虽然有所波动，但基本上升至 2012 年的高点 11.6%。疫情前的 2019 年美国私人储蓄率只有 8.3%，并在 2020 年达到高点 13.9%，随之出现了急剧下降，2021 年为 7.5%，2022 年只有 3.4%。

三 关于企业债务杠杆

依据美联储数据，从债务占公司股票市值的百分比来看，2007 年年底债务占公司股票市值的比例为 31.2%，2009 年第 1 季度上升至阶段性高点

58.6%。由于美国股市经历了长达十年的牛市，2019 年年底这一数据下降至 25.1%。2020 年第 1 季度爆发的国际金融大动荡使这一比例上升至 33.6%。反危机的刺激政策导致股市上涨，2021 年年底这一比例下降至 19.2%。截至 2022 年第 3 季度为 27.5%，比疫情前 2019 年年底高出 2.4 个百分点。从公司债务总量（包括贷款和债务证券）来看，依据美联储公布的美国金融账户数据，次贷危机之前美国企业经历了明显的加杠杆过程，2005—2007 年非金融类公司债务增长率分别为 5.4%、7.7% 和 11.7%，2009—2010 年经历了明显的去杠杆过程，债务增长率分别为 -4.9% 和 -0.9%。2020 年疫情冲击导致非金融类公司债务增长率高达 10.4%，显著高于 2018—2019 年的 4.1% 和 6.7%。2021 年为 5.5%，2022 年第 3 季度下降至 5.3%。2020 年美国非金融类企业是扩张的，公司债务总量增加了 1.07 万亿美元，显著高于 2019 年的 0.65 万亿美元，也高于 2021 年的 0.62 万亿美元。2022 年前三个季度公司债务总量增速出现了明显下降，第 3 季度大约为 0.67 万亿美元，这个数据与疫情前的 2019 年比较接近。

四 关于美国对外贸易赤字与对外投资净头寸杠杆

从美国对外贸易赤字来看，次贷危机爆发导致总需求下降带来了美国对外贸易赤字收缩。2006 年美国货物和服务贸易赤字总量约 7635 亿美元，占当年 GDP 的 5.5%；2009 年下降至 3948 亿美元，占当年 GDP 的 2.7%。2019 年美国货物和服务贸易赤字总量约 5597 亿美元，占当年 GDP 的 2.6%；2022 年上升至 9481 亿美元，占当年 GDP 的 3.7%，对外贸易赤字总量创历史新高，贸易赤字占 GDP 的比例创次贷危机以来的新高。2021—2022 年连续两年美国对外货物贸易赤字超过 1 万亿美元，其中 2022 年达到了近 1.2 万亿美元，占当年 GDP 的 4.7%。

从对外投资净头寸来看，依据美国经济分析局（BEA）的数据，2007

年年底美国对外投资净头寸为 -1.66 万亿美元，2008 年年底约 -3.99 万亿美元，意味着次贷危机爆发美国从国外净借入了 2.33 万亿美元。随着次贷危机的修复，2010 年年底该数据下降至 -2.51 万亿美元。此后一直扩大到疫情前 2019 年年底的 -11.65 万亿美元。新冠疫情暴发后，对外投资负净头寸再次扩大至 2021 年年底的历史峰值 18.12 万亿美元，2022 年第 3 季度末为 -16.71 万亿美元。

通过上述关于美国政府、家庭、企业、对外贸易及对外净投资数据，我们可以发现，在次贷危机和新冠疫情两次大危机冲击下，除了美国政府均采取大幅度加杠杆行为，企业和家庭微观主体行为存在明显的差异，也导致了美国对外投资净头寸出现了不同的变化。这种差异主要体现在以下几个方面。

第一，次贷危机导致了美国家庭经历了长期的去杠杆。而疫情冲击导致美国家庭杠杆率（债务/GDP）出现了明显的上升，尽管近期有所波动并下降。对冲疫情的激进财政政策导致美国私人储蓄率经过急剧攀升后骤然下降，2022 年美国家庭储蓄率基本回到 2007 年的水平，是历史的低位。

第二，次贷危机后美国企业经历了去杠杆过程，疫情危机期间美国企业美国没有去杠杆，反而加杠杆，主要原因是大规模的刺激政策。美联储创建了 7 个特殊实体支持实体加杠杆，比如说"主街计划"，这些计划的资金量并未使用完毕。

第三，次贷危机冲击后美国对外贸易赤字经历了明显的下降，但同时从国外净借入了大量的资金，对外投资负净头寸明显放大。疫情冲击后美国对外投资净头寸急剧放大，远超次贷危机时期，与之相伴的是激进政策刺激导致美国对外贸易赤字总量快速放大，这一点与次贷危机冲击后显著不同。

为什么两次危机冲击期间美国经济中的杠杆出现了明显差异？答案是：次贷危机是美国经济出现的内生性冲击，企业和家庭去杠杆是正常逻辑；疫情危机是具有全球性的外生系统性冲击，在激进政策刺激下，家庭和企业出现了加杠杆。由于美国财政债务杠杆都是显著放大的，这也导致了美国对外部净债务的显著增加，外部杠杆均出现了放大。在上述美国经济内部杠杆和外部杠杆变化的条件下，未来的趋势有以下可能性。

第一，美国居民进一步储蓄，提高储蓄率从中长期中降低外部赤字风险。

第二，美元货币体系"过度特权"会出现阶段性收缩，但美国不可能改变依靠美元体系"过度特权"对冲经常账户赤字，或者说放松经常账户赤字约束的路径，美国的金融全球化战略不会改变，这与美国的贸易逆全球化形成了鲜明对照，美国依旧在依靠美元霸权追求利益最大化。

对 2023 年人民币汇率走势的看法

2 月 28 日

排除俄乌冲突、新冠疫情难以预测的因素，2023 年人民币兑美元汇率面临的环境是：利差是负面、流动性偏中性、增长预期正面。如此，人民币呈现双向波动是常态。

以收盘价计，2023 年 2 月 1 日至 2 月 27 日人民币兑美元贬值了 3.32%，而同期美元指数从 101.1547 上升至 104.6522，上涨了 3.46%，一个月美元指数上涨近 3.5%，美元指数出现了阶段性的较快速上涨。美元指数上涨对应了美元指数中其他货币的贬值。其中，欧元贬值了 3.47%，日元贬值了 5.70%，英镑贬值了 2.47%，加元贬值了 2.14%，瑞郎贬值了 3.0%（图 1）。

截至 2 月 27 日收盘价，在岸人民币兑美元汇率为 6.9645，离岸人民币汇率 6.9603，人民币汇率再次临近"7"关口，引起了市场的关注。

从图 1 中可以看出，2023 年 2 月以来美元指数较为快速的上升过程中，美元指数中其他货币均出现了贬值，美元对美元指数中所有货币保持了强势。人民币虽然有所贬值，但贬值幅度低于欧元和日元，并未出现"超调性"的贬值。

人民币是非美元指数中的货币，美元指数走强对人民币汇率的短期影响主要有两个渠道：一个是利率渠道，一个是流动性渠道。利率渠道主要是利差。以 10 年期国债为例。2023 年 2 月 1—27 日十年期美债收益率从 3.39% 上行至 3.92%，同期十年期中债收益率从 2.9101% 上行至 2.9117%，

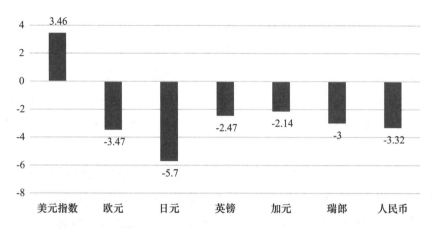

图1　2023 年 2 月以来全球主要货币走势（2 月 1—27 日）

资料来源：WIND.

几乎没有变化，中、美利差"倒挂"扩大。从流动性渠道来看，美元指数上涨导致美元资产投资价值提升，美元会回流美国追逐美元资产，美国境外的美元减少，即使一国货币与美元利率差距没有变化，组合资金外流也会导致其货币有贬值压力。从 WIND 提供的数据来看，从 2023 年 1 月底到 2 月 27 日外资持有中国股票市场的市值占比从 3.55% 下降至 3.47%，持股市值下降了约 550 亿元人民币，但持股数量增加了约 8.8 亿股。整个 2 月中国股市基本平稳，主要股指比如上证指数只有轻微的下降。上述信息表明，中、美利差"倒挂"扩大是导致 2 月以来人民币出现贬值的主因。

由于影响汇率的因素众多，这些因素可以通过预期影响汇率的走势。从未来一段时间来看，可能有以下几个因素值得重点关注。

第一，美联储的加息峰值可能会比原先预计的要高。2023 年 1 月美国 PCE 和核心 PCE 价格的同比涨幅均比 2022 年 12 月上升了 0.1 个百分点，分别为 5.4% 和 4.7%，美国通胀的韧性强。一方面我们看到美国房地产、制造业这种对长期利率敏感的行业在持续加息的冲击下出现了下行，另一方面关于零售、服务业消费还是在增长。2023 年 1 月失业率 3.4%，工资出现年率 4% 的增长。依据 BEA 的数据，2023 年 1 月美国居民可支配收入环比增长 2%，支出环比增长 1.8%。

第二，中国贸易顺差结构性支撑因素的变化。2022 年全年中国贸易顺差创历史新高。依据中国海关的数据，2022 年商品贸易顺差达到 8776 亿美元，比 2021 年高出了 2072 亿美元。大规模的贸易顺差为人民币汇率的稳定提供了美元流动性支撑。与 2022 年第 3 季度相比，第 4 季度中国出口量有所下降，季度贸易顺差 2320 亿美元，与 2021 年第 4 季度的贸易顺差相比，同比下降了 6.8%。

第三，俄乌冲突的变化。目前尚未出现关于冲突的具体解决方案，如果俄乌冲突愈演愈烈，国际金融市场上的避险情绪会推高美元指数。

第四，新冠疫情的不确定性。对于新冠疫情预测很多，但观点有差异，这表明全球还存在新冠疫情的不确定性对经济、供应链的冲击。

第五，经济增长的预期。从美元和美元指数中经济体的情况来看，除了日本，其他经济体劳动力市场基本都存在紧张状态，美国经济的基本面在美元指数经济体中还是具有一定优势。从 2023 年 1 月 IMF 发布的世界经济展望中的预测数据来看，2023 年美国 GDP 增速 1.4%，欧元区、日本、英国和加拿大的经济增速分别为 0.7%，1.8%、－0.6% 和 1.5%，由于欧元区和英国经济增速预期显著低于美国经济预期，而欧元和英镑在美元指数中占比达到了 69.5%，这有利于美元走强。IMF 预测中国经济 2023 年增速达到 5.2%，远超全球经济 2.9% 和发达经济体平均 1.2% 的增速，中国经济基本面明显要好。

因此，2023 年 2 月以来人民币兑美元贬值是短期中的利差因素所致。中国经济保持合意增长需要货币政策降低实际利率的支持，美国通胀继续高位，但加息的幅度应该可以大致预计，即使略高于 2022 年年底的预期中值，中、美利差"倒挂"继续扩大的空间也有限。

从流动性来看，由于全球经济下行等外部环境因素的变化，稳外贸是 2023 年的重大挑战，但贸易依然会保持比较好的态势。中国资本市场进行了深入改革，包括全面实行注册制等，资本市场预期向好。整体上外汇市场美元流动性不缺。

从经济基本面来看，中国经济增长的预期明确向好。

总结起来一句话，排除俄乌冲突、新冠疫情难以预测的因素，2023 年人民币兑美元汇率面临的环境是：利差是负面、流动性偏中性、增长预期正面。如此，人民币呈现双向波动是常态。

美元体系"过度特权"极度不对称的
膨胀与收缩

3 月 9 日

　　两次大危机使美元货币体系"过度特权"出现了极度不对称的膨胀与收缩。美国依靠美元货币体系"过度特权"的投资净收益对冲对外贸易赤字风险，维系着始发于美国的美元资金全球大循环的运行。"过度特权"的运行方式已经是紧运行，甚至有些不堪重负。为了减轻目前这种运行方式的压力，从穿越美国经济周期的视角来看，只有两种基本路径：制造业回流降低对外贸易赤字，减少贸易赤字对美元信用的损害；在财政赤字难以解决的情况下，适度收缩对外投资负净头寸（降低对外净借款规模），并提高对外投资净收益率来持续对冲经常账户逆差。由此，金融全球化与贸易逆全球化并存应该是美国希望看到的未来全球金融贸易的基本格局。

一　何为美元货币体系"过度特权"？

　　通俗地说，就是美国依靠发行美国国债，国际投资者持有美债，美国就以美债的低成本从全球融资，然后以直接投资或者组合投资的形式到全球进行投资并赚取投资净收益的做法，这就是美元货币体系的"过度特权"。美元货币体系"过度特权"是美元货币体系的核心利益,是美国对冲经常账户逆差的重要措施,也因此是支撑美元货币体系信用、实现美元资金全球大循环的重要基础。

依据美国财政部的数据,2000 年 3 月国际投资者持有美国国债数量约为 1.25 万亿美元,2007 年年底为 2.35 万亿美元。次贷危机结束后的 2010 年年底达到了近 4.42 万亿美元。新冠疫情暴发前的 2019 年年底为 6.84 万亿美元,2021 年年底达到峰值 7.74 万亿美元,截至 2022 年年底为 7.31 万亿美元,相较 2022 年 10 月的 7.13 万亿美元有所上升。

可见,美国为了弥补财政赤字,大规模发行国债。国债存量高达 31 万亿美元,已经触及债务上限。以 2022 年年底的数据来看,国际投资者持有美债的比例为 23.6%,国际投资者持有近 1/4 的美国国债;如果以可交易的国债市场规模存量来看,大约 1/3 的美国国债被国际投资者持有。

美国国债被国际金融市场投资者认为是无风险资产,其收益率在各类资产中应该是低的。这就意味着美国在全球以低成本筹集资金,一方面为大规模的经常账户赤字融资,另一方面借入的资金再次回到世界各地进行投资赚取收益,投资收益率与国债融资成本之间的差额通常可以被称为美元货币体系"过度特权"的主要部分。当然,美国也以非国债的债务类证券向全球筹集资金来进行以上两个方面的工作,但通过美国国债融资是基础形式,是通常意义上美元货币体系获取全球收益的"结构效应",也是美元货币体系"过度特权"的基础。

二 美元体系"过度特权"膨胀速度
惊人,膨胀与收缩极不对称

美国大规模从国外借钱,对全球来说美国是债务人。这一事实从国际金融交易账户来看,表述为对外投资净头寸为负值。图 1 显示了自 2006 年以来 BEA 统计美国对外投资净头寸的情况。2006 年第 1 季度美国对外投资净头寸

存量约为 −1.66 万亿美元，相当于美国从全球净借入了 1.66 万亿美元。依据美国财政部的数据，2006 年第 1 季度国际投资者持有美国国债存量为 2.08 万亿美元。这说明仅仅靠美国国债存量就足够覆盖美国从全球净借入的资金存量。

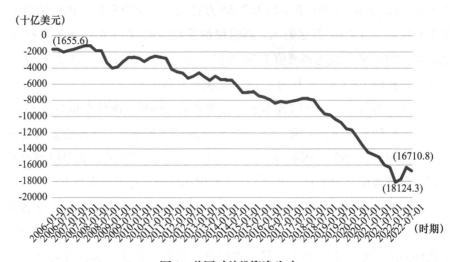

图1　美国对外投资净头寸

资料来源：BEA.

但次贷危机和新冠疫情两次大危机彻底改变了美元货币体系的运行方式，表现在美国对外投资负净头寸存量急剧上升。2007 年第 3 季度美国对外投资净头寸为 −1.23 万亿美元（2007 年 7 月 19 日美国第五大投行贝尔斯登向投资者宣布，以次级抵押贷款为收益的 AAA 类高信用等级证券价值出现"空前下滑"，标志着次贷危机的开始），到 2008 年年底达到了 −3.99 万亿美元。2009 年 2 月 17 日奥巴马签署了 7870 亿美元的《2009 美国复苏与再投资法案》（ARRA 法案），美国对外投资负净头寸开始减少，美国经济衰退也于 2009 年第 3 季度结束（GDP 增长转为正值）。因此，可以大致推算出次贷危机的冲击使美国从国外净借入了高达 2.76 万亿美元的债务。2008 年年底国际投资者持有的美国国债存量增加至 3.08 万亿美元，国际投资者持有的美国国债存量此时难以覆盖美国对外投资负净头寸，两者之间存在 0.91 万亿美元的缺口,这意味着美国需要通过国债以外的债务类证券从全球借款(我们这里只是为了强调美国国债这种低成本筹集资金方式的"特权",其实美国从国际借款从来都是借助多种债务工具,不仅仅局限于国债)。

次贷危机后,美元体系"过度特权"出现了收缩,2010 年年底美国对外投资净头寸为 - 2.51 万亿美元,此时国际投资者持有美国国债存量近 4.42 万亿美元,再次出现了国际投资者持有的美国国债存量足够覆盖美国从全球净借入资金存量的情形。

新冠疫情之前的 2019 年年底,美国对外投资净头寸存量已经高达 - 11.65 万亿美元,此时国际投资者持有美国国债存量为 6.84 万亿美元,两者之间相差 4.81 万亿美元。这意味着美国需要通过国债以外的更多债务类证券工具从全球融资。疫情暴发后的 2021 年年底,美国对外投资净头寸高达 - 18.12 万亿美元,达到历史峰值,此时国际投资者持有美国国债的存量也达到了历史峰值 7.74 万亿美元,两者之间差距巨大,达到了 10.4 万亿美元。因此,疫情暴发急剧地改变了美元货币体系的运行方式,美国需要通过美元货币体系从全球借入巨额资金来从全球购买商品(经常账户大规模贸易赤字),也需要通过借入的资金在全球投资获取净收益来对冲部分经常账户赤字。

截至 2022 年第 3 季度,美国对外投资净头寸收窄至 - 16.71 万亿美元,相较 2021 年年底的峰值收窄了 1.41 万亿美元。此时国际投资者持有美国国债的存量为 7.25 万亿美元,两者之间相差近 9.5 万亿美元,相较 2021 年年底的峰值也收窄了近 1 万亿美元。美元货币体系的"过度特权"再次出现了收缩,但截至目前,并未出现次贷危机后的国际投资者持有美国国债存量足够覆盖美国从全球净借入资金存量的情形。

美元货币体系"过度特权"表现出膨胀与收缩的极度不对称性。

三 "过度特权"在多大程度上可以
对冲美国对外贸易赤字？

依据 2022 年 12 月 BEA 公布的美国国际交易数据，我们可以粗略看出美元货币体系"过度特权"在对冲经常账户赤字中的作用。初级收入账户净收入主要来自美国对外直接投资和组合投资的收入，可以大致看作美元货币"过度特权"运行的结果。事实上，要详细测度"过度特权"需要有比较复杂的分解，这方面国内外学者有相当多的研究，由于研究方法存在差异，结果也有一定的差别，此处并未涉及具体详细的测算。依据 BEA 提供的原始数据，可以计算出 2006—2021 年投资收入占初级账户收入的年度均值高达 97.7%，投资收入就基本代表了初级账户收入。2006—2021 年美国对外直接投资和组合投资的收入占初级账户投资收入的年度均值为 87.2%，其中直接投资的年度均值占比 27.7%，组合投资的年度均值占比 59.5%。

图 2 显示了 2000 年以来美国国际收支账户中初级收入账户净收入占经常账户逆差比例的变化。可以看出，美国国际收支中初级收入账户的净收入在次贷危机之前的 2006 年仅能够对冲美国对外贸易赤字的 2.0%，次贷危机之后，美元货币体系运行方式的改变使美国对外投资净收入能够对冲对外贸易逆差的比例不断上升，这也使美国尝到了这种运行方式的甜头，并在 2017 年达到峰值 71.4%。这意味着美国一方面从国外进口大量商品，另一方面从国外净借入大量资金然后在全球投资，投资净收益就可以对冲掉美国对外贸易逆差的 71.4%。这是一个极其夸张的数据。从投资收益弥补经常账户逆差的程度来看，美国依靠美元体系尝到的甜头在 2017 年达到了历史峰值，粗略地说，如果以经常账户平衡作为标准，这可能意味着 2017 年美国经常账户赤字给美元带来的信用损害，美国可以主要依靠对外投资收益弥补其中的 71.4%。

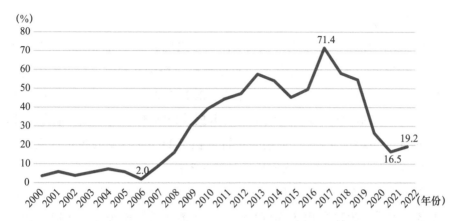

图2 初级收入账户净收入占经常账户逆差的比例

说明：2022 年是前 3 季度的加总数据。

资料来源：BEA.

四 美元货币体系"过度特权"会在多大程度上收缩？

2017 年之后，美国初级账户收入占经常账户逆差的比例出现了明显的下降，到疫情前的 2019 年为 54.6%，依然保持了高位。但新冠疫情的冲击使这一比例快速下降，2021 年仅为 16.5%（图2）。占比下降的原因有多种，主要原因有两个。一个是美国对外贸易赤字在 2021 年以来出现了急剧扩大，2021 年经常账户赤字规模高达 8463.5 亿美元，是 2019 年的 190%；另一个是初级账户收入增长缓慢，2021 年相比 2019 年仅增长了 2.2%。

从 2022 年前 3 个季度的数据来看，我们将前 3 个季度的数据简单折换成年率（数据乘以 4/3），直接投资收入 2022 年比 2019 年增长了 26.5%，组合投资增长了 14.3%，2022 年这两项收入占投资收入的 89.2%，其中直接投资占 29.8%，组合投资占 59.4%。相比 2006—2021 年美国对外直接投资和组合投资收入占投资收入的年度均值 27.7% 和 59.5% 来说比例变化不大。2022 年前 3 个季度美国初级账户净收入达到 1416.5 亿美元，占同期经常账户赤字的 19.2%。

从 2022 年前 3 个季度对外投资负净头寸出现 1.41 万亿美元的收窄，可以认为 2022 年以来美元货币体系"过度特权"净借款规模存量出现了一定程度的收缩，但从投资收入增长率来看，2022 年相比 2021 年还是增长的。将前 3 个季度的数据简单折换成年率（数据乘以 4/3），直接投资收入 2022 年比 2021 年下降了 3.8%，但组合投资增长了 11.3%（组合投资占投资比例为 59.4%），导致投资收入同比增长了 9.3%。

美元货币体系"过度特权"未来如何变化？从美国对外投资净头寸的存量数据来看，2022 年第 3 季度 16.71 万亿美元的负净头寸不可能在短期中出现快速收窄。在对外投资负净头寸保持高位的情况下，投资收入增长缓慢，意味着对外投资净收益率的下降。因此，"过度特权"带来的对外投资负净头寸出现一定程度的收窄是可能的，但仍然会保持大规模的对外负净头寸，因为这会给美国带来对外投资的净收益。

美国通过美元货币体系"过度特权"带来投资净收益对冲经常账户赤字的运行方式已经是紧运行，甚至有些不堪重负。未来美国经常账户也难以趋向平衡，作为重要的国际货币美国也需要通过经常账户逆差输出美元，提供全球美元流动性。中长期中美国经常账户也需要缩小贸易逆差规模，在剔除经济周期的扰动因素以外（美国经济下滑进口减少可以降低贸易逆差），从穿越美国经济周期的视角来看，只有两种基本路径：制造业回流降低经常账户赤字规模，减少贸易赤字对美元信用的损害；在财政赤字难以解决的情况下，适度收缩对外投资负净头寸（降低对外净借款规模），并提高对外投资净收益率来持续对冲经常账户逆差。

上述两个基本路径决定了美国在全球扮演"风险资本家"的角色不会改变，这也意味着金融全球化依然是美国对外战略，这与贸易的逆全球化形成了鲜明的对照。金融全球化与贸易逆全球化并存应该是美国希望看到的未来全球金融贸易的基本格局。

美联储货币政策目标的演进与简单的看法

3 月 13 日

与2012—2019 年相比，2020 年至2023 年3 月美联储货币政策战略长期目标出现了新变化：在锚定了长期通胀目标的前提下，提高了对通胀的容忍度；在通胀可以忍受的范围内，美联储更加偏好最大就业或者经济增长，且对于最大就业没有固定的目标；强调摆脱利率下限约束风险的重要性，同时强调防止出现系统性金融风险是货币政策实现最大就业和稳定物价的前提条件。

一 2012—2023 年美联储货币政策目标表述的要点

从2012 年开始（除2020 年之外），每年1 月下旬美联储会发布一年一度的《货币政策战略长期目标的声明》（Statement on Longer-Run Goals and Monetary Policy Strategy，以下简称《声明》），表达当前美联储对货币政策长期目标的立场。除了2020 年8 月发布的《声明》出现重大修改，其余年份的《声明》基本延续了前期的模板。因此，《声明》的基础模板有两个：一个是2012 年的《声明》；一个是2020 年的《声明》。

基础模板一：2012 年《声明》要点

1. 联邦公开市场委员会（FOMC）坚定地致力于履行国会赋予的法定任

务，即促进最大就业、稳定价格和适度的长期利率。

2. 联邦公开市场委员会力求尽可能清楚地向公众解释其货币政策决定。这种清晰有助于家庭和企业做出明智的决策，降低经济和金融不确定性，提高货币政策的有效性，增强透明度和问责制。

3. 经济和金融动荡决定了通货膨胀、就业和长期利率会随着时间推移而波动，货币政策行动影响经济活动和价格往往有滞后性。委员会的政策决定反映了其长期目标、中期展望以及对风险平衡的评估，包括可能阻碍委员会目标实现的金融系统风险。

4. 长期中通货膨胀主要由货币政策决定。

5. 从长期来看，以个人消费支出（PCE）价格指数年度变化来衡量的2%的通胀率最符合美联储的法定任务。

6. 最大就业水平在很大程度上取决于影响劳动力市场结构和动态的非货币因素。这些因素可能会随着时间推移而改变，并且可能无法直接测量。联邦公开市场委员会对长期正常失业率（Longer-run normal rate of unemployment）的估计集中区间为 5.2%—6.0%。

7. 在制定货币政策时，联邦公开市场委员会寻求缓解通货膨胀与其长期目标偏差以及就业与最大就业水平偏差的方法。这些目标一般来说是互补的。然而，在委员会判断目标不互补的情况下，考虑到通胀与就业偏离目标的程度及持续时间的不同，其采用了一种平衡方法（Balanced approach）促进它们趋向设定的目标或者目标区间。

2013 年：无变化。

2014 年：对长期正常失业率的估计集中区间（a central tendency）为5.2%—5.8%。

2015 年：对长期正常失业率的估计集中区间为 5.2%—5.5%。

2016 年：对长期正常失业率的估计（中值）为 4.9%。

2017 年：对长期正常失业率的估计（中值）为 4.8%。

2018 年：对长期正常失业率的估计（中值）为 4.6%。

2019 年：对长期正常失业率的估计（中值）为 4.4%。

2012—2015 年对长期正常失业率给出的是估计集中区间，其他无明显变化。2016—2019 年改为对正常失业率的估计（中值），且每年估计的长期正常失业率（中值）不断下降，其他并无明显的变化。

基础模板二：2020 年《声明》的要点变化

1. 联邦基金利率很可能比过去更频繁地受到其有效下限的制约。部分原因是利率接近实际下限，委员会认为就业和通货膨胀的风险增加了，委员会准备使用其全部工具来实现最大就业和价格稳定目标。

2. 最大就业水平是一个广泛的、具有包容性的目标，不可直接衡量，随着时间推移会发生变化，这主要是由于影响劳动力市场结构和动态的非货币因素。因此，指定一个固定目标是不合适的。

3. 重申以个人消费支出价格指数年度变化来衡量的 2% 通胀率最符合美联储的法定任务。稳定在 2% 的长期通胀预期有助于价格稳定和适度的长期利率，并增强委员会在面临重大经济动荡时促进最大就业的能力。为了锚定在这一水平上的长期通胀预期，委员会寻求实现一段时间内平均 2% 的通胀率，在通胀持续低于 2% 的时期之后，适当的货币政策可能会在一段时间内实现适度高于 2% 的通胀率。

4. 在制定货币政策时，委员会对货币政策的评估，逐步减少就业对最大水平的不足和通胀对其长期目标的偏差。同时，可持续地实现最大就业和价格稳定取决于稳定的金融体系。委员会的政策决定反映了其长期目标、中期展望以及对风险平衡的评估，包括金融系统出现妨碍委员会目标实现可能面临的风险。

5. 大约每 5 年对其货币政策战略、工具和沟通实践进行一次彻底的公开评估。

2021—2023 年：无变化。

二 2020 年前后美联储货币政策
目标表述要点的差异

1. 关于通胀和就业表述段落顺序的变化。

2012—2019 年通胀表述在前，就业表述在后；2020—2023 年就业表述在前，通胀表述在后。

2. 关于通胀目标的重大变化。

2012—2019 年通胀表述为锚定长期通胀目标 2%；2020 年及之后的表述为长期平均通胀率为 2%，阶段性的通胀可以允许在 2% 之上，允许通胀阶段性"超调"。通胀目标由绝对通胀目标制演进为弹性平均通胀目标制。

3. 关于长期正常失业率认知的变化。

2012—2019 年的《声明》均公布长期正常失业率，是否是自然失业率美联储没有进一步说明。2020 年及以后在《声明》中不再公布长期正常失业率，这等于突出了劳动力市场结构和动态的非货币因素对就业的影响，在每年 4 次的 FOMC 经济预测概要（FOMC's Summary of Economic Projections）中仍保留了相关预测。

4. 关于货币政策利率工具风险评估的变化。

2020 年的《声明》中首次强调了利率下限约束的风险，2021—2023 年保留了这一表述。2012—2019 年的《声明》中均无此表述。

5. 关于金融稳定重要性表述的变化。

2020 年的《声明》中首次提出持续实现最大就业和价格稳定要依靠稳健的金融系统（Depend on a stable financial system），这一表述在 2021—2023 年的《声明》中延续。2012—2019 年的《声明》中均无此表述，而是表述为：联邦公开市场委员会的政策决定反映了其长期目标、中期展望以及对风险平衡的评估，包括可能阻碍联邦公开市场委员会目标实现的金融系统风险。2020—2023 年的《声明》中也保留了这样的表述。

三 对美联储货币政策目标演进的简单看法

1. 2020 年之后的货币政策《声明》提高了对通胀的容忍度。

在就业与通胀的平衡中，就业在美联储目标中的位置似乎高于通胀。从货币政策目标函数来说，在美联储目标损失函数中，就业偏离最大就业带来损失的权重可能要高于通胀偏离目标通胀带来损失的权重，就业和通胀损失函数前面的权重可能是不对称的。更直白的理解就是：在通胀可以忍受的范围内，美联储更加偏好最大就业或者经济增长。这一点在 2020 年 3 月之后坚持就业优先的货币政策中得到了体现，直到通胀出现"根深蒂固"风险时，货币政策才急转通胀优先，强调严厉控通胀。

2. 损失函数中长期通胀目标为 2%，但目标失业率并没有固定的数值。

这与美联储认为长期中货币政策决定价格，失业率受到非货币因素显著影响的看法一致。因此，货币政策与财政政策协调配合有助于解决就业问题。

3. 美联储强调了保持适度利率水平，摆脱利率下限约束风险的重要性。

美联储需要避免因利率太低以致在遇到经济衰退时缺乏有效利率工具刺激经济的风险。

4. 金融稳定成为货币政策有效实施的前提条件。

货币政策实施过程中需要避免出现系统性金融风险，这是货币政策实现最大就业和稳定物价的前提条件，也是对全球金融危机（次贷危机）和 2020 年国际金融大动荡（美股多次熔断）反思的结果。这意味着美联储会对金融系统中出现引起系统性风险的风险点快速做出反应，可能不会再像次贷危机时期那样，对系统性风险保持较高的容忍度。

美国银行关闭风波——罕见的联合声明

3 月 14 日

美国时间 2023 年 3 月 12 日，美国财政部、美国联邦储备委员会（FRB）和美国联邦存款保险公司（FDIC）发布了联合声明（Joint Statement by the Department of the Treasury，Federal Reserve Board，and FDIC，Sunday，March 12，2023）。联合声明的罕见体现在两个方面：一是这种联合声明本身就罕见；二是对事件处置的反应速度之快也是历史上罕见。

声明内容包括 6 个小段落，主要内容在第 2 小段至第 5 小段。

1. 今天我们正在采取果断行动，通过加强公众对我们银行体系的信心来保护美国经济。这一步骤将确保美国银行系统继续发挥其重要作用，保护存款以促进强劲和可持续的经济增长方式向家庭和企业提供信贷。

2. 在收到联邦存款保险公司和联邦储备委员会董事会的建议并与总统商议后，耶伦部长批准采取行动，使联邦存款保险委员会能够以充分保护所有储户的方式完成对加州圣克拉拉硅谷银行（Silicon Valley Bank）的决议。存款人将从 2023 年 3 月 13 日星期一开始获得所有资金。纳税人不会承担与硅谷银行决议相关的任何损失。

3. 我们还宣布了纽约签名银行（Signature Bank）的类似系统性风险情况，该银行今天被其州特许机构关闭。这家机构的所有存款人都将得到补偿。与硅谷银行的决议一样，纳税人不会承担任何损失。

4. 股东和某些无担保债权人将不受保护。高级管理人员将被免职。根据法律要求，存款保险基金为支持未投保存款人而遭受的任何损失将通过银行的特别评估予以弥补。

5. 美联储委员会周日宣布,将向符合条件的存款机构提供额外资金,以确保银行有能力满足所有储户的需求。

6. 美国银行体系仍然具有韧性,基础稳固,这在很大程度上是由于金融危机后进行的改革,确保银行业能够得到更好保护。这些改革和今天的行动表明,我们承诺采取必要措施确保存款人的储蓄安全。

同日,美联储发布了向符合条件的存款机构提供额外资金确保银行有能力满足所有储户需要的声明,核心内容是:创建新的银行定期融资计划(BTFP)为存款机构提供额外资金支持,向银行、储蓄协会、信用合作社和其他合格的存款机构提供最长 1 年的贷款,存款机构持有的美国国债、机构债务和抵押贷款支持证券以及其他合格资产作为抵押,这些资产将按票面价值估值。BTFP 将成为高质量证券的额外流动性来源,满足机构在压力时期可以快速出售这些证券的需求。声明中还说,经财政部部长批准,美国财政部将从外汇稳定基金中提供高达 250 亿美元的资金作为 BTFP 的支持。不过,美联储预计没有必要动用这些支持资金。

此外,2023 年 3 月 13 日美联储发布了鲍威尔关于"围绕硅谷银行的事件需要美联储进行彻底、透明和迅速的审查"和监管副主席迈克尔·巴尔正在领导对其监管和监管的审查的声明,预计 2023 年 5 月 1 日公布审查报告。

事情的起因是 2023 年 3 月 8 日加密货币银行(Silvergate Capital)宣布停止营业,并全部偿还存款;3 月 8 日硅谷银行面对储户的提款要求,拟出售约 210 亿美元的证券组合资产,但会亏损约 18 亿美元。同时,这家银行尝试出售总额达 22.5 亿美元股票融资,导致其股价 9 日暴跌超过 60%,3 月 10 日被迫停止交易。加州金融保护和创新局 10 日以硅谷银行流动性和清偿能力不足为由宣布依法接管,并指派美国联邦储蓄保险公司清算管理。硅谷银行资产端 60%—70% 是 MBS 和国债,是美联储认为的高质量证券,但在美联储激进加息过程中估值受到了比较大的损失。硅谷银行被关闭成为 2008 年 9 月以来美国最大的银行关闭事件。

从美国财政部、美国联邦储蓄委员会和美国联邦存款保险公司发布的联合声明和行动来看，有以下几个方面值得关注。

1. 硅谷银行由于资产负债期限（久期）错配，导致损失超过股权资本，技术性破产已经成立，主要原因是美联储的激进加息导致持有的证券资产市值大幅度缩水，而存款增量由于存款利率相对低而不断下降，出现了储蓄提款时的流动性危机。美国政府没有对硅谷银行实施救助，这与次贷危机时期的对银行的救助完全不同。

2. 存款人和纳税人不受损失，存款人将从 2023 年 3 月 13 日星期一开始获得所有资金。

3. 股东和某些无担保债权人将不受保护。高级管理人员也被免职。存款保险基金为支持未投保存款人而遭受的任何损失将依据法律要求通过银行的特别评估予以弥补。这说明并不是所有未纳入存款保险的存款人均可以受到保护。

4. 为了提供存款机构流动性支持，防止挤兑蔓延，美联储创造的银行定期融资计划允许存款机构以高质量证券面值估值进行抵押融资，鼓励存款机构持有美联储认为的国债和 MBS 等高质量证券，减少对美国国债市场和 MBS 市场的冲击。

除了硅谷银行和签名银行，过去几天，服务于技术企业的美国多家银行（包括第一共和银行、太平洋西部银行和美国阿莱恩斯西部银行）股价均暴跌。这些银行有一个共同点：服务于创投行业。主要分为两类。一类业务与加密货币紧密关联。加密货币银行从事加密货币业务；加州货币银行主要服务于加密货币行业。第二类是硅谷银行等，主要为科技相关的创业公司提供传统银行业务和风险融资。这类银行大多涉及高净值人群，理财也是银行的主要业务。对于第一类与加密货币有关的银行关闭，市场应该有所预期。在美联储激进加息以及对加密货币监管日趋严格的背景下，加密货币的市值从峰值约 3 万亿美元已经减少了约 70%。第二类与创投服务相关的银行，可以说是疫情所致科技泡沫冷却的结果。在美联储激进加息方式下，美国大量科技公司出现了裁员，降低了投资者对风险投资的偏好。同时，加息导致了持有债券资产估值的缩水，恶化了资产负债表的预期。

总结一下联合声明的罕见性。

1. 美联储激进加息会暴露出越来越多的金融风险。资产估值效应引发的资产负债期限（久期）错配风险应该是较为普遍的现象。因此，美国财政部、美联储和美国联邦存款保险公司试图通过联合声明来降低市场对这种金融风险的担忧，平复市场情绪，降低出现系统性金融风险的可能性。时任美国总统拜登也表态，"美国人民和美国企业可以放心，他们的银行存款会在他们需要的时候出现"。确保储户资金不出现"大搬家"流向收益率更高的市场是防止美国银行系统出现流动性危机的基本措施。

2. 行动速度之快令人惊讶。2020 年以来美联储货币政策目标中强调了稳健的金融系统是货币政策实施的前提条件，这可能是行动之快的原因之一。只有行动足够快才能消灭任何一个可以引发系统性金融风险的风险点。

此外，银行的投资者不会得到政府保护，美国风投行业市场将迎来一波降温潮。如果把视角再放大一点，银行倒闭风波能够大幅度降低投机（加密货币）和风险投资的偏好，如果不出现系统性金融风险，这对于降低通胀来说倒是正面的。

通胀驱动力切换与美欧货币政策的权衡

3 月 20 日

通胀驱动力切换为紧张的劳动力市场，一方面给了美、欧央行控通胀的底气，另一方面加剧了利率上扬过程中流动性不平衡导致的银行风波。不断出现的银行风波，表明美、欧央行在控通胀的过程中实际面临三重目标之间的权衡：就业、物价和金融稳定。采取的方法大致有两类：一类是坚定加息，同时给银行提供流动性；另一类是放缓加息，对通胀采取更高容忍度，这样在低失业率下通胀与就业之间权衡的成本就下降了。选择何种方法取决于美联储和欧洲央行自身的判断，但金融稳定成为美联储和欧洲央行当下迫切需要关注的问题。美、欧央行一只眼紧盯通胀，另一只眼则需要紧盯金融稳定。

此轮美、欧的高通胀已经持续数月，通胀驱动力经历了快速切换，通胀驱动力主要来自紧张的劳动力市场。对美、欧的货币政策来说，通胀动力的切换意味着就业和价格稳定之间平衡的成本下降。或者说，充分就业和价格稳定之间平衡的重要性下降了：没有出现供给冲击主导的高失业率下的高通胀。

通胀动力切换主要体现在两个方面：供给对通胀的冲击下降；核心通胀率黏性足，且服务业价格成为核心通胀的主要支撑。

一 供给对通胀的冲击下降

1. 供应链瓶颈对通胀的冲击快速减退

依据美联储纽约分行的数据，全球供应链压力指数出现了骤然下降。2023 年 2 月全球供应链压力指数自 2019 年 9 月以来首次进入负值区间（见图 1），压力指数数值为 − 0.26。全球供应链压力指数在 2021 年 12 月达到峰值 4.31，此后出现了快速下降，尤其是 2023 年以来，从 1 月的 0.94 急速下降至 2 月的 − 0.26，全球供应链瓶颈对通胀的冲击快速减退。

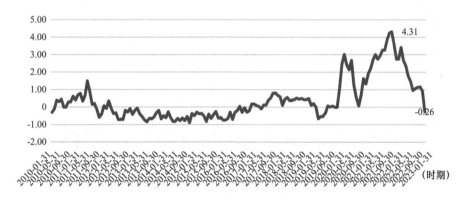

图1 全球供应链压力指数

资料来源：New York Fed, Economic Research.

2. 全球能源和食品价格对通胀的冲击出现不同幅度减弱

依据美国能源署的数据，2023 年 3 月 16 日 WTI 原油期货价格 68.35 美元/桶，比一年之前的价格下跌了 26.69 美元/桶。相比 2018—2019 年约 60 美元/桶的价格上涨了 10% 多一些。3 月 16 日天然气期货价格为 2.514 美元/MMBtu（百万英制热单位），相比一年之前下降了 2.234 美元/MMBtu。相比 2018—2019 年（大约 2.8 美元/MMBtu）的价格上涨了 10% 多一些。从 ICE 公布的原油期货价格来看，3 月 17 日收盘价为 72.52 美元/桶，比一年前的价格下降了 34.58 美元/桶，与 2018—2019 年的价格比较接近。原油及天然气价格的波动基本消化了俄乌冲突带来的冲击。原油价格接近 2021 年年底的水平，天然气价格接近 2020 年年底的水平。

从联合国粮农组织（FAO）提供的全球食品价格指数来看，2023 年 2 月为 129.8，相比 2020 年 3 月的高点 159.7 下降了 18.7%（见图 2）。相比 2019 年的 95.1 来说，仍然出现了比较大的上涨。从 FAO 提供的年度数据来看，2020 年、2021 年、2022 年全球食品价格指数同比涨幅分别为 3.2%、28.1% 和 14.3%，2021 年、2022 年这两年的全球食品价格上涨幅度是比较大的，这也导致了目前全球食品价格依然处于相对高位。

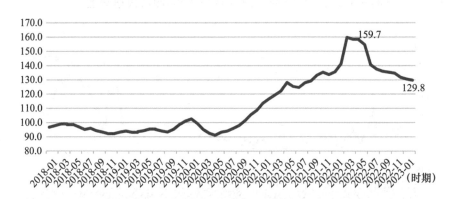

图 2　全球食品价格指数的变化（2014—2016 = 100）

资料来源：FAO.

相比疫情前的价格状况，能源价格对通胀的冲击力快速递减，食品价格对通胀依然具有一定的冲击力。依据美联储旧金山分行的一项研究，截至 2023 年 1 月，美国经济中通胀率（PCE）中的供给冲击占据了 1.55 个百分点，相比 2022 年 3 月的 2.69 个百分点显著下降，而需求驱动因素创新高，占据了 2.24 个百分点，无法区分的部分占据了 0.85 个百分点。①

---

① Shapiro, A Simple Framework to Monitor Inflation, Federal Reserve Bank of San Francisco.

二　核心通胀率黏性足，且服务业价格成为核心通胀的主要支撑

从美国的通胀走势来看，CPI 已经显著下行，但核心通胀率下降的幅度相对小，黏性足。图 3 显示了美国经济中 PCE 表达的通胀率和核心通胀率的变化，PCE 通胀率从 2022 年 6 月高点同比 7.0% 下降至 2022 年年底的5.3%，2023 年 1 月为 5.4%；核心 PCE 通胀率在 2022 年 2—3 月达到高点，同比均为 5.4%，下降至 2022 年年底的 4.6%，2023 年 1 月为 4.7%。通胀率下降的幅度要远大于核心通胀率的下降幅度，核心通胀率表现出了足够强的黏性。

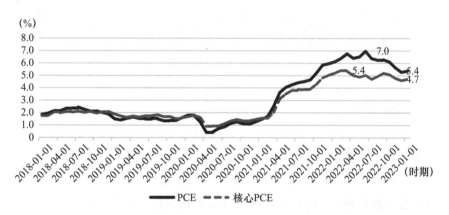

图 3　美国经济中的通胀率（PCE）与核心通胀率的变化

资料来源：BEA.

依据 BEA 的数据，在 PCE 通胀率中，美国货物价格从 2022 年 6 月的同比涨幅 10.6% 一直下降至 2023 年 1 月的 4.7%；而服务业价格黏性强，2022 年 6 月同比上涨 5.1%，2023 年 1 月同比涨幅上升至 5.7%，其间除了2022 年 7 月同比涨幅 4.7% 以外，其余月份同比涨幅均超过 5%。服务业价

格成为支撑美国通胀率处于高位的主要因素。

欧元区的通胀率变化更有特点，通胀率与核心通胀率出现了明显的趋势性分化。通胀率（HICP）在 2022 年 10 月见顶开始回落，2023 年 2 月通胀率同比为 8.5%；核心通胀率一路上行，到 2023 年 2 月同比涨幅高达 7.4%（见图 4）。一方面能源食品价格冲击下降，另一方面由于商品价格还处于高位，同时服务业价格上涨支撑了核心通胀率持续走高。

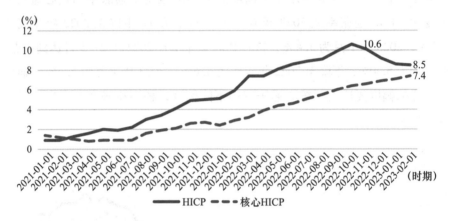

图 4　欧元区通胀率（HICP）和核心通胀率的变化

资料来源：ECB.

欧元区货物价格从 2022 年 10 月高点同比涨幅 15.1% 下降至 2023 年 2 月的 11.1%，仍然处于高位。而服务类价格一直处于上升态势，从 2021 年 6 月同比上涨 0.6% 一直上升至 2023 年 2 月的同比上涨 4.8%。

三　通胀动力切换与货币政策的权衡

美、欧央行都面临着通胀压力和金融稳定的压力。美联储激进加息已经导致硅谷银行等出现了挤兑所致的流动性危机。近期欧洲央行如期再次加息 50 个基点，从 2023 年 3 月 22 日起政策性利率（主要是再融资操作利率）上升至 3.50%，此轮已经进行了 6 次加息。瑞士的银行最近也出现瑞信银行风波，银行流动性也出现了问题，瑞士央行承诺向瑞信银行借款 500 亿瑞郎以增强流动性，市场也似乎出现了买家。尽管瑞士不属于欧元区，但欧元区的银行业也可能会存在流动性风险问题。

激进加息控通胀是美国部分银行出现流动性危机的根源。从逆回购规模来看，美国市场整体上不存在流动性困难问题。依据纽约分行的数据，几个月以来逆回购的规模均在 2 万亿美元以上，近期逆回购利率高达 4.55%。部分银行出现流动性危机说明美国银行和市场之间流动性不平衡，主要原因是激进加息下资金流入货币基金市场能够获取更低风险更高收益率，导致了部分储蓄资金流向货币市场基金。在这种背景下，美联储被迫定向输送流动性给银行业，美联储总资产在 2023 年 3 月 9—16 日增加了约 2970 亿美元，增加的部分主要来自银行以美国国债、联邦机构债务证券和抵押贷款支持证券作为抵押向美联储的贷款。

欧洲央行面临的通胀更高，商品价格处于高位，服务业价格持续上涨，欧洲央行还会出现较大幅度的加息。2022 年欧洲央行推出了反碎片化工具，意在防止大幅度加息过程中债券市场出现流动性风险。

政府债务正在使美联储丧失快速
应对持续高通胀的能力

3 月 27 日

　　靠高债务刺激的经济增长都具有极高的风险性。高债务刺激的经济经不住激进的加息,目前美国可交易国债的账面浮亏近 2 万亿美元。无论美国如何使用美元霸权体系实施政府杠杆与私人杠杆之间的置换,以恶化政府资产负债表为代价改善微观主体的资产负债表,美国政府资产负债表的恶化还是将对美联储的货币政策形成制约,美联储的独立性是打折扣的。美国债务存量越大,美联储加息的顾虑就越多。未来美联储的货币政策再想走这种激进紧缩路线的可能性越来越低,不要说像 20 世纪 80 年代那种疯狂的加息方式,即使是像 2022 年这样的激进加息方式,未来的美联储可能也是可望而难求了。美国政府庞大的债务正在使美联储丧失快速应对持续高通胀的能力。

　　截至 2023 年 2 月,美国可交易国债(Marketable Treasury Debt)面值为 24.28 万亿美元,占美国国债总量的 77.17%。在美联储激进加息方式下,美国国债市场价格快速下跌,市场可交易国债价格指数在 2022 年 10 月达到阶段性最低值 91.1,持有美债资产将出现近 9% 的账面浮亏。这一浮亏幅度比 1942 年以来的历史最低点(1981 年 9 月的 10.6%)仅低 1.6 个百分点(见图 1)。

　　从上一轮美联储的加息周期来看,从 2015 年年底到 2018 年年底联邦基

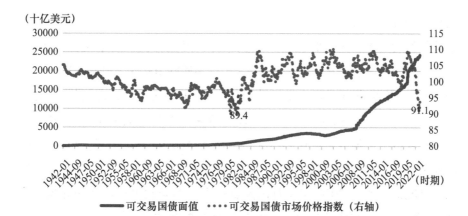

图1　美国可交易国债面值和可交易国债价格指数

说明：可交易国债价格指数 = 市值∕面值 × 100。

资料来源：Dallas Fed.

金利率从 0. 12% 上升至 2. 40% ，美国可交易国债市场价格指数从大约 103 下降至 100. 5，下降了 2. 5 个百分点。在三年九次每次 25 个基点的柔和加息方式下，美国可交易国债市场价格指数下跌幅度可控。2015 年年底美国可交易国债面值为 13. 2 万亿美元，持有这种可交易国债的账面浮盈接近 3900 亿美元；2018 年年底市场可交易国债面值为 15. 5 万亿美元，持有这种可交易国债的账面浮盈快速下降至 715 亿美元。这就是说，在 2015—2018 年的加息周期中，持有可交易美国国债的市场价值出现了一定的波动，但持有美债的账面始终是有浮盈的。

从国际投资者持有的美债数量来看，从 2015 年年底到 2018 年年底，国际投资者持有的美债数量从 6. 14 万亿美元上升至 6. 27 万亿美元。在这个加息周期中，国际投资者出现了减持美债的阶段性行为，在 2016 年 11 月和 2017 年 1 月均跌破 6 万亿美元，大约持有 5. 95 万亿美元的美国国债。但整体上由于持有美国国债存在账面浮盈，这三年国际投资者持有美债数量增加了约 1300 亿美元。

从这一轮美联储激进的货币政策周期来看，在极度宽松和快速收紧的过程中，美国国债市场价格经历了急剧的变化。在上一轮加息周期结束后，疫情冲击导致美联储在 2020 年 3 月实施了无上限零利率的宽松政策，加上避险行为的助推，美债收益率大幅度下降，可交易美债的市场价格大幅度上涨。可交易国债市场价格指数从 2018 年年底的 100.5 上升至 2020 年 3 月的 109.3。2020 年 3 月可交易国债面值为 17.1 万亿美元，市场价值达到了 18.7 万亿美元，持有这些债券的账面浮盈高达 1.6 万亿美元。这一时期国际投资者持有美债数量从 6.27 万亿美元上升至 6.95 万亿美元。2020 年 2 月国际投资者持有美债数量达到了 7.23 万亿美元，3 月存在比较大幅度的减持，可能的原因是 2020 年 3 月国际金融大动荡导致市场追逐美元流动性，部分国际投资者减持了美债。2018 年年底至 2020 年 2 月国际投资者持有美债数量增加了近 1 万亿美元，重要的原因是其间持有美债的账面存在巨额的浮盈。

从 2020 年 3 月开始极度宽松至 2022 年 3 月由于通胀压力而加息，美联储走完了两年的激进宽松货币政策周期。到 2022 年 3 月市场可交易债券价格指数在 2018 年年底以来首次跌破 100（为 99.2），这时候持有美债将面临幅度不大的账面浮亏。2022 年 3 月可交易国债面值近 23.3 万亿美元，账面浮亏 1790 亿美元。

依据美国财政部的数据，2021 年年底是国际投资者持有美债规模的最高点，达到 7.74 万亿美元。2021 年年底市场可交易债券价格指数依然达到了 103.7，持有美债存在 3.7% 的账面浮盈价值。由于美联储进入了激进加息周期，经过九次加息（不包括最近的一次），联邦基金利率达到 4.50%—4.75% 的区间，美债账面浮亏也快速扩大。以最低点 2022 年 10 月计算，当时可交易国债面值为 23.6 万亿美元，市场价值为 21.6 万亿美元，账面浮亏高达 2 万亿美元。2020 年 10 月是这轮加息周期中国际投资者持有美债数量的低点，约为 7.13 万亿美元，相比 2021 年年底的峰值已经下降了 6100 亿美元。这意味着在上述 10 个月的时间里，国际投资者抛售了 6100 亿美元的美国国债。

截至 2023 年 1 月美国市场可交易国债价格指数为 93.8，相比 2022 年 10 月的阶段性低点有一定的上升，但持有美债依然处于账面浮亏的状态，大约浮亏 1.5 万亿美元。2023 年 1 月国际投资者持有美债的数量上升至 7.40 万亿美元，较 2022 年 10 月上升了 2670 亿美元，这应该是部分国际投资者抄底美债的结果。

截至 2023 年 2 月美国市场可交易国债价格指数再次下降至 92.3，持有美债的账面浮亏高达 1.88 万亿美元，接近 2 万亿美元的账面浮亏将迫使国债持有者必须穿越这个加息周期直到进入降息周期才能实现账面浮亏的减少或者持平，出现账面盈余的可能性要取决于美联储未来降息周期的力度。从 2023 年 1 月数据来看，国际投资者大约持有美国可交易国债数量的 30%，70% 的可交易债券由美国国内个人投资者或者机构投资者持有。

根据美国联邦储蓄保险公司 2023 年 2 月 28 日发布的数据，随着美联储持续加息，2022 年年底美国银行持有债券的账面浮亏总额达到约 6200 亿美元，① 2022 年银行业净收入 2630 亿美元，比 2021 年的历史高位 2791 亿美元下降 5.8%。美国银行业也将被迫穿越这个加息周期直到进入降息周期来减少债券估值的账面浮亏（当然一部分债券本身就是没有到期的）。

从 2020 年 3 月接近零利率到 2022 年 3 月加息，美联储的疫情激进货币政策周期导致了债券类资产市场价值的剧烈波动，同时随着美国市场可交易国债存量规模的急剧攀升，美国国债市场似乎难以承受这种巨额的账面浮亏。图 2 显示了 1942 年以来美国市场可交易国债的月度浮盈和浮亏数额，尽管在 1981 年那一轮疯狂的加息周期中，持有美债的浮亏幅度最大，但由于国债存量规模不大（大约 6000 亿美元），浮亏总额相对小很多。1981 年 9 月浮亏幅度最大的月份账面价值浮亏总额为 715 亿美元，而 2022 年 10 月账面浮亏高达近 2.1 万亿美元。如果从国债市场价值/GDP 来看，1981 年的时候大约 30%，而 2022 年时高达 110%。

图 2 也显示了在次贷危机之前，美国市场可交易债券的浮盈和浮亏数额相对比较平稳。2007 年年底美国市场可交易国债面值大约 4.5 万亿美元。

① Remarks by FDIC Chairman Martin Gruenberg on the Fourth Quarter 2022 Quarterly Banking Profile.

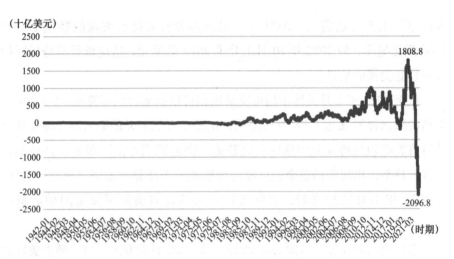

图 2 美国可交易债券市场价值与面值之差

资料来源：Dallas Fed.

次贷危机深刻改变了美国经济的运行方式，政府债务快速增长。2012 年 1 月美国市场可交易国债面值突破 10 万亿美元（10.06 万亿美元）。疫情暴发前的 2019 年年底美国市场可交易国债面值达到了 16.67 万亿美元。2020 年疫情暴发后，美国实施了财政赤字货币化政策，美联储帮助财政大规模融资，美国市场可交易国债面值在 2023 年 2 月达到了历史峰值 24.28 万亿美元。

次贷危机至今，美国家庭和企业存在明显的去杠杆过程，但美国政府存在激进的加杠杆过程。不管是以何种主体负债，靠债务刺激的经济增长都具有极高的风险性。美国政府自认为美国政府债券是全球最重要的安全资产，并依靠美元霸权体系实施了政府杠杆与美国居民及企业杠杆的置换。这种杠杆置换的风险还是在激进加息方式下暴露出来了，硅谷银行关闭事件就是典型的案例。硅谷银行因为持有大量的美债（包括 MBS）出现了账面大额浮亏，在储蓄减少和储户提现的双重压力下，最终被迫关闭。

当一个经济体的债务越来越高后，在面对通胀时，货币政策紧缩需要充分关注金融稳定性。事实上，2020 年 8 月美联储货币政策新框架中强调了金融稳定是货币政策有效实施的前提条件，但在面临居高不下的通胀压力下，美联储"执念"控通胀而激进加息，债务价值重估带来的风险暴露就会逐步显现出来。

保持对通胀的容忍度并提供市场流动性防止银行业出现流动性危机应该是美联储和美国财政部当下的政策选择。除此之外，短期中看不到其他有效的办法，因为债务还面临债务上限的约束，不可能出现债务下降。2023年3月22日美联储发布了《经济预测概要》，将2023年的通胀目标从2022年12月预计的3.1%上调至3.3%。2023年3月9—23日，美联储总资产从8.342万亿美元增加到8.734万亿美元，增加了3920亿美元，超过50%的部分来自银行以美国国债和MBS债券作为抵押向美联储的贷款。

利润—物价螺旋机制

4月6日

在过去几年的疫情冲击下，大企业市场势力不断强化，能够通过转嫁成本来提高利润，形成利润—物价螺旋机制。利润形成对用工的需求，又反过来降低工资下降的速度，通胀就会变得更加难以控制。

美、欧劳动力市场持续紧张状态带来的工资上涨是当前美、欧通胀的重要推动力，在经济学中称之为工资—物价螺旋机制。工资—物价螺旋机制是工会有工资议价能力，代表员工利益要求雇主提高工资水平，工会具有一定的工资定价权。工资上涨，购买能力上升，推动物价水平上涨。

最近一段时间，利润—物价螺旋机制进入研究者的视野。利润—物价螺旋机制的原理与工资—物价螺旋机制原理类似，都具有定价权。不同的是，企业对产品有定价权，在企业受到成本冲击时，企业具备把成本转嫁给消费者的能力，从而保证企业利润不变甚至增加，形成了利润—物价螺旋机制。

最近有两项研究分别对美国和欧洲通胀中的利润—物价螺旋机制给予了关注。美联储圣路易斯分行的一项研究表明，具有市场势力（Market Power）的公司对价格影响能力的增加是美国财富与GDP比率上升的一个可能解释。更大的市场势力增加了公司的利润，导致美国企业业务部门的估值更高，并可能带来其盈利能力在未来迅速上升的结果。这一假设得到了美国科技公司高市盈率的支持，这可能意味着来自企业商业部门的财富反映了GDP的未来增长，而不是其现值，这可能会导致美国财富与GDP的比率上升。① 另一项研究来自欧洲央行，依据 Refinitiv 的数据，截至 2023 年 3 月欧元区上市公司的利润率（以净收入占收入的百分比衡量）平均为 8.5%，低于 2 月中旬 8.7% 的近期峰值。在疫情暴发之前，2019 年年底的平均利润率为 7.2%。而且研究中提到，2022 年第 4 季度，欧元区内价格压力的一半来自利润，另一半来自工资。②

一般情况下，工资上涨企业成本上升，如果产品市场足够竞争，那么企业的利润会下降。实际情况是，工资上涨，利润也出现了大幅度上涨。这就意味着企业具备转嫁成本的能力，市场竞争性下降。依据 BEA 的数据，可以观察到类似现象：工资和企业利润均出现上涨。为了排除存货估值调整等因素的影响，我们选取了 BEA 发布的 2021—2022 年公司税后利润（不含存货估值和资本消耗调整）数据，2021 年公司税后利润同比增幅高达 30.3%，达到 2.75 万亿美元。2022 年公司税后利润同比增幅为 4.4%，达到 2.872 万亿美元，考虑到 2021 年的利润高增长，2022 年公司税后利润的增幅也不算大。

图 1 的数据显示了美国经济中总体上应该存在利润—物价螺旋机制。从耗能大户制造业来看，美国制造业的利润增速相当可观。2022 年美国制造业利润 6163 亿美元，比 2021 年的 4470 亿美元高出 1693 亿美元。2021 年第 4 季度到 2022 年第 4 季度，每一个季度之间的利润环比都是正增长。以季度年率来表达的利润数据，2021 年第 4 季度至 2022 年第 4 季度的利润分别为 5149 亿美元、5481 亿美元、6169 亿美元、6357 亿美元和 6644 亿美元。可见，美国制造业对于成本转嫁的能力是比较强的，获取了工资和能源成本同时上涨背景下的利润增长。

我们看到在过去几年的疫情冲击中，欧美大企业市场势力不断强化，

---

① Examining the Rapid Rise of U. S. National Wealth since 2012, On The Economy Blog, March 28, 2023.

② Interview with Fabio Panetta, Member of the Executive Board of the ECB, published as an article by Eshe Nelson entitled "Are Big Profits Keeping Prices High? Some Central Bankers Are Concerned." *New York Times*, 31 March – 1 April, 2023, ECB.

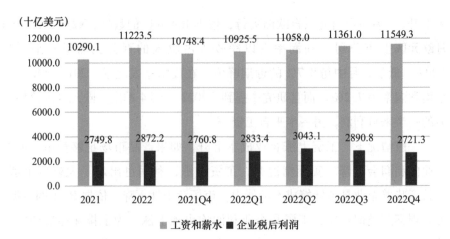

图1　美国经济中工资和薪水、企业税后利润

说明：季度数据是季度年率数据。

资料来源：BEA.

部分公司市场估值一骑绝尘。这些企业能够通过转嫁成本来提高利润，利润形成对用工的需求，又反过来降低工资下降的速度，通胀就会变得更加难以控制。

2023年4月2日，以沙特阿拉伯为代表的欧佩克（OPEC）产油国和以俄罗斯为代表的非欧佩克产油国宣布减产原油，国际原油期货价格随之快速上扬，重返80美元/桶的价格。原油限产事件加剧了美联储控通胀面临的困难程度。如果油价上涨带来供给冲击型通胀再次上扬，除了劳动力市场紧张状况带来的工资—物价螺旋机制以外，利润—物价机制也会导致通胀更加顽固，最后倒逼美联储进一步紧缩控通胀。

企业市场势力带来的利润—物价螺旋机制，政府的介入是必要的。如果有一个行业的市场力量被滥用或竞争不足，那么就应该有鼓励竞争的政策干预，这对面临低通胀、最大就业和金融稳定"不可能三角"的美联储和欧洲央行来说，会降低持续紧缩控通胀导致的金融动荡风险。

世界开启降低对美元过度依赖的新局面

4 月 10 日

新地缘经济—货币关系是推动国际货币体系变革的内生动力。在全球外汇储备进入以存量结构调整为主的阶段时，多极化货币储备则进入激烈的竞争阶段，国际储备货币体系将呈现多极货币竞争，而非单一货币替代部分美元。部分经济体或区域具备了降低美国宏观政策和对外政策负面外溢性伤害的能力，这种能力在追求本币安全的意识提升和作为国际货币收益的激励下，会加快推动国际货币体系多极化趋势持续演进。"过度依赖"和"过度特权"是美元货币体系作为一枚硬币的正反面，世界降低对美元的过度依赖就会约束美元货币体系的"过度特权"，降低美国财政赤字货币化和"美元潮汐"对世界经济的负面外溢性。世界开启降低对美元过度依赖的新局面，意味着非传统储备货币在国际货币体系演进中迎来了历史性的机遇，从而持续推动国际货币体系向多极化转变。

尼克松政府时期美国财长康纳利曾说："美元是我们的货币，却是你们的问题。"世界一次又一次被美元的傲慢伤害。历史一再证明，美国聚焦国内经济的宏观政策带来的"美元潮汐"对全球经济产生了显著的负面外溢性影响。降低对美元的过度依赖是降低被其伤害的根本措施。俄乌冲突爆发以来，美元货币体系的"武器化"大大加深了国际社会对美元货币体系安全性的担忧，世界开启降低对美元过度依赖的新局面，这会加快推动全球货币体系多极化趋势持续演进。

一 新地缘经济—货币关系是推动 国际货币体系变革的内生动力

2022 年俄乌冲突爆发，美、欧对俄罗斯发起多轮制裁，将俄罗斯剔除出 SWIFT 系统，并冻结俄罗斯央行海外约 3000 亿美元的外汇储备。这一事件是国际货币体系历史上的重大事件，大大加深了国际社会对美元货币体系安全性的担忧，美元货币体系的国际声誉下降。

俄乌冲突爆发至 2023 年年初已近一年，冲突引发了全球新地缘经济—货币关系的深刻演进。2022 年 4 月 1 日，俄罗斯外交部部长拉夫罗夫表示俄罗斯和印度已经建立使用本国货币卢布—卢比进行支付的贸易机制。2022 年 9 月 7 日，俄总统普京表示，俄罗斯天然气工业股份公司和中国合作伙伴已决定以卢布和人民币 50∶50 的比例支付天然气供应费用。

2023 年欧元区扩容。吸收了克罗地亚作为欧元区新成员国，欧元成为全球 20 个国家的统一货币。2023 年年初中国和巴西签署了在巴西建立人民币清算安排的合作备忘录，巴西人民币清算安排的建立有利于中国与巴西两国企业和金融机构使用人民币进行跨境交易，促进双边贸易投资便利化。2023 年 3 月底法国国有企业道达尔与中国海洋石油总公司签署了通过上海石油天然气交易所以人民币支付液化天然气（LNG）的采购协议。2023 年 1 月 23 日巴西总统卢拉与阿根廷总统费尔南德斯在新闻发布会上宣布，两国将就创建共同货币启动准备工作，拉美共同货币区设想正式浮出水面。巴西和阿根廷建立的共同货币区能够覆盖整个拉丁美洲，该货币区交易数量约占据全球 GDP 的 5%，是仅次于欧元区的全球第二大货币区。2023 年 3 月 10 日沙特阿拉伯和伊朗在北京签署联合声明，同意恢复外交关系，在中国斡旋之下实现历史性的握手言和。大和解将带来一个新中东："石油换安全"走向"石油谋发展"，石油美元出现松动。2023 年 3 月 28 日东盟各国财长和央行行长正式会议在印度尼西亚开幕。会议的首要议题是讨论如何减少金融交易对美元、欧元、日元和英镑的依赖，转向以当地货币结算，东盟推进本币结算已进入讨论阶段。

新地缘经济—货币关系的显著特点是，降低对美元的依赖程度，突出本国货币在双边或区域交易中的自主性，创造出货币多极化的发展机遇，开启全球货币进入地缘大博弈时代。

二 全球外储进入以存量结构调整为主的阶段，多极化货币进入激烈的竞争阶段

依据 IMF（COFER）的数据，2020 年疫情冲击以来，全球外汇储备和已分配外汇储备的数量均出现了明显递减。截至 2022 年第 4 季度，全球外汇储备为 11.96 万亿美元，已分配外汇储备为 11.08 万亿美元。2019 年第 4 季度全球已分配外汇储备数量为 11.07 万亿美元，2022 年第 4 季度为 11.09 万亿美元，疫情三年期间全球外汇储备数量仅发生了很小的变化。如果从更长一点的时间来看，2022 年年底全球外汇储备的数量与 2014 年年底 11.6 万亿美元相当接近（见图 1），这就是说，从 2014 年以来全球外汇储备总量基本保持了平衡。

全球对外汇储备边际需求急剧递减主要有两大基本原因。

首先，次贷危机以来，全球经济增长乏力，国际贸易和投资增速下降。依据 WTO 的数据，从剔除次贷危机时期（2008—2010 年）和疫情冲击时期（2020—2021 年）的样本来看，1995—2007 年全球货物出口和进口的年均简单同比增长率分别为 6.4% 和 6.6%，而 2011 年、2022 年两者分别为 2.7% 和 2.8%，全球货物贸易增速差不多下降了一半。从全球外汇储备总量 2014 年以来几乎没有变化来看，1995—2014 年全球货物出口和进口的简单年均同比增长率大约为 5%，2015 年、2022 年大约分别为 2.3% 和 2.6%，年度平均增长率差不多也下降了一半。全球贸易增速的下降减少了外汇储

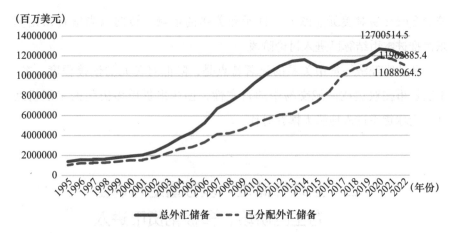

图1　全球总外汇储备和已分配外汇储备的数量

资料来源：IMF，COFER.

备的累积，也导致外汇储备的需求出现了边际递减。

　　依据 IMF 提供的数据，次贷危机以来，全球贸易/GDP 的比例再也没有超过 2008 年的高点 61.4%，2022 年有所恢复达到 58.84%；全球直接投资/GDP 下降的速度较快，2007 年是高点达到 5.28%，2022 年相比 2018 年的低点 0.48% 有明显上升，但也只有 1.69%（见图2）。这说明从全球创造的每单位 GDP 来看，全球增长与贸易的相关性长期以来处于停滞状态，而与直接投资的相关性则出现了显著下降。

　　2023 年 3 月世界银行发布了《长期增长前景下降：趋势、预期和政策》（Falling Long-Term Growth Prospects: Trends, Expectations, and Policies）报告。报告指出，在过去的十年间，新兴市场和发达经济体经济增长速度都急剧放缓。80% 的发达经济体和 75% 的新兴市场，2011—2021 年的经济平均增长率都低于 2000—2010 年。世界经济未来面临"失落的十年"的风险，世界银行预计未来十年全球经济平均增速为 2.2%。全球经济增速的下降与全球贸易下降是相伴的，这会降低对外汇储备的需求。

　　其次，地缘政治成本成为全球化最大的成本，也成为逆全球化的主要推手，这会降低对储备货币的需求。2018 年中美经贸摩擦、2020 年世纪疫

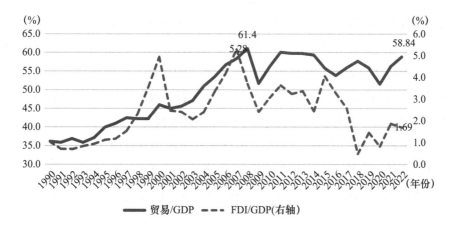

图2　全球贸易（商品和服务）/GDP 和直接投资（FDI）/GDP 比例的变化

资料来源：IMF，WEO（April，2023）.

情暴发、2022 年俄乌冲突爆发，全球地缘政治格局发生了巨变，地缘政治风险快速上升，强调安全而非效率优先，制造业通过"友岸"和"近岸"等回流的兴趣也随之上升（见图3）。

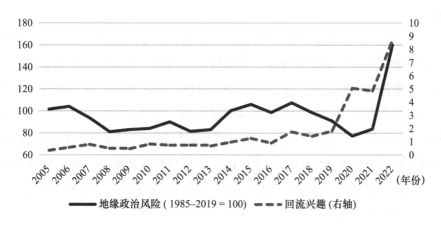

图3　全球地缘政治风险与制造业回流兴趣

资料来源：IMF，WEO（April，2023）.

地缘政治紧张局势加剧，断供、断链破坏了全球产业链的安全性，地缘经济碎片化风险将重塑全球贸易投资的地理格局，外国直接投资流动越来越集中在地缘政治友好或者结盟的区域或国家，一些新兴市场经济体和发展中经济体更容易受到外国直接投资转移的影响，地缘政治成本将显著削减产业链的长度，降低通过全球分工获得的经济效率，这可能会造成巨大的产出损失。全球资本流动下降和产出下降会降低对储备货币的需求。

地缘政治的冲突和区域割裂，也意味着全球经贸体系、产业链的分割。在全球增长乏力的预期下，随着全球经济碎片化的加重，全球市场和货币会演进出多个市场、多种货币并存的格局，货币竞争进入激烈竞争的阶段。

三　部分经济体具备了降低美国宏观 政策负面外溢性伤害的能力

世界经济多极化的发展，经济区域化程度的加深以及对美国经济依赖程度的减弱，使部分经济体具备了降低美国宏观经济政策负面外溢性伤害的能力。

除了地缘政治关系导致对美元信用的担忧，美国无节制的财政赤字货币化政策，通过大规模的政府债务供给美国国债，提供全球安全资产。一方面不断提高债务上限，存在安全资产过度供给的风险；另一方面在美联储激进加息方式下，安全资产账面浮亏严重，导致安全资产在流动性、收益性和安全性三者之间失去了平衡。硅谷银行等银行业动荡是典型的例子。即使美联储创造银行定期融资计划以面值抵押获取流动性，降低账面浮亏变为实际亏损的风险，帮助美国银行穿越加息周期，但对全球其他投资者来说，是不公平的。

国际投资者在这个加息过程中减少美债持有，降低投资亏损就成为理性选择。同时，由于美联储激进加息导致其他经济体资本回流美国。这些受到美元回流影响的经济体在美元流动性不足的条件下，如果国际贸易投资继续使用美元，将为经济体参与国际贸易带来巨大的负面外溢性。选择非美元从事区域或者双边国际贸易就成为理性的选择，本币贸易结算逐步成为现实，这种带有主动或自救的本币化行为成为摆脱美元流动性不足、约束国际贸易的基本措施。

四 国际储备货币体系呈现多极货币竞争，而非单一货币替代美元

与疫情前相比，全球储备货币多极化意愿进入了一个加速期。与疫情前的2019年相比，截至2022年年底，美元占全球已分配外汇储备的比例下降了约2.4个百分点，降至58.36%，自1995年有统计数据以来首次跌破59%。欧元基本保持20%多一点的占比，下降了0.12个百分点。日元下降了约0.3个百分点，英镑和加元分别上升了0.31个和0.52个百分点（见图4）。美元指数中的瑞郎在全球外汇储备中占比较小，2022年年底仅为0.23%，但相比2019年年底0.15%的占比，上升的幅度很大，达到了53.3%。

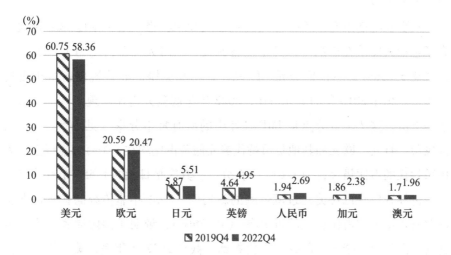

图4 疫情以来全球外汇储备货币构成占比的变化

资料来源：IMF，COFER.

　　与此同时，非美元指数中的货币，人民币和澳元在全球外汇储备中的占比均出现了明显上升。2022 年年底人民币和澳元在全球外汇储备中的占比分别为 2.69% 和 1.96%，分别比疫情前提高了 0.75 个百分点和 0.26 个百分点。在上述的货币中，人民币在全球外汇储备中占比上升的百分点数是最大的，这也凸显了人民币正在被越来越多的国际投资者持有和使用。

　　除了图 4 中显示的货币和瑞郎，全球其他货币占据了全球外汇储备的 3.45%（包括韩元、新加坡元等一众货币），这些货币或因为其在全球产供链上的重要性，或因为其在全球金融上的重要性等而被国际投资者持有。疫情前的 2019 年全球其他货币占比为 2.51%，疫情三年之后其他货币在国际外汇储备中占比提高了 0.94 个百分点，其他货币作为一个整体是这三年以来上升百分点数最多的。

　　因此，美元在全球外汇储备占比的下降，对应的是多种货币在储备货币占比的上升。剔除储备占比接近 5% 或者 5% 以上的英镑、日元、欧元和美元这些传统储备货币之外，2022 年年底全球其他非传统储备货币在国际外汇储备中的占比已经超过了 10%，达到了 10.71%，而在疫情前的 2019 年只有 8.16%。

　　从更长时期来看，2016 年人民币加入 SDR，当年第 4 季度 IMF 首次公布了包括人民币在内的全球外汇储备构成，当时人民币占比为 1.08%，美元占比 65.36%，不包括美元、欧元、日元和英镑的非传统储备货币占比 7.20%。相比 2016 年的美元占比，2022 年年底美元占比出现了约 7 个百分点的下滑，这 7 个百分点被 IMF 统计中的所有货币分享（见图 5）。其中，人民币、日元、欧元和其他货币替代美元储备占比均在 1 个百分点以上，人民币替代的占比最大，为 1.613 个百分点，其次是日元的 1.556 个百分点。

　　世界开启降低对美元过度依赖的新局面。2021 年非传统储备货币在全球储备货币中的占比首次超过 10%（10.26%），说明了国际储备货币多极化局面已经拉开帷幕。但我们也要看到，截至 2022 年年底，美元依然占据了超过 58% 的全球储备份额。考虑到美元在全球外汇储备占比依然遥遥领先，在全球贸易结算中占比超过 40%，历史演进至今的地缘政治关系以及

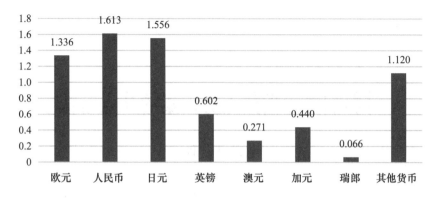

图5　全球多种货币对美元储备的替代（2016—2022 年）

资料来源：依据 IMF（COFER）数据计算。

美国在经济、金融、科技和军事等方面在全球依然具有显著影响力，全球还有几十个国家或者区域的货币与美元挂钩，可以认为，在过去几年全球多种货币正在形成对美元的部分替代。

国际货币体系的演进是一个长期过程。国际货币体系一旦形成，其本身就具有刚性，这也是国际市场长期选择的结果。随着全球经济多极化趋势的演进，世界市场通过不断比较和选择从而形成了国际货币体系的演进。经济多极化使部分经济体或区域具备了降低美国宏观政策和对外政策负面外溢性伤害的能力，这种能力在追求本币自主安全的意识提升和作为国际货币收益的激励下，会推动全球货币体系多极化趋势持续演进。

"过度依赖"和"过度特权"是美元货币体系作为一枚硬币的正反面。世界降低对美元的过度依赖就会约束美元货币体系的"过度特权"，降低美国财政赤字货币化和"美元潮汐"对世界经济的负面外溢性。世界开启降低对美元过度依赖的新局面，也意味着非传统储备货币在国际货币体系演进中迎来了历史性的机遇，从而持续推动国际货币体系向多极化转变。

对影响美元指数走势因素的几点看法

4 月 17 日

美、欧通胀下行，尽管处于高位，银行业流动性危机带来的金融市场动荡使美、欧央行继续加息变得非常谨慎，美、欧 5 月的货币政策取向并不明朗。从 IMF 近期提供的美国和美元指数中经济体的经济预期来看，美国经济预期没有表现出明显劣势。新地缘经济—货币关系深度演进会减少对美元的需求（相对增加对美元指数中其他货币的需求）从而推动美元指数下行。俄乌冲突依然存在不确定性，俄乌冲突在未来如能得到显著缓解将推动美元指数下行。反之，将推动美元指数上行。

以收盘价计，2022 年 4 月 12 日美元指数上 100 以来，已经有一年多时间均在 100 以上运行。美联储从 2022 年 3 月中旬开始加息，强美元基本贯穿了本轮美联储的加息周期。依据 WIND 数据，2023 年以来，美元指数中的 6 种货币兑美元大多出现了升值，导致美元指数下跌了 1.85%。其中，欧元、英镑、加元和瑞郎兑美元升值了 2.72%、2.64%、1.35% 和 3.44%，只有日元兑美元贬值了 2.04%。

截至 2023 年 4 月 14 日，美元指数为 101.5775，与 2022 年 9 月下旬的此轮美元指数高点相比，已经下降了约 11%。目前，影响美元指数走势的因素进入复杂期，主要有以下几点。

第一，美联储对 2023 年 5 月是否继续加息非常谨慎。美联储激进加息政策带来证券类资产价格估值大幅度下跌，已经恶化了美国部分银行的资产质量。2023 年 3 月中旬硅谷银行等区域银行的接连关闭给金融系统造成压力，金融稳定性要求美联储在继续加息问题上保持谨慎。银行危机带来信贷标准的提高，这会引发信贷收紧，如果 2023 年 4 月通胀继续下行，那么甚至不排除 2023 年 5 月不需要加息的可能性。从通胀来看，美国 2023 年 3 月消费者价格指数（CPI）同比上涨 5%，创 2021 年 5 月以来新低，从 2022 年 6 月高点（同步比 8.9%）以来已经连续 9 个月下降；2023 年 3 月 CPI 环比上涨 0.1%，大幅度低于预期。3 月剔除能源和食品的核心 CPI 同比上涨 5.6%，环比上涨 0.4%。权重超过 1/3 的住房分项依然是 3 月美国通胀的最大贡献项，住房价格环比上涨 0.6%，同比涨幅为 8.2%，超过 60% 的核心通胀涨幅来自住房。核心通胀及核心服务通胀的黏性在很大程度上源于租金上涨，但市场普遍预期这部分会在下半年消退。这意味着即使 2023 年 5 月加息 25 个基点，美联储可能也不需要在 2023 年下半年始终将利率维持在加息的终端水平。

第二，欧洲央行对 2023 年 5 月的加息变得谨慎。从欧洲央行官员的表态来看，之前倾向加息 50 个基点的态度已经发生了变化，更多倾向于加息 25 个基点。这种预期的转变不全来自通胀，部分来自 2023 年 3 月以来出现的金融市场动荡。3 月欧元区通胀出现了明显下降，但也处于高位。欧洲央行对 3 月通胀率（HICP）预估值为 6.9%，其中，核心 HICP 同比 7.5%。欧元区通胀率（HICP）自 2022 年 10 月高点（同比 10.6%）以来已经连续 5 个月下降。现阶段的欧元区和美国通胀具有很强的相似性，表现出核心通胀率比通胀率更高，能源食品价格冲击出现了快速的边际递减，随着近期 OPEC + 降低原油产量导致油价上涨，对通胀有正向冲击，但不会太显著。

第三，从日本的货币政策来看，基本处在宽松的底部。日元是 2023 年以来美元指数中唯一兑美元出现贬值的货币。日本央行认为尽管日本的核心消费者通胀率已经差不多 1 年超过通胀率目标 2%，但并非由国内总需求拉动，而是进口物价上涨所致，并认为核心通胀率可能会在下半年放缓至 2% 以下，日本央行还是在坚持宽松的货币政策。

第四，新地缘经济—货币关系加速演变会对美元指数形成下行推力。2023 年以来，中东大和解、巴西建立人民币清算安排、东盟推进本币结算动议以及拉美共同货币区设想等新地缘经济—货币关系深度演进。当越来越多的经济体选择本币进行结算时，全球对美元的需求就会下降，这相当于相对增加对美元指数中其他货币的需求，继而推动美元走弱。

第五，从美元指数中经济体经济增速预期来看，2023 年、2024 年两年美国经济增速没有表现出明显劣势。依据 IMF（WEO，April，2023）的预测数据，2023 年美国经济增速 1.6%，2024 年为 1.1%；欧元区 2023 年增速 0.8%，2024 年为 1.4%；日本 2023 年和 2024 年两年的增速分别为 1.3% 和 1.0%；英国 2023 年、2024 年两年的增速分别为 -0.3% 和 1.0%；加拿大 2023 年、2024 年两年的增速均为 1.5%。从美元指数中主要经济体的经济增速预期来看，未出现明显推动美元指数下行的经济预期。

第六，俄乌冲突未来如何演变存在不确定性。从目前的局势看，俄乌冲突依然存在不确定性，冲突在未来如能得到显著缓解将推动美元指数下行，因为这有助于欧元区经济预期向好，有助于降低国际金融市场避险情绪。反之，将推动美元指数上行。

美、欧银行业危机及其启示

4月21日

2023年3月10日（美国当地时间），美国加州金融保护和创新部（DF-PI）宣布关闭美国硅谷银行，并任命美国联邦储蓄保险公司（FDIC）为破产管理人，全美资产排名第16位的硅谷银行成为美国历史上第二大破产银行。国际金融市场对美国银行业危机的担忧迅速在欧洲市场上扩散。3月14日瑞信发布报告称该行对财务报告的内部控制存在"重大缺陷"，3月19日瑞士联邦政府宣布，瑞信将被瑞银集团收购。美、欧银行业的危机事件短期频发，导致了国际金融市场动荡加剧，包括欧洲主要金融机构之一的德意志银行也出现了股价大幅下跌的情况。时至今日，美、欧银行业动荡余波未了，引发了市场对美、欧激进紧缩货币政策的反思，也引发了市场对美、欧金融体系稳定性和监管有效性的质疑。

一 美、欧央行激进加息是导致银行业危机的根本原因

美、欧激进加息的货币政策是导致美、欧银行业危机事件频发的重要原因。美联储和欧洲央行分别在2020年8月27日和2021年6月8日公布了货币政策新框架，采取了平均通胀目标制。平均通胀目标制允许通胀出现"超调"，即在一个阶段允许通胀超过长期通胀目标2%。美、欧货币政

策新框架的形成有其深刻的历史背景和现实因素。次贷危机后，美、欧经济进入了"大停滞"周期，经济学家对次贷危机以来的低通胀、低增长、低利率的增长和政策模式进行了反思，认为政策性利率存在下限约束风险，当经济进一步衰退时，缺乏利率工具来刺激经济的恢复，需要提高政策性利率水平来创造利率空间应对未来的衰退。同时，由于菲利普斯曲线扁平化，就业增加并不能带来显著的物价上涨，这给了美、欧央行强调就业优先货币政策的现实经验依据。

由于疫情冲击导致失业率上升，尤其是美国在 2020 年 4 月失业率高达14.7%，其在坚持就业优先的货币政策目标下，对通胀保持了很高的容忍度。2022 年 3 月美联储加息时，美国经济中失业率已经下降至 3.6%，以个人消费支出价格指数（PCE）衡量的通胀率高达 6.8%，仅次于 6 月高点7.0%。欧洲央行 2022 年 7 月加息时，失业率降至 6.7%，低于疫情前两年的平均水平，用统一物价指数衡量（HICP）的通胀率高达 8.9%。美、欧通胀率远超长期通胀目标 2%，在这样的压力下，美、欧央行货币政策从就业优先急转至通胀优先，采取了激进的紧缩方式。美联储在一年时间内加息十次，加息幅度高达 475 个基点；欧洲央行在半年多时间里加息六次，加息幅度高达 350 个基点。激进的紧缩政策导致美债收益率飙升，整个金融市场资产估值大幅度下降，对于持有大量债券的银行来说，账面会出现巨额的浮亏。根据美国联邦储蓄保险公司 2023 年 2 月 28 日发布的数据，随着美联储持续加息，2022 年年底美国银行持有债券的账面浮亏总额达到约 6200亿美元。[1] 这是 2022 年银行业净收入 2630 亿美元的两倍多，债券资产大额浮亏导致了部分银行资产质量急剧恶化。

美、欧银行业危机原因也存在一定的差异。从硅谷银行的经营来看，2019 年第 4 季度至 2022 年第 2 季度，硅谷银行资产增长了大约 1400 亿美元；其中 60% 多配置在抵押支持债券（MBS）和美国国债上。随着美联储

---

① Remarks by FDIC Chairman Martin Gruenberg on the Fourth Quarter 2022 Quarterly Banking Profile.

激进的加息政策，持有的债券出现了账面浮亏。同时，在美国经济不景气的预期下，银行储户流动性不足，开始提取存款。2023 年 3 月 8 日硅谷银行面对储户的提款要求，拟出售约 210 亿美元的证券组合资产，但会亏损约 18 亿美元。同时，这家银行尝试出售总额达 22.5 亿美元股票融资，这导致其股价 9 日暴跌超过 60%。3 月 9 日一天，储户和投资者的取款总额高达 420 亿美元。3 月 10 日被迫停止交易，导致硅谷银行因为出现挤兑而关闭。

瑞信银行事件属于信用崩塌事例，是内部公司治理出现很大问题导致了瑞信银行倒闭。在过去的几年中，瑞信爆出一系列投资失误和丑闻。2021 年 3 月，英国金融初创公司 Greensill 宣布破产后，瑞信银行关闭投资了约 100 亿美元的 4 个相关基金。仅仅一个月后，瑞信银行又因美国对冲基金 Archegos 的崩盘而动荡，导致该银行损失超过 50 亿美元。2022 年，瑞信银行客户的重大数据泄露事件引起了存款人的公愤，出现了资金外流的情况，仅 2022 年第 4 季度客户存款流出额已超过 1100 亿瑞士法郎。瑞信银行在一系列的激进高风险投资业务爆雷和丑闻冲击下，股价持续下跌，投资者和客户信任度明显下滑，百年行业声誉和经营根基由此动摇。硅谷银行关闭等事件引发的美国银行业风险外溢成为压倒瑞信银行的"最后一根稻草"，最终以瑞银大幅度折价收购瑞信收场。

二 美、欧银行业危机的重要启示

美、欧监管机构的快速介入和行动，使美、欧银行业危机得以出现暂时平息，有助于恢复市场秩序和金融稳定。时任美国财长耶伦也承认，硅谷银行倒闭核心原因在于美联储持续上调利率导致该银行所持债券等金融资产市价不断下跌，而不承认是银行管理的技术性问题。由于硅谷银行倒闭引发风险蔓延，以及挤兑或致更多银行倒闭，美国监管部门将硅谷银行等关闭事件定性为系统性风险。多家银行关闭或被大幅度折价收购，银行本身经营不善、风控不足也是重要的原因，但更是美、欧宏观政策失误和监管缺失导致的直接后果。

启示 1，货币政策对通胀要保持高度警惕，避免误判。

美、欧央行对通胀采取很高的容忍度，尤其是美联储对高通胀出现误判，被动激进加息导致银行所持债券等金融资产市价不断下跌，投资高风险业务出现失败的概率大增，快速恶化银行资产负债表的流动性，引发了银行业流动性危机。

美、欧此轮高通胀的成因复杂。既有前期美、欧大规模财政刺激政策带来需求提升的因素，也有新冠疫情和俄乌冲突等带来的供应链瓶颈、能源和食品价格的冲击因素。通胀复杂成因所具有的不确定性，以及美联储为了规避不确定性坚持以实际数据为决策依据的货币政策取向，最终对高通胀的韧性出现了误判，尤其是对劳动力市场的紧张状态持续性出现了误判；供给冲击因素和需求拉动因素持续对通胀造成压力，形成了韧性较强的高通胀，国家最后被迫激进紧缩。由于疫情暴发后的两年时间内，美、欧央行实施极低的利率政策，在财政刺激政策下，美国和欧元区政府债务/GDP 的比例分别比疫情前上升了近 20% 和 10%，企业和居民负债也有所增加，导致了债务水平相比疫情前明显增长。在债务水平高企的背景下，激进的加息导致债务类资产和其他风险资产价格大幅度下跌，恶化了部分美、欧银行的流动性，出现了银行业危机。

因此，央行管理好通胀预期，避免对通胀出现误判，才能避免激进货币政策给金融市场带来动荡和危机，这也是确保央行金融稳定目标实现的前提条件。

启示 2，加强银行监管、完善银行内部治理结构始终是控制风险的关键。

监管缺位、银行内部治理缺失导致风控不足也是美、欧银行业出现危机的重要原因。特朗普时期为了促进经济发展，放松了对资产规模 2500 亿美元以下的银行金融监管，使除十几家头部银行之外的 5000 多家中小银行出现了监管放松的情况，这些银行不需要按照监管机构的要求进行风险压力测试。即使这些中小银行在资产负债期限配置上出现了重大问题，问题也会在极低利率环境下被掩盖，当美联储激进加息时，资产负债期限错配问题就会显现出来。美国政府金融监管的失职对美国银行业危机负有责任。因此，硅谷银行等关闭是部分银行的失败，也是监管措施的失败和货币政策的错判。美联储激进加息导致资产价格剧烈波动，市场出现银行关闭或许早已注定，这也许会推动美国去改变现有的银行监管制度和存款保险制度。

瑞信银行内部治理结构缺失，众多银行在次贷危机后强化了自身风险管控，但瑞信银行加码高风险的投资银行业务，对美联储和欧洲央行激进加息造成的风险认识不足，银行的董事会和管理层无视信托责任，偏好通过高风险获取高回报来满足自身利益。丑闻不断和激进的投资风格拖垮了瑞信，最终在瑞士国家银行提供大量流动性援助的条件下，瑞银集团完成了对瑞信银行的收购。瑞信事件表明，即使是具有系统重要性的大型银行也会陷入危机，这让市场投资者和存款人陷入恐慌。在收购安排过程中，瑞士金融当局将瑞信票面价值约 160 亿瑞士法郎（约合 173 亿美元）的额外一级资本债券（AT1）注销，并宣称是特例。这种忽视银行债权人利益的行为，引发了市场对这类债券的恐慌性抛售，也加大了欧洲银行业未来的融资成本和难度。同时，瑞士最大的两家银行合并，也会导致未来可能出现金融垄断，影响瑞士金融体系的稳定性。

美、欧银行业危机在美国和欧洲金融监管机构的强力介入下，暂时得以缓解，但美、欧银行业正在经历的信心危机，即使采取了短期补救措施，仍难以修复。美、欧金融市场可能还会出现新动荡和新风险，美、欧银行业，尤其中小型银行业是商业地产信贷的主要提供者，依据 FDIC 的数据，中小型银行约占美国商业房地产贷款的 80%。近期欧洲央行发布报告称，在过去十年投入商业地产的资金达到激进的 1.1 万亿欧元。这些资产价值在高利率的背景下同样会出现较大幅度的缩水，一方面会恶化银行信贷资产或机构投资资产质量；另一方面会降低银行业继续放贷的信心，恶化经济前景。美、欧房地产市场脆弱性的增加是否会带来新的金融稳定系统性风险尚不可知，仍需要高度警惕。

低通胀、最大就业和金融稳定构成的"不可能三角"已经成为美联储和欧洲央行需要直面的现实问题。近期美、欧银行业危机再一次证明了，加强金融监管、完善金融企业公司内部治理结构是维持金融稳定的永恒主题，货币政策本身的变化也需要密切关注金融稳定。只有在金融稳定的前提下，货币政策才能更好地发挥稳物价、稳就业、稳增长的作用。

关注美、欧"加息最后一公里"
所致的金融动荡风险

4 月 27 日

美、欧"加息最后一公里"是风险爆发的关键期，加息边际在相当程度上决定着金融机构的存亡。极度宽松时期债务类资产获取的成本有多低，激进紧缩时期债务类资产的价值损失风险就有多高。激进宽松与激进紧缩货币政策快速转换形成的激进货币政策周期对金融监管和金融机构的风险管理能力构成了严峻的挑战。

从美国通胀来看，美联储重点关注的通胀率（PCE）从 2022 年 6 月高点同比 7.0% 下降至 2023 年 2 月的 5.0%，但 2023 年 2 月核心 PCE 同比仍然高达 4.6%。2022 年年底至 2023 年 2 月 PCE 同比下降了 0.3 个百分点，但核心 PCE 同比涨幅没有变化，美国经济中核心通胀率的黏性很强。市场目前预期如果 2023 年 3 月核心 PCE 依然保持 0.3% 或以上的环比增速，那么美联储 2023 年 5 月加息 25 个基点的概率是相当高的。

从欧元区的通胀来看，欧元区通胀压力更大。欧元区通胀率（HICP）从 2023 年 10 月高点同比 10.6% 下降至 2023 年 3 月的 6.9%，但核心 HICP 却达到了高点同比 7.5%。欧元区核心 HICP 从 2022 年 1 月同比涨幅 2.4% 至今一直是上涨的，并在 2023 年 3 月出现了核心 HICP 同比涨幅超过 HICP 同比涨幅的情况，主要是俄乌冲突导致欧元区通胀受到能源食品价格冲击太大，随着能源食品价格冲击下降以及劳动力市场对服务业价格的支撑，出现了核心 HICP 同比涨幅超过 HICP 的情况。

美、欧通胀呈现出一个相似的特点：核心通胀率的黏性很强。随着基数抬高，通胀率会继续下行，但目前的通胀率远远超过美、欧央行的长期通胀目标值 2%，与美联储类似，2023 年 5 月欧洲央行加息的概率也是相当高的。

截至目前，此轮紧缩周期中美联储十次加息，加息幅度高达 475 个基点；欧洲央行加息六次，加息幅度也高达 350 个基点。美、欧金融市场也因为美、欧央行激进加息出现了银行关闭风波。从美联储和欧洲央行的预计来看，加息基本接近尾声，但"加息最后一公里"带来的边际冲击以及维持限制性利率水平足够长时间带来的持续冲击导致市场再次出现金融动荡风险需要被高度关注。

从原油价格走势来看，国际油价并未因为 OPEC + 减产而出现趋势性上涨，而是在短期上涨后快速回落，目前已经跌至 75 美元/桶左右的水平，这在一定程度上说明了经济预期不乐观抵消了 OPEC + 原油减产带来的短期价格上涨。

即使不考虑原油价格冲击，美、欧核心通胀率黏性过强也会导致美、欧央行完成后期的紧缩政策。美、欧核心通胀率黏性过强的原因存在一定的差异，美国主要是住房类价格（房租）在原有合约时间期限未到，新合约未签订之前，都会保持比较高的价格水平。S&P/Case-Shiller 美国房价指数从 2022 年 6 月以来已经出现了下降，但房租价格一般滞后房价下跌 1 年半左右的时间，房租在未来几个月依然会保持在比较高的位置，2023 年 3 月居住成本同比涨幅依然高达 8.2%，占据了 CPI 构成的 1/3，核心 CPI 构成的约 40%，导致了 3 月美国核心 CPI 同比上涨 5.6%，环比上涨高达 0.4%。欧元区核心通胀率（HICP）一直是上涨的，主要是货物价格居高不下，3 月剔除能源的工业货物价格同比涨幅 6.6%，加工食品（包括烟酒）和未加工食品同比涨幅高达 15.7% 和 14.7%；服务业价格也维持在高位，3 月服务价格同比涨幅 5.1%。此外，食品价格对美、欧通胀都形成了明显的正向冲击。

支撑美、欧核心通胀率处于高位的还是劳动力市场处于紧张状态。2023年3月，美国失业率为3.5%，欧元区失业率为6.5%，美、欧劳动力市场工资目前保持着年率4%和5%的增长，导致了核心通胀率居高不下。

面对核心通胀的过强黏性，在美、欧银行业关闭风波暂时平息之后，美、欧央行大概率会完成后期的紧缩，这可能会引发新一轮的金融动荡。在疫情冲击后的两年时间里，货币政策由激进宽松快速转向激进紧缩，导致了许多金融机构资产风险敞口大幅增加。依据 NBER 近期的一项研究，截至 2023 年第 1 季度，美国银行系统的总资产市值比其资产账面价值低 2.2 万亿美元，银行资产价值的下降显著增加了美国银行系统对未投保储户挤兑的脆弱性。[①] 除了银行业资产风险敞口之外，近期商业地产信贷风险成为市场关注的另一个重点。尤其是随着房价下跌，与房价相关的商业地产证券的价值也会出现下跌，这部分证券化资产的风险敞口也会因为利率上行而不断加大，不排除会出现某些银行或者其他金融机构因为持有大量这类资产而关闭的可能性。

美、欧"加息最后一公里"是风险爆发的关键期，加息边际在相当程度上决定金融机构的存亡。极度宽松时期债务类资产获取的成本有多低，激进紧缩时期债务类资产的价值损失风险就有多高。激进宽松与激进紧缩货币政策快速转换形成的激进货币政策周期对金融监管和金融机构的风险管理能力构成了严峻挑战。

---

① Erica Xuewei Jian, et al., Monetary Tightening and U. S. Bank Fragility in 2023: Mark-to-Market Losses and Uninsured Deposit, NBER, Working Paper, No. 31048.

对"去美元化"的四点看法

5月4日

　　2023年以来,"去美元化"呈现出加速势头。贸易本币结算成为"去美元化"的主导方式,推动国际贸易货币结算向着多元化方向发展,减少过度依赖美元货币体系带来的负面外溢性。"去美元化"出现加速势头是多种原因导致的,美国激进宏观政策、美国对外经济政策"政治化"以及地缘政治格局冲突都是导致"去美元化"的重要原因。当前的"去美元化"不是不要美元,而是要降低对美元的过度依赖,降低过度依赖美元对自身造成的能看得见的或者能预期到的伤害。

一　美国激进宏观政策导致外部流动性 收紧,替代美元结算方式自然出现

　　历史上美元走强是美国以外爆发金融危机的重要原因。强势美元带来了资金回流美国的情况,带来了美国以外的美元流动性不足的问题,同时强势美元增加了部分经济体的美元债务压力。在流动性不足和美元债务价值增加的双重压力下,部分经济体就会爆发汇率贬值危机或者债务危机。20世纪90年代的拉美债务危机以及东南亚金融危机都是典型的例子。

　　始于2022年3月的这一轮美联储激进加息,美元回流导致部分经济体出现了美元流动性紧张。过去几年的疫情冲击导致全球经济下行,商品和

服务贸易萎缩，通过贸易获取外汇的空间受到大幅度挤压。依据 IMF（COFER）提供的数据，从 2020 年第 1 季度到 2021 年年底，全球美元储备仅增加了 3155 亿美元。当美联储进入加息周期后，从 2021 年年底到 2022 年第 4 季度，全球美元外汇储备减少了 6144 亿美元。2022 年全球美元外汇储备下降的速度超过了 2020—2021 年全球美元外汇储备的积累速度，差额高达近 3000 亿美元。

在世界经济逐步走出疫情阴霾，期盼进入复苏的阶段，美联储货币政策由激进宽松快速转向激进紧缩，美国经济周期与世界很多经济体经济周期出现了非同步性，美元高利息导致资金回流，全球美元外汇储备快速下降，美元流动性不足，而很多经济体希望通过加强贸易来复苏经济。在这样的背景下，降低对美元的需求，寻求替代美元贸易结算的方式自然出现。随着部分经济体寻求替代性的支付货币以分散风险，不同经济体使用本币贸易结算就可以降低美元流动性不足带来的贸易约束，从而扩展不同经济体之间的贸易关系，并推动外汇储备多元化，减轻美元回流美国带来的压力。

二 美国对外经济政策"政治化"导致美元流动性需求下降

次贷危机以来，全球进入了"慢全球化"时代，2008—2021 年全球进出口/GDP 的比例基本没有变化。1980—2007 年全球进出口/GDP 的比例几乎上涨了一倍，2007 年全球进出口/GDP 约为 55%。次贷危机之后，美国采取的逆全球化措施阻碍了经济全球化的继续深化，美国对外经济政策"政治化"倾向显化，"关税""出口限制"等贸易壁垒降低了世界对美元贸易的需求。

拜登政府上台以来，继承了特朗普政府逆全球化的遗产，同时推出了更多的"政治化"经贸政策，针对高科技贸易、产业链安全出台了多项逆全球化的政策，并出台大规模的补贴政策促进高技术制造业回流。美国这种"搞小圈子"的贸易投资方式，进一步降低了全球对美元的需求，因为即使有美元也难以购买到美国生产的高科技产品。美国对外经济政策的"政治化"损害了美元赖以依存的全球技术竞争优势，降低了美元对部分经济体的吸引力，也因此降低了世界对美元的需求。

三 地缘政治冲突暴露出美元作为
避险货币的极端风险

俄乌冲突发生后，美国冻结俄罗斯外汇储备，并推动欧洲把俄罗斯排除出 SWIFT 系统，俄罗斯无法使用美元等货币参与国际贸易和投资。美元货币体系当前还是作为主导性国际货币体系被"武器化"，使其他经济体完全有理由担忧这种过度依赖美元体系的极端风险。

过去几十年，全球经济多极化发展趋势使全球地缘政治格局已经发生了深刻的变化，俄乌冲突显化了全球地缘政治格局的冲突和矛盾。新地缘政治经济关系引起的新地缘经济—货币关系是必然演进的结果。在美元避险属性会出现极端风险时，新地缘经济—货币关系是货币资产多元化分散风险的有效方式，部分经济体会依据新地缘经济—货币关系的变化来重新寻找货币资产的有效组合，而不是"把鸡蛋放在一个篮子里"。因此，不断变化的全球经济格局推动"去美元化"趋势可以提高本土经济的安全性。

四 "去美元化"具有内生需求，有助于
突破"双缺口"模型中外汇约束

新兴经济体"去美元化"的呼声，本质上是世界经济多极化趋势的内在要求。所有经济体都有需求降低贸易投资中的货币错配风险，都有需求

降低过度依赖单一货币带来的贸易风险，突破发展中经济体"双缺口"模型中的外汇缺口约束，从而突破储蓄—投资缺口的约束，把更多的资源用于本国的经济建设。用本币结算能够有效实现这一目标，用本币交易还可以为收入和销售带来更多的确定性，提升价值链的稳定性。

"去美元化"不是不要美元，而是要降低过度依赖美元所致的风险，降低过度依赖美元对自身造成的看得见的或者可预见的伤害。依据 IMF（COFER）的数据，截至 2022 年年底美元占全球外汇储备比例下降至58.36%，是 1995 年 IMF 有统计以来的最低值，相比 2000 年左右的高点72% 有显著下降，但还是可以视为主导性的国际货币。国际货币体系的演进是一个长期的过程，千里之行，始于足下。"去美元化"有助于打破传统的"双缺口"发展模型的约束，建立多元化的相对平衡的国际货币体系，以适应世界经济日趋多极化发展的内在要求。

美联储 5 月《金融稳定报告》简要分析

5 月 11 日

美联储近期公布了 2023 年 5 月的《金融稳定报告》（Financial Stability Report），从这份报告中可以看出美联储对金融风险的认知和判断：存在结构性的风险脆弱性，出现大的系统性风险的概率似乎不高，但局部流动性风险及其外溢存在不确定性，需要密切关注。美联储并不承认是加息直接导致了金融市场的动荡，而是银行业自身管理存在问题，同时认为进一步加息会带来风险。

一　金融稳定突出风险调查认知的变化

2023 年春季美联储关于金融稳定突出风险的调查表明，在未来 12—18 个月潜在风险的认知中，关于前三项的回答均占受访者的 56%，持续的通胀和货币紧缩、银行业和非银行金融机构的压力、地缘政治风险（主要集中在美国和中国之间的紧张关系）。第四项、第五项的风险分别是商业和住宅地产风险以及俄乌冲突风险，关于这两项风险的回答均占受访者的 52%。有大约 50% 的受访者关注美国债务上限，排在第六项。大约 40% 的受访者关注市场流动性紧张和波动，排在第七项。监管不足的非银行风险和财政债务可持续性风险分别排在第八项和第九项，大约 24% 的受访者关注这两大潜在风险。

与 2022 年 11 月的《金融稳定报告》的调查相比，受访者对美国金融稳定突出风险的认知出现了显著变化。持续的通胀和货币紧缩在 2022 年秋季受到 62% 的受访者关注，2023 年春季下降至 56%；对银行部门压力风险的关注度由 2022 年受访者的 12% 骤然上涨至 2023 年春季的 56%；中美紧张关系由 2022 年受访者的 42% 上涨至目前的 56%；商业和住宅地产风险由 2022 年受访者的 12% 骤然上涨至目前的 52%；俄乌冲突风险由 2022 年秋季的 62% 下降至目前的 52%，排名跌出前三位，与商业和住宅地产风险并列在第五位。

二 《金融稳定报告》对风险的认知和判断

1. 资产估值风险

虽然关于持续的通胀和货币紧缩风险的受访者占比下降，但依然与银行业和非银行金融机构的压力、地缘政治风险（主要是中美紧张关系）并列排在第一位。从前两项风险来说，主要是货币政策利率攀升带来资产估值效应的风险。因此，美联储在报告的第一部分就讨论了资产估值效应的风险。美联储认为当资产价格相对于经济基本面或历史正常水平较高时，就会产生估值压力，资产价格较高是由投资者承担风险的意愿增强所推动的。估值压力的上升会加大资产价格大幅下跌的可能性。美联储坚持认为，尽管金融市场显著波动但资产估值压力仍然温和。继硅谷银行之后，美国国债收益率突然（sharply）下降，股市估值压力温和（modestly）上升，但由于不确定性加剧，主要市场的市场流动性恶化，主要表现为美国国债市场流动性（买卖规模和价差）低于常态化水平。公司债券市场估值仍接近历史平均水平。商业房地产和房价有所下跌，但估值仍然处于高位。农场（farmland）估值也处于历史高位。

2. 企业与居民债务风险

企业和家庭债务的脆弱性仍然适度（moderate）。关键指标表明企业债务脆弱性变化不大，相对于历史水平保持温和。这些关键指标包括：债务增长率、资产负债率、利息保障倍数等。家庭债务的脆弱性仍然适度，未偿还的家庭债务信贷风险总体较低。

3. 金融部门杠杆风险

美联储认为糟糕的风险管理损害了一些银行，而更广泛的银行体系仍保持健全和弹性。某些类型的非银行金融机构的杠杆上升。对利率风险和一些资产公允价值下降的担忧导致银行业面临压力，并引发了对溢出效应的担忧。同时，银行对未来信贷损失的总体脆弱性似乎（appeared）适度。经纪人的杠杆率仍然很低。人寿保险公司的杠杆率小幅上升，但仍低于疫情峰值。相对于历史水平，财险公司和意外险公司的杠杆率仍然保持在较低水平。对冲基金的杠杆率仍然有所上升。银行对非银行金融机构的贷款仍然很高。

4. 融资风险

美联储认为，一些银行的融资压力显著，但整个银行系统的总体融资风险较低，参与流动性转化的其他部门仍然存在结构性脆弱。银行的高质量流动资产数量有所下降，但与疫情前相比仍处于高位，一些严重依赖无保险存款的银行经历了显著的资金紧张。部分货币市场基金和其他现金管理工具仍然存在结构性脆弱。许多稳定币的市场价值下降，导致它们仍然很容易被挤兑。债券共同基金出现资金外流，仍面临流动性风险。

三 对金融系统的近期（Near-term）风险

通过风险认知调查，美联储认为，银行系统持续的压力可能导致信贷更大范围的收缩，导致经济活动明显放缓。美国和其他发达经济体的进一步加息可能带来风险。全球地缘政治紧张局势的恶化可能导致大宗商品价格上涨和广泛的负面外溢性。

总体上，美联储对金融风险的认知和判断大体如下：存在结构性的风险脆弱性，出现大的系统性风险的概率似乎不高，但局部流动性风险及其外溢存在不确定性，需要密切关注。

关于美债的六个认知

5 月 23 日

　　美国政府发行基于美国信用的财政赤字融资债券简称为美债。政府信用一般被认为是最高信用，政府发行的债券通常也被视为无风险资产，国债就成为金融市场的底层资产或者无风险收益率资产。但也有特例，2008 年国际金融危机之后的欧债危机是政府信用危机，这样看来，政府也存在还不起钱而出现违约的风险。政府债券同样存在供求失衡的风险，当政府债券供给过度时，债券价格大幅度下降，市场收益率飙升带来的结果是政府失去融资成本控制能力，无力通过发新债还旧债，出现政府债券违约风险。

　　美债有其特殊性，由于美元还是主导性的国际货币，美国金融市场是全球最大的金融市场，美债是事实上的全球发行，一旦美债过度供给，其就在全球范围内存在供求失衡的风险；美债价格大幅度下降，国际金融市场收益率飙升带来的结果就是美国政府失去融资成本控制能力，无力通过发行新债还旧债，出现美国政府拖欠债务甚至违约情形，美元货币体系的塌陷表明国际金融体系出现了重大系统性风险。

　　美国债务上限是美国财政部可以向公众或其他联邦机构发行的最高债务额。2023 年 1 月 19 日美国债务达到了 2021 年 12 月 16 日确定的 31.4 万亿美元限额，美国财政部宣布了"债务发行暂停期"，不向市场供给新的美国政府债券，并开始使用"非常措施"在不违反债务上限的情况下借入额外资金运行至今。如果在财政部的现金和特别措施耗尽之前不提高或暂停债务限额，美国政府将不得不推迟支付某些活动的款项，或拖欠债务，或两者兼而有之。美国债务上限是确定美债供给上限的法律措施，但法律规定的限额会不断调整，从 20 世纪 60 年代至今，美国修改了近 80 次美国债务的上限额度。

认知一　美债是美国财政赤字的债务凭证

政府债券是政府财政赤字的结果，政府需要发行债券进行融资来弥补支出的不足，美债来自美国财政长期大规模赤字。

政府发行的债券如果只由市场投资者购买，市场上的货币就会减少，政府融资就替代了市场可以使用的融资资源。从对经济的影响来看，李嘉图等价认为政府发债和税收对经济行为的影响类似：政府债券是延迟的税收，政府无论是以税收形式，还是以政府债券形式取得公共收入，对于人们经济选择的影响是一样的，但这一结论有很多争议。政府发行的债券如果相当部分由中央银行购买，情况就大不一样。因为央行购买政府债券的同时，向市场投放了流动性，而不是吸收市场流动性。中央银行通过发行货币的方式为财政融资的现象通常被称为财政赤字货币化，这是引起通胀风险的货币来源。

无论采用哪种融资方式，都要解决财政赤字融资问题。美国财政赤字规模决定了美债的供给数量。依据美国国会预算办公室（CBO）的数据，美国财政平衡预算每年的波动幅度比较大，1962 年至今，只有 2000 年出现财政预算盈余，1999 年出现了财政收支平衡，其余均出现了不同程度的赤字。尤其是 2020 年疫情冲击导致财政赤字占 GDP 的比例达到了 14.9%，高于 2009 年次贷危机时期的 10.7%（见图 1）。财政预算与事后实际发生之间会存在一定的差异，但整体上误差围绕零上下波动。

图 1 显示了 2009 年次贷危机和 2020 年疫情冲击，美国政府出现了年度超过 10% 的财政赤字，这些都需要通过大规模发行债券来融资。美

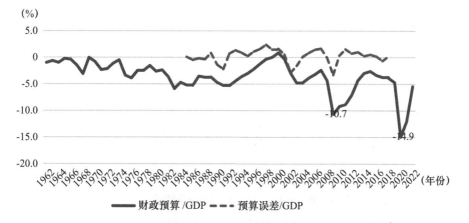

图1 美国财政预算/GDP 以及预算误差/GDP 的变化

资料来源：CBO.

国国债市场的规模也因此出现了快速上涨。1981 年 10 月美债总规模首次突破 1 万亿美元；2008 年 9 月首次突破 10 万亿美元；2017 年 9 月突破 20 万亿美元；2022 年 1 月突破 30 万亿美元，截至 2023 年 4 月美国国债总规模达到了近 31.5 万亿美元。从国债中可以流通部分面值的占比来看，1981 年以来可流通债券（面值）占比均值为 64.4%，2020 年以来的均值为 75.6%。从可流通债券绝对量（面值）来看，1983 年 9 月总规模首次突破 1 万亿美元；2012 年 1 月首次突破 10 万亿美元；2020 年 7 月突破 20 万亿美元；截至 2023 年 4 月美国可流通国债总规模约有 24 万亿美元（见图 2）。

图 2 显示出 2009 年次贷危机和 2020 年疫情危机是导致美国政府债务大幅度上升的两个因素。2007—2019 年美国政府债务增加了约 14 万亿美元，2020 年以来 3 年多的时间增加了超过 8.2 万亿美元。因此，两次大危机大幅度恶化了美国的财政状况，财政赤字规模快速创新高。

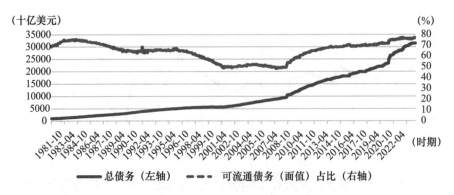

图2　美国债务（国债）总规模和可流通债务（面值）占比

资料来源：U. S. Treasury：Monthly Statement of the Public Debt.

认知二　美债规模与偿债压力不即时相等

美债规模相对于美国 GDP 来说，长期来看呈现出上升趋势。2013 年美国政府总债务/GDP 比例超过了发达经济体的总体水平，美国政府总债务/GDP 比例在 G7 国家中还处于相对低一些的水平（图3）。2022 年美国政府总债务/GDP 比例为 121.7%，高于发达经济体的 112.5%，低于 G7 的 128.4%。

从偿还债务的压力来看，美债筹集资金的利率成本与美国当时的经济状态相关，即与美国当时的货币政策形势直接相关。在通胀时期，由于政策性利率上升直接推动债券市场收益率上升，美债筹集资金的成本也随之上升。因此，并不是债务增加偿还债务的压力就一定即时增大。从利息成本角度看，在低利率时期，美国政府债务增加但偿还债务的利息压力反而会减轻。

图4 给出了联邦基金利率、美债收益率和美债利息支出/GDP 比例的变化情况。在 20 世纪 80 年代高通胀的"滞胀"时期，由于联邦基金利率很高，美债收益率也相应走高，图4 中联邦基金利率与 3 个月短期国债收益率之间高度一致，与 10 年期债券收益率走势基本一致。从净利息支出/GDP

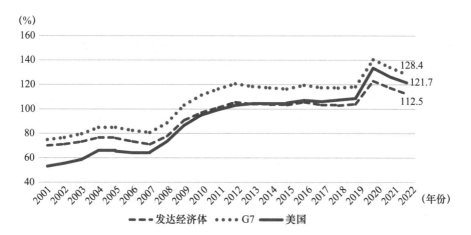

图3 不同经济体政府总债务/GDP 比例的变化

资料来源：IMF，WEO，April 2023.

占比的走势来看，1991 年达到峰值 3.19%，2019 年达到 1.77%，2022 年只有 1.24%，但 2019 年和 2022 年美国总债务规模占 GDP 的比例要远大于 1991 年。1991 年净利息支出/GDP 达到峰值的主要原因是前期发行的中长期美债处于高利率时期，次贷危机后，美国债务大幅度上升，但美国经济处于"大平庸"周期，低利率带来了美债筹资成本的下降。

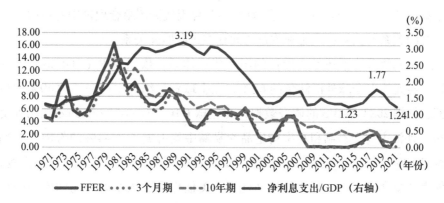

图4 联邦基金利率、国债收益率与利息支出/GDP 比例的变化

说明：FFER：联邦基金利率。

资料来源：CBO，Federal Net Interest Costs：A Primer.

图 4 也显示在 2015—2019 年这个加息周期中，美债净利息支出/GDP 从 2015 年的 1. 23% 上升至 2019 年的 1. 77%。还债压力既取决于债务总量，也取决于利息成本。理论上说，只要利息支出不出现风险，总可以借新债还旧债，利用利率周期差异，债务动态管理甚至可以降低债务利息成本。当然，实际中是要受到约束的，因为政府债券发行是要遵守预算约束的。

认知三 美债是美元货币体系的安全资产

对任何一个经济体来说，政府债务信用等级是最高的，政府提供的债务生息凭证是安全资产。在封闭条件下和开放条件下情形类似，封闭条件下是本国的安全资产，开放条件下有可能成为全球的安全资产。

对于安全资产的定义，学界的认识也存在一定差异。一般认为有以下 5 个特征：（1）低信用和市场风险；（2）市场流动性高；（3）有限的通胀风险；（4）低汇率风险；（5）有限的特殊风险。如果从资产流动性、收益率和安全性三个维度去认知安全资产，那就是在流动性、收益率和安全性方面均能够平衡比较好的资产。市场上很难出现流动性高、安全性高，收益率高的"三高"资产，"三高"资产不符合现代资产组合理论中对风险与收益之间关系的认知：风险和收益之间存在正向匹配关系。

美元货币体系还是主导性的国际货币体系，依据 IMF（COFER）的数据，美元约占全球外汇储备的 60%，在全球贸易结算中占据了约 40% 的份额；依据 2022 年 BIS 的调查数据，在全球 OTC（Over-The-Counter，场外交易）外汇市场交易额和利率衍生品交易额中均占据了约 44% 的份额（总额均以 100% 计算）。同时，美国金融市场目前还是全球最发达的金融市场，债市规模全球第一，美债的流动性高。美债作为美国金融市场的安全资产也顺理成章地成为全球金融市场上的安全资产。

金融市场上安全资产的一个重要特征是避险功能。在全球金融市场出现动荡时，美债就成为投资者追捧的资产，美债价格上行，美债市场收益率就会下行。过去全球金融市场动荡时美债市场都出现了类似的现象。例如，2020 年 3 月国际金融大动荡时期，美债市场收益率下行，2020 年 5 月十年期美债收益率最低达到 0.52%，这是那个时期美债受到国际投资者追捧的结果。

认知四　美债是支撑美元体系"过度特权"的结构性产品

美元体系"过度特权"是一个复杂的学术问题。用通俗简单的话来表达就是：美国用美债进行低利率融资，筹集的资金可以到全球投资，从而赚取正收益差。或者说，美国可以便宜地向全球借钱然后到全球投资赚取正收益差。

可以从美国对外投资净头寸的变化看出美国依靠美元货币体系实现"过度特权"的情况。依据 BEA 的数据，2006 年第 1 季度美国对外投资净头寸存量约为 -1.66 万亿美元，相当于美国从全球净借入了 1.66 万亿美元。依据美国财政部的数据，2006 年第 1 季度国际投资者持有美国国债存量为 2.08 万亿美元。仅靠美国国债存量就足够覆盖美国从全球净借入的资金存量。2008 年年底国际投资者持有的美国国债存量增加至 3.08 万亿美元，国际投资者持有的美国国债存量就难以覆盖美国对外投资负净头寸存量，两者之间存在 0.91 万亿美元的缺口，这意味着美国需要通过国债以外的债务类证券从全球借款。新冠疫情之前的 2019 年年底，美国对外投资净头寸存量已经高达 -11.65 万亿美元，此时国际投资者持有美国国债存量仅为 6.84 万亿美元，两者之间相差 4.81 万亿美元。这意味着美国需要通过国债以外的更多债务类证券工具从全球融资。疫情暴发后的 2021 年年底，美国对外投资净头寸高达 -18.12 万亿美元，达到历史峰值，此时国际投资者持有美国国债的存量也达到了历史峰值 7.74 万亿美元，两者之间差距巨大，达到了 10.4 万亿美元。

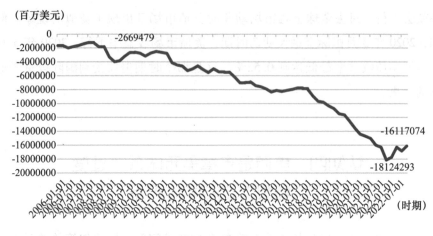

图5　美国对外投资净头寸

资料来源：BEA.

美债是美国债务证券中融资成本最低的，而且规模巨大，美债就成为美元体系"过度特权"的基础性结构性产品。通过"过度特权"实现正的投资回报率差，可以弥补美国经常账户贸易赤字。三年来，美国通过这种方式获取的投资收益大约可以弥补经常账户逆差的15%—20%，这种投资正收益在一定程度上可以降低经常账户赤字风险。

认知五　美债是国际投资者保持美元流动性的基础性产品

全球经济一直在外部不平衡中发展。有贸易赤字国也有贸易盈余国。是贸易赤字国导致了贸易盈余国，还是贸易盈余国导致了贸易赤字国？长期以来存在不同的观点。从1991年开始，美国一直是贸易赤字国，而且贸易赤字不断增加。至于为什么美国会出现大量的贸易赤字，这也是一个具有复杂历史演进的问题。一种简洁的理解是：美国人不爱储蓄，又追求高消费，那就得需要钱。来钱渠道无非有两种：可以向外部借钱，也可以自已印钞。从外部借钱是需要还的，但从外部借钱去投资赚取的投资净收益是可以用的。结果就表现为两种形式的美元流出方式：一种是直接自己印钞，流出美元增加进口满足消费；另一种就是利用美元"过度特权"赚取投资的正收益，流出美元增加进口满足消费。如果要并成一种方式，那都是流出美元增加进口满足消费。

其他经济体拿到贸易盈余换回的美元也需要保值增值。通常说的主权财富基金就是从事外汇保值增值工作的。全球外汇储备中的美元储备大多是通过贸易盈余换来的。依据 IMF 的数据，截至 2022 年年底，全球已分配的美元外汇储备约为 6.47 万亿美元，占全球外汇储备的 58.36%，这是 1995 年 IMF 有相关统计以来的最低值。

国际投资者持有可流通的美债数量常被视为美债风险变化的重要指标，即美债国际投资者认可度的变化。依据美国财政部的数据，2000 年国际投资者持有美债数量超过 1 万亿美元，约为 1.02 万亿美元，2021 年年底是峰值达到约 7.74 万亿美元，截至 2023 年 3 月约为 7.57 万亿美元（见图 6）。

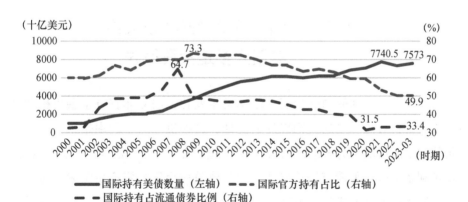

图6　国际投资者持有美债数量、占比及官方持有占比

说明：国际投资者持有美债数量按照市值计算。

资料来源：美国财政部。年度数据均为每年 12 月的数据。

图 6 显示了国际投资者持有美债数量占美债可流通数量的比例波动较

大，在 2008 年达到峰值 64.7%。一方面，这与 20 世纪 90 年代开始的全球化形成的国际分工直接相关，出口导向型经济体逐步累积了大量的贸易盈余，并认为这种新兴经济体制造美国消费的模式符合双边的利益和诉求；另一方面，强制性结汇售汇制导致美元被大量累积在官方账户上，官方也把大量的美元投资在美债上。随着次贷危机的爆发，国际投资者持有美债的占比出现长期下降趋势，并在 2020 年达到阶段性低点 31.5%，截至 2023 年 3 月这一比例基本在 1/3 左右。图 6 也显示了国际投资者持有美债的结构性变化。长期以来美债是国际官方投资者持有的重要资产，国际官方投资者持有占比长期在 50% 以上，2009 年时达到峰值 73.3%，安全性可能是重要的原因。值得关注的是 2023 年 3 月，国际官方投资者持有占比首次跌破 50%，为 49.9%。这就是说，美债的国际持有者有约一半变成了非官方持有，非官方的金融机构、私人投资者逐步变成重要的美债持有者，这也与新兴经济体允许美元外汇留在非官方账户上有关。

认知六　国际投资者增持或减持
美债大多是投资行为

　　由于持有美债的国际投资者结构发生变化，国际非官方金融机构和私人投资者持有约一半的美国以外的美债，这些机构对于利率带来美债市场价值的反应可能更为敏感，因为这些营利性机构采取的是资产—负债管理。市场利率上行对美债市场价格造成的估值效应会影响资产负债表质量。在美联储激进加息方式下，2023 年 3 月中下旬以来的硅谷银行等超级区域性银行关闭事件（美联储将资产 500 亿—2500 亿美元的银行称为超级区域性银行），与美债等证券估值大幅度下跌直接相关。相比之下，国家外汇储备或者主权财富基金承担的职责并非单一的盈利模式，要考虑更多的综合因素，包括外汇市场干预及市场稳定等，其持有的美债具有更多的金融和贸易功能。

美债作为国际金融市场的底层资产，投资者也面临在流动性、安全性和收益率之间寻求平衡的问题。增持和减持大多是投资行为。依据美联储达拉斯分行提供的数据，自 1942 年以来的大多数时间里持有美债是有账面浮盈的。但当进入美联储的加息周期，账面出现浮亏预期时，国际投资者也会减少持有的美债。在最近一次 2022 年 3 月开始的加息周期中，国际投资者持有美债数量从 2021 年年底的 7.74 万亿美元下降至 2022 年 10 月的 7.13 万亿美元，这中间也存在估值效应导致的价值下降。从 2022 年 10 月至 2023 年 3 月，国际投资者增持了美债，国际投资者持有美债数量恢复到 7.57 万亿美元，当然，这中间也存在估值效应带来的价值上升。从目前来看，可流通美债的账面浮亏已经从 2022 年 10 月的近 2.1 万亿美元收窄至 2023 年 4 月的 1.4 万亿美元。国际投资者如果在 2022 年 10 月抄底美债，截至目前就会获得可观的账面浮盈，这也是 2023 年 3 个月以来国际投资者增持美债的基本原因。

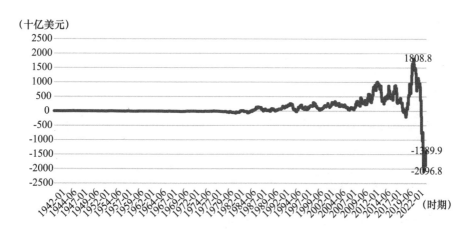

（十亿美元）

图 7　美国可流通国债市值与面值之差

资料来源：Fed, Dallas.

当然也会出现其他抛售美债的情形。在外汇市场出现持续贬值时，持有者需要抛售持有的美债获取美元来干预外汇市场。2022 年以来，日本央行在继续维持宽松的背景下，不愿意看到美联储加息带来的日元持续贬值，于是抛售美债获取美元，以供给日本外汇市场，阻止日元贬值是典型的案例。可见一国为干预外汇市场会出现减持美债的行为。

当地缘政治关系出现裂痕，甚至对立时，也会出现抛售美债的行为。依据美国财政部的数据，俄罗斯在 2010 年 10 月持有 1763 亿美元的美债，2018 年年底快速下降至 132 亿美元，2019 年基本清空了持有的美债。

综合来看，美债是美国财政赤字的债务凭证。在美元主导的国际货币体系下，基本不会出现违约风险，美债扮演了国际金融市场上重要的安全资产的角色，帮助美国实现了美元体系的"过度特权"，在一定程度上缓解了美国经常账户赤字的风险。国际投资者增持或减持美债大多是投资行为，也会出现抛售美债干预外汇市场的行为以及因地缘政治矛盾激化带来的清空美债的行为。

美债"软"上限

5 月 25 日

美债上限是"软"上限，是造成美国政府收不抵支膨胀的制度性缺陷。美债"软"上限变为"硬"上限更多要取决于国际金融市场对美债需求形成硬约束。美债需求函数的改变也是世界地缘政治、经济金融关系的改变，世界多极化持续深入演进形成美债强有力的竞争替代品可以迫使美债从"软"上限变为"硬"上限。

美国债务上限是美国财政部可以承担的美国债务数额。第一次世界大战爆发让美国政府开支急剧上升，债务规模快速膨胀，美国一些议员推动国会通过法案，对政府债务规模划出了上限。1917 年美国国会首次引入"债务上限"概念，当时的债务上限是 115 亿美元。100 多年来美国债务上限已经提高了 100 多次，仅 1960 年以来 60 多年的时间就提高了 78 次，平均每年超过 1 次。2023 年 1 月 19 日美国债务已经达到 2021 年 12 月 16 日确定的 31.4 万亿美元上限，目前美国两党正就提高新一轮的债务上限进行激烈博弈。从 1917 年的债务上限 115 亿美元到 2021 年年底的 31.4 万亿美元，美国债务上限规模提高了近 2730 倍。

美国债务上限是债务"软"上限。与匈牙利学者亚诺什·科尔奈在《短缺经济学》中提出的国有企业预算"软约束"概念相比，都有一个"软"字，但两者存在显著差异。前者是政府信用约束弱化，后者是企业信用约束弱化；前者是政府收不抵支的规模膨胀，后者带来企业资源配置的低效率，导致经济中广泛存在短缺问题。从这个对比角度来看，在一定程度上，美国是企业预算硬约束支撑了政府信用软约束（美债"软"上限）。

美债"软"上限是造成美国政府收不抵支膨胀的制度性缺陷，无论哪个党执政，都想要履行竞选承诺，增加支出以获取选民的支持。1960年以来债务上限的提高有近50次是在共和党执政期内完成的，近30次是在民主党执政期内完成的。美国两党都喜欢在执政期内提高美债上限，共和党人喜欢少税，而民主党人喜欢多支出，为了保证各自目标的实现，美国两党都有提高债务上限的倾向和偏好。

过去几十年，出现过多次美债达到上限时关于美债风险的讨论，金融市场会重新定价美债，需要有溢价补偿。在出现债务违约时，比如2011年美国政府信用等级被下调，导致了金融市场的波动，但随着每一次债务上限的提高，金融市场基本消化了美债违约风险定价带来的影响。一个基本问题就是：为什么美国历史上多次出现债务达到上限，甚至出现短期违约，美债上限还会被提高，而国际市场还接受越来越多的美债？原因是国际金融市场上尚未出现对美债形成强有力替代的竞争品。

美债是事实上的全球发行，全球使用。国际投资者持有美国发行的可流通国债的大约有1/3，美联储是全球持有美债的最大单一持有者。截至2023年5月18日，美联储约8.5万亿美元的总资产中美国政府债券数量高达约5.2万亿美元。以美国可流通国债总价值来看，国际投资者和美联储持有的总数量已经超过了一半多一些，剩下不足一半的则由美国国内投资者持有。

国际投资者不持有这么庞大的美债，就可以对美债上限实施外部硬约束。美债持有者结构的变化表明，在美元货币体系还是主导性国际货币体系背景下，持有美债受地缘政治、经济、金融关系等多种因素的影响。美债需求将随着全球经济多极化带来的地缘政治和经贸格局的变化而变化，美债需求函数是一个极其复杂的需求函数。

美债供给靠美国自身是很难出现硬约束的，美债是"软"上限；但美债需求存在硬约束，这种硬约束取决于国际金融市场上出现能够有力替代美债的其他政府债券。从国家信用和竞争力来看，在相当大的程度上，美债上限逐步变为"硬"约束意味着美国在全球的综合影响力进一步显著下降。

对近期人民币汇率走势的看法

6 月 1 日

2023 年以来人民币兑美元汇率阶段性适度贬值是多种因素作用的结果，也是中国经济自身调整的需要。以经济基本面向好的预期稳定远期汇率预期，人民币汇率就可以保持在合理区间内运行。

依据 WIND 的数据，2023 年 5 月 31 日美元兑人民币（CFETS）收盘价为 7.1065，2023 年以来人民币兑美元（CFETS）贬值了 2.23%。2023 年以来美元指数上涨了 0.65%，欧元、加元与美元之间基本保持稳定，日元兑美元贬值了 6.18%，英镑兑美元升值了 2.90%。全球主要货币之间的汇率出现了分化，这与 2022 年美元升值，其他主要货币贬值的情形不同。这种分化背后的基本原因是全球货币政策分化以及经济预期差异，当然，一些特定的事件也会影响美元及其他货币的汇率走势。

从最近一年多人民币兑美元的汇率走势来看，2022 年人民币兑美元的走势基本消化了中、美利差倒挂带来的贬值压力。2022 年 3 月美联储开启激进加息方式，美元指数持续攀升，2022 年 9 月底盘中高点曾接近 115，并维持在 110 以上运行至 11 月中旬，人民币兑美元也出现了相应的贬值，从 2022 年 3 月初 1 美元约为 6.3 人民币贬值到 2022 年 11 月 3 日 1 美元兑 7.32 人民币的峰值，2022 年年底美元兑人民币汇率在 6.9 左右。2022 年人民币兑美元贬值的主因是中、美利差倒挂扩大所致，而 2022 年大规模贸易顺差起到了稳定人民币汇率的结构性作用。

2023 年以来的情况发生了一些明显的变化。人民币出现阶段性适度贬值的原因主要有以下几点。

1. 利差在边际上推动人民币兑美元走弱的作用大幅度下降，但依然是人民币兑美元短期中难以走强的主因。美联储在 10 次加息 500 个基点之后，美国通胀下行，但韧性强，尤其是核心通胀率韧性非常强。2023 年 3—4 月美国通胀率（PCE）同比增长 4.2% 和 4.4%，但核心 PCE 同比增长 4.6% 和 4.7%，核心 PCE 同比增速连续 2 个月超过 PCE。

2. 市场预期 2023 年 6 月美联储的加息预期升温。2023 年第 1 季度美国经济增速 1.3%（年率），超过此前市场预期的 1.1%，加上劳动力市场依然紧张，4 月失业率 3.4%，鲍威尔认为美国经济将出现"温和衰退"，美国经济"硬着陆"的风险下降。在银行业关闭风波暂时平息的背景下，美国高通胀和强就业导致了市场对 6 月的美联储加息预期升温。

3. 阶段性避险情绪导致美元指数上行。2023 年 5 月以来，美债上限风险成为当下国际金融市场关注的热点。美国两党激烈的债务上限博弈使市场出现了避险情绪，这是导致自 5 月以来美元指数上行的重要原因。

4. 2023 年美联储全年降息的概率下降。美联储认为通胀下行需要时间，这意味着美国利率高位将维持足够长的时间促使通胀下行。美元高利率预计的期限比市场原先预计的要长，在这种预期作用下，美元生息资产成为市场投资者追逐的资产。

5. 中国企业结汇售汇行为的变化。美元利率处于高位可能影响了中国企业结汇售汇行为，依据外汇管理局的数据，2022 年银行累计结汇 25709 亿美元，累计售汇 24635 亿美元，结售汇顺差 1074 亿美元。2023 年 1—4 月银行累计结汇 7329 亿美元，累计售汇 7427 亿美元，结售汇逆差 98 亿美元。结售汇顺差变为逆差反映了境内对美元需求增加，推动了美元兑人民币走强。

6. 中国经济短期恢复状态偏弱。2023 年第 1 季度 GDP 增速 4.5%，市场预期经济持续恢复。但由于基数、季节性因素和海外通胀下行等原因导致物价连续几个月偏低，2023 年 1—4 月 CPI 同比增长 1.0%，低于第 1 季度的同比增长 1.3%，4 月以来市场对经济热度的预期偏弱。最近公布的

2023 年 5 月制造业采购经理指数（PMI）为 48.8%，比 4 月下降 0.4 个百分点，连续两个月低于临界点。2023 年 1—4 月全国规模以上工业企业利润同比下降 20.6%，相比 1—3 月同比下降 21.4% 和 1—2 月同比下降 22.9% 有所收窄，但由于下降幅度比较大，短期难以扭转偏弱的预期。在 41 个大类行业中，1—4 月有 27 个行业利润同比下降，较 1—3 月和 1—2 月的 28 个行业略有改善，但要扭转当前偏弱的预期还需要时间。

总体上，2023 年以来人民币兑美元汇率阶段性适度贬值是多种因素作用的结果，同时也是中国经济自身调整的需要。只要坚持汇率中性理念，防止引起"超调"出现的因素扰动（包括地缘政治因素），以经济基本面向好的预期稳定远期汇率预期，人民币汇率就可以保持在合理区间内运行。

美联储:不承诺的背后或将是进一步紧缩

6月5日

需求—价格—利润—就业是美国当前高通胀的循环路径。需求导致企业提高价格,企业有利润就增加就业,形成了美国通胀的韧性,尤其是核心通胀率的极强黏性。如果美国居民消费习惯向新冠疫情前的状态回归,那么会持续支撑通胀的韧性。市场风险偏好不恶化导致金融条件即使有所收紧也难以导致资产价格出现显著下降,尤其是美国股市在银行关闭风波的冲击下,依然高位运行。在通胀已有明显下行但仍显著高于2%的通胀目标背景下,美联储会持续紧缩,并会考虑与财政部债务筹资之间的协作:2023年6月或不加息,通过财政大规模发行债券,尤其是短期债券,吸收市场流动性,继续紧缩,高利率将维持相当长一段时间。

2023年6月2日美国劳工部公布的数据显示,美国5月非农新增就业33.9万人,是2023年1月以来最大增幅。5月失业率升至3.7%,相比4月的3.4%有所上升,仍接近于历史低位,低于美联储确定的长期自然失业率4%。5月平均时薪环比上涨0.3%,同比增长4.3%。5月劳动力参与率维持在4月的62.6%,低于疫情前的63.3%。

从通胀率(PCE)来看,PCE从2022年6月同比高点7%下降至2023年4月的4.4%,核心PCE从2022年2月同比高点5.4%下降至2023年4月的4.7%。核心通胀率黏性极强,从2022年年底以来几乎没有变化,考虑到2022年同期基数的不断抬高,更凸显了核心PCE的极强黏性,核心PCE同比涨幅连续两个月超过PCE同比涨幅(见图1)。

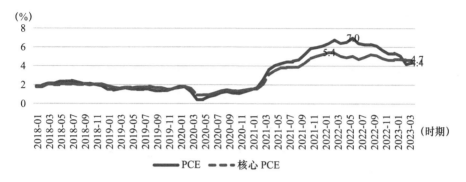

图1　美国经济中通胀率（PCE）和核心通胀率

资料来源：BEA.

　　美国核心 PCE 黏性为什么如此之强？这一点也许可以从美国居民消费结构尚未回归至疫情前的习惯来寻找一些原因。在低失业率和薪资上涨的背景下，美国居民商品支出占比增加，服务支出占比仍未达到疫情前 5 年的平均水平。2015—2019 年美国居民商品支出年均占比 31.45%，服务支出年均占比 68.55%，年度之间差距最大值不足 1 个百分点，消费结构相当稳定。2020—2022 年商品支出年均占比 33.96%，服务支出年均占比 66.04%，疫情使美国居民消费结构出现了明显变化，居民把更多的支出配置在商品消费上，服务业消费占比下降了约 2.5 个百分点。2023 年 1—4 月商品支出和服务支出占比分别为 33.58% 和 66.42%，相比疫情前 5 年的支出结构依然存在明显差异。世界卫生组织（WHO）在 2023 年 5 月 5 日宣布，新冠疫情不再构成国际关注的突发公共卫生事件，如果消费习惯持续回归到疫情前的状态，那么服务业消费的占比仍有 2 个百分点的提升空间。

　　从商品支出结构来看，2015—2019 年美国居民商品支出中耐用品和非耐用品占比相当稳定，年度均值分别为 33.64% 和 66.36%，差不多分别为 1/3 和 2/3。耐用品和非耐用品年度差距最大都不足 0.44 个百分点。疫情时期的 2020—2022 年耐用品和非耐用品占比分别为 36.51% 和 63.49%。2023 年 1—4 月均值为 37.13% 和 62.87%，非耐用品消费仍比疫情前 5 年低 3 个

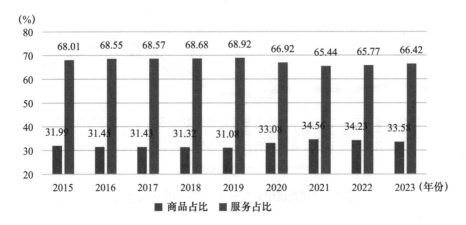

图2 美国经济中居民商品和服务支出占总支出的比例

资料来源：BEA.

多百分点。一般来说，经济下行、收入下降时期，居民首先减少的是耐用品消费，从上述消费结构看，目前还未出现这样的明确信号。因此，耐用品支出占比上升和非耐用品支出占比还有提升空间，支撑了美国通胀率，尤其是核心通胀率。

以当前价格计算，2023年1月以来美国居民个人支出突破18万亿美元（月度年率），1—4月是缓慢递增的，4月支出年率达到18.23万亿美元。如果美国居民消费习惯存在向疫情前回归的趋势，那么服务业价格将获得比较久的支撑。

高通胀背景下，市场需求成为企业提高价格的首要因素。纽约联储近期的一项研究表明，美国企业涨价最主要的原因是需求力度。近83%的被调查企业认为需求力度是企业调整价格的因素，远超加息导致的资本成本上涨因素（30.4%的被调查企业认为资本成本是调整产品价格的因素）。获得稳定的利润边际以及工资和劳动成本也是企业调整价格的重要因素，大约70%的被调查企业认为这两个因素也是调整产品价格的重要因素（见图3）。

依据BEA提供的数据，2020年美国居民家庭储蓄接近3万亿美元，2021年下降至2.24万亿美元，2022年骤降至不足0.66万亿美元，2023年

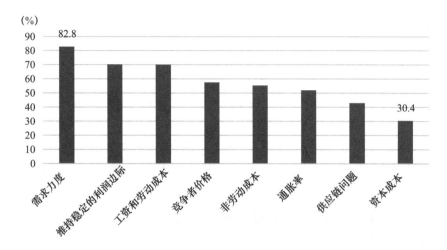

图3　高通胀环境下企业调整价格的影响因素

资料来源：Wändi Bruine de Bruin, et al., June 2, 2023, "How Do Firms Adjust Prices in a High Inflation Environment?", New York Fed.

第 1 季度年率有所上升，上升至约 0.83 万亿美元，至此美国居民由于财政刺激等因素带来的超额储蓄已经基本消耗完毕。从净储蓄中美国公司未分配公司利润（Undistributed corporate profits）来看，2019 年不足 0.5 万亿美元，2020 年为 0.57 万亿美元，2021—2022 年年均突破了 1 万亿美元，分别达到约 1.09 万亿和 1.17 万亿美元，2023 年第 1 季度年率也接近 1.01 万亿美元。2015—2019 年美国公司未分配利润在 4700 亿—6300 亿美元之间，年均 5733.6 亿美元。2023 年第 1 季度年率的未分配利润大约是疫情前 5 年年度均值的 176%。

　　从美国金融市场风险偏好来看，金融条件指数及其中的风险偏好指数在 2023 年 3 月银行关闭风波暂时平息后有所放松，截至 5 月 26 日，美联储芝加哥分行提供的金融条件数据为 -0.288，风险偏好指数为 -0.44，投资者的风险偏好还未恶化（见图4），这是支撑美国股市高位运行的重要因素。

　　一般来说，美国企业利润下降，投资者风险偏好下降，这两大微观基础发生实质性变化，通胀就会持续下行。目前，需求—价格—利润—就业是美国当前高通胀的循环路径。对美联储来说，只有持续紧缩。2023 年 6

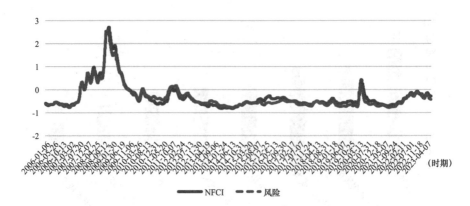

图4 美国金融条件指数（NFCI）及其中的风险指数变化

资料来源：Federal Reserve Bank of Chicago。

月 3 日拜登签署了联邦政府债务上限和预算的法案，暂停债务上限至 2025 年年初。截至 2023 年 6 月 1 日，美国财政部一般账户（U. S. Treasury General Account，TGA）资金下降至 485.1 亿美元。从疫情前的 2018—2019 年来看，一般保持在 3500 亿美元左右，2023 年年初在 3800 亿美元左右。接下来美国财政部可能会快速发债，考虑到当前的高利率成本，应该会侧重发行短期国债。从目前美国市场流动性来看，还是很充裕的，能够在一定程度上吸收发行的债券，但可能会造成短期中债券供给过度带来的流动性冲击。美联储纽约分行逆回购数据显示，1 年来的隔夜逆回购规模均在 2 万亿美元及以上，目前逆回购的利率高达 5.05%，美联储的隔夜逆回购机制对许多符合条件的货币市场基金的商业模式越来越重要，它提供了具有竞争力回报的安全投资，这也是导致 2023 年以来美国银行业储蓄搬家的原因之一。

美联储考虑到债券供给对市场流动性造成的冲击，可能会与财政部债务筹资之间协作：2023 年 6 月或不加息，通过财政大规模发行债券，尤其是短期债券，使市场流动性继续紧缩。然后在 6 月主要经济数据出来之后，再决定 7 月是否加息。美联储至今也没有承诺何时停止加息。

借用欧洲央行行长 Christine Lagarde 2023 年 6 月 1 日在欧洲央行"The

Fight Against Inflation" 中的话来说，快速加息可以想象成一架飞机快速爬升至巡航高度。快速加息爬升，但是否已经爬升至巡航高度，还存在不确定性。这句话贴切地说出了美联储和欧洲央行当前面临的实情。看来，美、欧的高利率将维持相当长一段时间。

主要发达经济体政策性利率应尚未达到峰值

6 月 16 日

美、欧等通胀下行趋势明确，但核心通胀率仍然居高难下，根本原因在于劳动生产率与工资之间的反向关系——工资上涨、劳动生产率下降支撑了核心通胀水平。从物价和就业（增长）之间的平衡关系来看，当前的通胀依然在通胀目标的 2 倍及以上，未来继续加息的概率不低。主要发达经济体政策性利率应尚未达到此轮紧缩的峰值水平，其金融市场应该还会经历经济下行与高利率并存的波动期。

2023 年 6 月美联储暂缓加息，欧洲央行如期加息 25 个基点，但利率水平应该尚未抵达此轮控通胀的峰值。除日本之外，这一轮全球主要发达经济体经历普遍的高通胀，原因是复杂的。供给冲击和需求拉动在不同阶段扮演了不同的角色，通胀尤其是核心通胀顽固且其变化有一定的不确定性。

从此轮加息来看，大多集中在 2022 年第 1 季度及之后，表 1 显示，美联储和加拿大央行均在 2022 年 3 月加息，英国央行在 2021 年年底开始加息。此外瑞士央行和瑞典央行分别在 2022 年 6 月和 5 月开始加息，截至目前，瑞士央行和瑞典央行分别加息 225 个和 325 个基点，加息幅度小于表 1 中除日本央行之外的央行加息幅度。美元指数中货币的央行加息幅度均低于美联储的加息幅度，这是导致美元走强，美元指数在 2022 年 4 月中旬上了 100，并持续维持在 100 以上高位运行的基本原因。美国、欧元区、英国和加拿大加息幅度均在 400 个基点及以上，国际金融市场筹资成本大幅度上行。

表1   全球主要发达经济体央行加息时间和幅度

	美联储	欧洲央行	日本央行	英国央行	加拿大央行
加息时间	2022 年 3 月	2022 年 6 月	无	2021 年 12 月	2022 年 3 月
加息幅度（基点）	500	400	0	440	450
目前政策性利率（%）	5.125	4.00	−0.10	4.50	4.75

资料来源：各央行网站。

从通胀来看，以 CPI 衡量的通胀率明显下行。美国通胀率从 2022 年 6 月 9.1% 的峰值下降至 2023 年 5 月的 4.0%，这也是美联储近期决定暂不加息的核心原因。欧元区通胀率（HICP）从 2022 年 10 月峰值 10.6% 下降至 2023 年 5 月的 6.1%。加拿大的通胀率从 2022 年 6 月峰值 8.1% 下降至 2023 年 5 月的 4.4%。相比之下，英国通胀率从 2022 年 10 月峰值 11.1% 下降至 2023 年 4 月的 8.7%，依然处于很高的水平。唯一的例外是日本的通胀率在 2023 年 1 月达到峰值 4.3%，4 月下降至 3.5%，日本央行坚持认为日本通胀不具备劳动力市场支撑，至今仍坚持负利率。

表2   全球主要发达经济体通胀率和核心通胀率

	美国	欧元区	日本	英国	加拿大
近期通胀率	4.0% （5 月）	6.1% （5 月）	3.5% （4 月）	8.7% （4 月）	4.4% （4 月）
峰值及时间	9.1% （2022 年 6 月）	10.6% （2022 年 10 月）	4.3% （2023 年 1 月）	11.1% （2022 年 10 月）	8.1% （2022 年 6 月）
近期核心 通胀率	5.3% （5 月）	6.9% （5 月）	2.5% （4 月）	6.8% （4 月）	4.1% （4 月）
峰值及时间	6.6% （2022 年 9 月）	7.5% （2023 年 3 月）	2.5% （2023 年 4 月）	6.8% （2023 年 4 月）	6.2% （2022 年 6 月）

注：近期均指 2023 年的情形。

资料来源：各央行网站。

表 2 也显示了剔除能源和食品价格的核心通胀率下行的速度要慢得多，核心通胀率黏性很强。美国和欧元区 2023 年 5 月核心通胀率分别为 5.3% 和 6.9%，核心通胀率超过通胀率。英国核心通胀率于 2023 年 4 月达到最高的 6.8%；加拿大核心通胀率 2023 年 4 月也达到 4.1%，从 2022 年 6 月峰值至 2023 年下降了 2.1 个百分点。美、欧的核心通胀率从峰值至 2023 年也仅下降了 1—2 个百分点，下降幅度远低于通胀率下降幅度。

从就业来看，劳动力市场是支撑核心通胀率居高难下的基本原因。图 1 显示主要发达经济体的近期失业率均处于历史低位。紧张的劳动力市场带来的名义工资上涨支撑了核心通胀率水平。2023 年第 1 季度美国非农企业部门劳动成本上升了 4.2%，而 2023 年第 1 季度欧元区劳动力成本同比上涨了 5.8%。

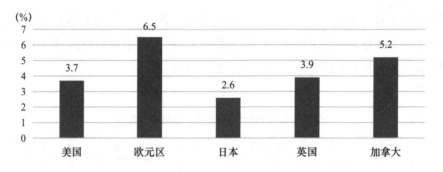

图 1　主要发达经济体近期失业率

从经济增速来看，2023 年第 1 季度美国 GDP 增速 1.3%（季度年率），美联储亚特兰大分行 6 月 8 日预测第 2 季度美国 GDP 增速 2.2%。欧元区 2023 年第 1 季度 GDP 同比增速 1.0%。但从环比趋势来看，2023 年第 1 季度美、欧经济增速均出现了明显下行。

美、欧在劳动力成本增加的同时，劳动生产率是下降的。美国 2023 年第 1 季度非农企业部门劳动生产率环比下降 2.1%，2023 年第 1 季度欧元区劳动生产率同比下降了 0.6%。劳动生产率与工资之间的反向关系决定了物价水平的下降是困难的，这是导致核心通胀率居高难下的根本原因。只有劳动力市场降温，核心通胀率才会出现明显下行。

总体上，美、欧通胀率下行趋势比较明确，但核心通胀率居高难下，劳动力市场和经济增速在很大程度上支持未来进一步加息。英国通胀率太高，继续加息是确定事件。加拿大央行未来是否还要进一步加息需要观察。从核心通胀与就业（增长）权衡的视角看，目前由于美、欧、英通胀率均在通胀目标 2 倍及以上，继续加息应该是大概率会发生的事情。主要发达经济体的政策性利率水平尚未达到此轮加息的峰值，其金融市场应该还会经历经济下行与高利率并存的波动期。

充裕流动性支撑了美债发行

6 月 20 日

2023 年 6 月 3 日拜登签署关于联邦政府债务上限和预算的法案，暂缓债务上限生效至 2025 年年初。依据美国财政部网站的数据，6 月 2 日美债存量规模约 31.47 万亿美元，6 月 15 日美债存量突破 32 万亿美元，达到 32.04 万亿美元。不到两周时间，美债存量规模增加了 5700 亿美元。考虑到 2023 年美国财政赤字率大约为 5.8%，因此差不多需要发行 1.5 万亿美元的国债。

从美债收益率来看，美债供给增加，短期美债收益率反而下行，说明在短期美债收益率超过美联储逆回购利率和银行准备金利率的背景下，短期美债还是受到了市场的青睐。图 1 显示 1—6 个月期限的美债收益率是下行的，下行幅度为 10—16 个基点（BP），其中 1 个月期限的美债收益率下降了 10 个 BP，3 个月期限的美债收益率下降了 16 个 BP。中长期美债收益率是上升的（1 年期至 10 年期），显示了在这个时期市场更偏好短期美债。

依据美联储纽约分行的数据，由于 2023 年 6 月美联储暂停加息，隔夜逆回购利率保持在 5.05%，逆回购规模从 6 月 2 日的 2.142 万亿美元下降至 6 月 15 日的 1.992 万亿美元，减少了 1500 亿美元。6 月 16 日重新回到 2 万亿美元（2.012 万亿美元）。逆回购市场规模下降的 1500 亿美元能够吸纳新增美债规模的大约 26%。

2023 年 6 月 1 日，存款机构在美联储的存款规模为 3.205 万亿美元，6 月 15 日存款机构在美联储的存款规模上升至 3.306 万亿美元。银行体系的

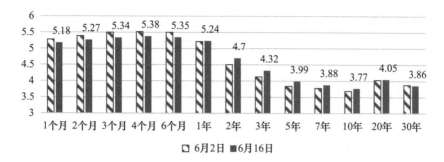

图1 美债收益率变化（2023年6月2—16日）

资料来源：美国财政部。

流动性是增加的，这说明美债供给的增加并没有影响到银行体系的流动性。

从美国财政部在美联储的一般账户余额来看，从6月1日的485.1亿美元增加到1348.6亿美元，增加了863.5亿美元，美债的发行快速增加了美国财政部可用现金数量。

TGA账户余额增加，存款机构在美联储存款增加，这说明美国财政部没有通过吸收银行体系的准备金来发行债券。从美联储持有的债券来看，6月1日至6月15日持有的政府债券数量下降了约40亿美元。

那么新增的美债被谁买走了？答案应该是被进入和没有进入美联储逆回购的市场主体共同买走了。进入逆回购市场的货币市场基金充当了不足1/3份额的美债买主，另外的2/3份额不论是被谁买走了，都表示美国金融市场上的流动性是充裕的。

从M2来看，从2022年4月峰值约22.1万亿美元下降至2023年5月的约20.7万亿美元，2022年年底至今均为同比负增长，但M2的流通速度是上升的，可见美国经济中货物和服务交易的活跃度支撑了流动性。美联储本轮加息以来，从2022年第1季度到2023年第1季度，美国经济中M2流通速度增长了10%。货币存量M2下行但流通速度上行，支撑了美国市场可用货币的流动性。

从美国金融市场条件指数来看，芝加哥金融条件指数从2023年4月中下旬以来一直是放松的，而且从6月3日暂停债务上限之后也一直是放松的。最新的数据显示，金融条件指数从 6 月 2 日的 -0.265 下降至 6 月 9 日的 -0.276，美债发行并未对市场金融条件产生收紧的影响。同时，其间金融条件指数中的风险条件指数没有变化，6 月 2—9 日均为 -0.15。

总体上，美国经济中（M2）同比下降，但货币流通速度上行在一定程度上对冲了货币增速的下降；隔夜逆回购还保持在 2 万亿美元左右的水平；市场风险偏好没有出现恶化。美国金融市场充裕的流动性支撑了美债发行，也是支撑美国风险资产价格（尤其是股市）的重要因素。

美联储货币政策目标三阶段论

6 月 26 日

美联储激进宽松、激进紧缩与开始平衡松紧的三种货币政策操作体现了三个阶段的就业优先目标、通胀优先目标和平衡通胀与就业目标。就业优先目标阶段的标志是允许通胀持续"超调";通胀优先目标阶段的标志是激进加息,并辅之以缩表;平衡通胀与就业目标阶段的标志是 2023 年 6 月中旬暂缓加息。美联储当前处于开始平衡通胀与就业目标的第三个阶段,美联储期望实现经济"软着陆",或者"温和"衰退。由于核心通胀率居高难下,美联储未来应该会采取温和加息方式,并将限制性利率水平维持在高位一段时间,直到 PCE 通胀率下降至 3% 左右才会考虑货币政策的再转向,货币政策新框架揭示了美联储应该不会等到 PCE 降至 2% 才转入下一个货币政策周期。

从 2020 年 3 月国际金融大动荡开始至 2023 年,美联储货币政策目标经历了比较清晰的三个阶段。这三个阶段分别是:就业优先目标阶段、通胀优先目标阶段和平衡通胀与就业目标阶段。2023 年 6 月美联储货币政策目标处于第三个阶段。

美联储的任务是履行美国国会赋予的法定任务,即促进最大就业、稳定价格和适度的长期利率。这个表述一直出现在 2012—2019 年 1 月美联储发布的《货币政策战略长期目标的声明》(Statement on Longer-Run Goals and Monetary Policy Strategy,以下简称《声明》)中。2020 年疫情冲击,情况特殊,直到 2020 年 8 月才发布《声明》,美联储公布了货币政策新框架——

弹性平均通胀目标（一定时期内均值2%），并强调了金融稳定是货币政策实施中需要关注的重点因素。因此，在没有系统性风险压力下，最大化就业和稳定物价是美联储货币政策的两大基本目标。

阶段1：就业优先：标志是允许通胀持续"超调"

2020年疫情冲击导致了3月中旬出现国际金融市场大动荡，疫情冲击也导致了美国经济中失业率骤然上升，失业率从2020年3月的4.4%跳跃式上升至4月的14.7%。美联储在2020年3月23日推出了无限量宽松货币政策：零利率＋大规模扩表。美联储的兜底行为（类似货币政策卖出看跌期权）带来了金融市场的回升，消除了金融大动荡演变成金融危机的风险。同时，通过三轮大规模的财政救助，货币政策与财政政策协同发力，美国经济中失业率开始逐步下降。2020年年底下降至6.7%，2021年年底进一步下降至3.9%。

疫情冲击导致美国经济中的通胀率（CPI）从2020年2月的2.4%下降至2020年6月的1.2%，一直到2021年2月通胀率也只有1.3%。此后通胀率开始攀升，2021年年底上升至5.5%，已经远远超过2%的通胀目标。以美联储关注的PCE通胀率来看，2021年年底高达6.0%。失业率显著下降和通胀高企使美联储在2021年年底开始公开讨论货币政策的紧缩方案。

阶段2：通胀优先：标志是激进加息，并辅之以缩表

2022年3月美联储开始加息，并公布了2022年6—9月每月475亿美元的缩表计划（300亿国债＋150亿MBS），9月之后缩表规模增加1倍。2022年3月美国经济中失业率已经降至3.6%，通胀率（CPI）高达8.5%，PCE表示的通胀率6.8%。相比此轮通胀的高点（2022年6月CPI为8.9%，PCE为7.0%）来说，美联储此轮加息几乎是加在通胀的最高点之上。在高通胀压力下，美联储货币政策由就业优先急转通胀优先，使对世界经济的负面溢出效应最大化。

到2023年5月，经过十轮加息，其中6月、7月、9月和11月连续4次加息，每次加息75个基点（第3—6次），采取了激进的超常规加息方式。美联储总计加息500个基点，并按照计划缩表。相比峰值时接

近 9 万亿美元的总资产，到 2023 年 6 月 22 日大约下降了 6400 亿美元。从 2023 年 3 月 9 日至今美联储总资产几乎没有变化，主要原因是 3 月以来的美国银行业关闭风波，美联储通过银行定期融资计划提供流动性，以及有银行准备金存款变化等因素导致总资产在其间出现波动，但基本保持了总资产规模不变。

阶段 3：平衡通胀与就业：标志是 6 月中旬暂缓加息

从 2023 年 5 月数据来看，通胀率（CPI）4.0%，核心 CPI 高达 5.3%，失业率从 4 月的 3.4% 小幅上升至 3.7%，但依然是历史上的低失业率，也低于美联储 2022 年年底认为的中性失业率 4.0%。2023 年 6 月美联储暂缓加息，可以看作是平衡通胀和就业的举措。

目前，美国经济中通胀率（CPI）已经由高点 8.9% 降至 4.0%，下降了 4.9 个百分点，表明通胀下行趋势是明确的。一方面，核心通胀率居高难下。2023 年 4 月核心 PCE 同比 4.7%，高于 PCE 同比 4.4%，而且相较于 2022 年 6 月 PCE 的高点 7.0% 来说，下降的幅度不足 40%，也高于通胀目标 1 倍多。另一方面，失业率数据的上升和 2023 年 3 月以来出现的银行关闭风波，可能使美联储暂缓加息，并希望能通过观察货币政策滞后效应发挥作用。当然，2023 年 6 月暂缓加息可能还有一个原因，就是由于 6 月 3 日暂停美债上限，导致短期中大规模的财政筹资能够吸纳部分市场流动性，美联储考虑可以缓一缓。

就美联储货币政策稳定物价的目标来说，目前的劳动力市场应该能够支撑美联储进一步温和加息。从美国劳工部 2023 年 6 月 22 日公布的数据来看，截至 6 月 17 日的 6 月份的三周里，首次申请失业金人数每周都在 26 万人以上（6 月 4—17 日的二周均为 26.4 万人）。过去两个星期首次申请救济金人数是 2021 年 10 月以来的最高水平（2021 年 10 月失业率 4.5%），而自 2021 年 11 月到 2023 年 5 月，每周首次申请失业救济金人数均值在 21.8 万人。这表明美国劳动力市场开始出现"软化"迹象，劳动力市场虽处于紧张状态，但不再那么紧张。

核心通胀率居高难下，2023 年以来核心 PCE 保持在同比 4.6% 或者

4.7%的水平，2023年4月环比高达0.4%，美联储未来应该会采取温和加息的方式，并将限制性利率水平维持在高位一段时间，直到PCE通胀率下降至3%左右才会考虑货币政策的再转向。货币政策新框架揭示了美联储应该不会等到PCE降至2%才转入下一个货币政策周期。

如何看待当前人民币汇率走势?

6 月 27 日

在美、欧核心通胀率居高难下的背景下,美、欧等发达经济体政策性利率尚未到达峰值,加息周期被拉长了。中国央行降息是为了进一步提振信心,也显示出消除预期转弱因素的时间窗口被拉长了。综合来看,两个"被拉长了"的因素是人民币兑美元出现阶段性贬值的基本原因。需要关注美、欧加息周期拉长的时间窗口,在保持政策定力的同时,尽力缩短或消除预期转弱因素的时间窗口,以经济基本面较快速向好支撑人民币汇率保持在合理区间双向波动。

2023 年以来人民币汇率走势和定价有四个特点。

特点 1:人民币走势和美元指数之间出现新趋势:美元指数下行,人民币贬值。依据 WIND 数据,截至 6 月 27 日上午,2023 年以来美元指数下降了 0.71%,指数约为 102.75,人民币兑美元汇率(CFETS)贬值了 3.89%。

特点 2:在岸市场的中间价和收盘价并未出现明显的偏移。中间价和收盘价之间的差异是在岸市场所有投资者对外汇市场做市商定价的认可度。2023 年以来收盘价减去中间价的日简单均值为 0.00325,说明在岸市场交易者对外汇市场做市商的定价是比较认同的(见图 1)。

特点 3:离岸市场人民币兑美元汇率轻微弱于在岸市场人民币兑美元汇率。以收盘价计算(1 美元 = X 人民币),离岸汇率减去在岸汇率的日简单均值为 0.00693,离岸市场人民币兑美元汇率轻微弱于在岸市场的情况,这种情况体现在 2023 年以来的大多数交易日中,离岸 - 在岸市场人民币兑美

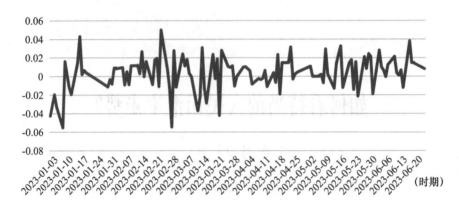

图 1　2023 年以来在岸市场人民币收盘价和中间价之间的差异（每日）

资料来源：WIND.

元汇率为正值的交易日要多于为负值的交易日（图 2）。

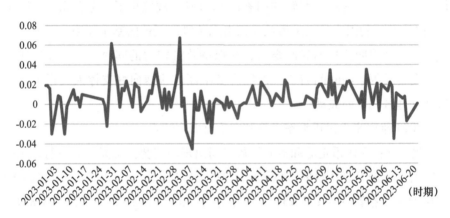

图 2　2023 年以来离岸 – 在岸市场人民币兑美元汇率（每日收盘价）

资料来源：WIND.

　　特点 4：人民币兑美元指数中大多数货币出现不同幅度的贬值，人民币兑美元金融汇率与贸易汇率趋势相同。截至 6 月 27 日上午 9 时，2023 年以来美元兑欧元贬值了 1.90%，美元兑英镑贬值了 5.08%，美元兑加元贬值了 2.94%，美元兑瑞郎贬值了 3.18%，美元兑日元升值了 9.41%。美元兑美元指数中大多数货币贬值，美元指数下降了 0.71%。人民币兑美元

（CFETS）贬值了 3.89%，因此，除了日元之外，通过美元换算来的人民币兑欧元、英镑、加元和瑞郎均是贬值的，CFETS 指数自 4 月以来下降也是比较明显的。依据中国外汇交易中心的数据，从 4 月 21 日的 100.10 下降至 6 月 21 日的 96.49，下降了 3.61%。人民币兑美元双边金融汇率与贸易汇率（CFETS）趋势一致，两者贬值的幅度也类似。

上述人民币汇率走势和定价的四个特点说明了两点。一是人民币汇率走势并未出现异常，在岸市场和离岸市场汇率呈现双向波动的态势没有改变。二是人民币兑美元等货币适度贬值属于正常的现象，是由货币周期错位下的中外利差及流动性供给阶段性差异直接导致的。

从 2021 年年底英国央行开始加息，到 2022 年 3 月美联储和加拿大央行开始加息，再到 2022 年 6 月欧洲央行开始加息，美元及美元指数中经济体为了控通胀，均采取了多轮加息。截至 2023 年 6 月，美联储加息 500 个基点，欧洲央行加息 400 个基点，英国银行加息 450 个基点，加拿大央行加息 450 个基点，瑞士央行和瑞典央行分别加息 250 个和 350 个基点，只有日本央行的政策性利率继续维持在 −0.1%。中国央行的政策性利率自疫情冲击以来一直是下行的，由 2020 年年初的 4.15% 下降至 2021 年年底的 3.80%。在英、美、欧等央行进入加息周期后，中国央行政策性利率继续下行，截至 2023 年 6 月，1 年期贷款市场报价利率（Loan Prime Rate，LPR）下降至 3.55%。

从广义货币流动性来看，依据美联储的数据，在对冲疫情的货币政策方面，美联储广义货币供给出现了巨大的上涨，2020 年 2 月到 2022 年 4 月 M2 增长了近 6.55 万亿美元。进入加息周期后的 2022 年年底，美国经济中 M2 开始出现负增长，从 2022 年年底至今连续多月同比增幅为负，2023 年 4 月同比 −4.7%。从 2022 年 4 月中旬的约 22.05 万亿美元下降至 2023 年 5 月中旬的约 20.63 万亿美元，广义货币下降了约 1.42 万亿美元。货币流通速度从 2022 年第 1 季度的 1.145 上升至 2023 年第 1 季度的 1.259，货币流通速度上升在一定程度上弥补了 M2 下降。依据中国央行的数据，2023 年 1—4 月中国经济中广义货币 M2 同比增幅 12.4%。

中国货币政策周期与主要发达经济体货币政策周期错位主要是经济基本面存在差异所致。美、欧等发达经济体面临的是高通胀，政策性利率不断抬高；中国经济面临的是要在"需求收缩、供给冲击、预期转弱"三重压力得到不同程度缓解的基础上进一步夯实复苏的基础，政策性利率下行、流动性供给是相对宽裕的。因此，中外利差及流动性供给阶段性差异导致了人民币兑美元出现了适度贬值。由于人民币兑美元金融汇率与贸易汇率变化趋势相同，人民币适度贬值有助于出口。依据海关数据，以美元计，2023 年 1—5 月出口同比增长 0.3%；以人民币计，1—5 月出口同比增长 8.1%，贸易顺差接近 3600 亿美元，支撑人民币汇率的结构性因素依然存在。

需要关注的是，在美、欧核心通胀率居高难下的背景下，美、欧等发达经济体政策性利率尚未到达峰值，加息周期被拉长了。中国央行降息是为了进一步提振信心，也显示出提振信心的时间窗口被拉长了。综合来看，两个"被拉长了"的因素是人民币兑美元出现阶段性贬值的基本原因。需要关注美、欧加息周期拉长的时间窗口，在保持政策定力的同时，尽力缩短或消除预期转弱因素的时间窗口，以经济基本面较快速向好支撑人民币汇率保持在合理区间双向波动。

日本央行:增长优先于汇率稳定

7月3日

在全球主要发达经济体由于高通胀进入紧缩周期后,日本央行奉行了增长优先于汇率稳定的货币政策,执着于摆脱通缩,日本经济似乎出现了走出通缩的迹象。

在此轮全球主要发达经济体货币政策紧缩周期中,日本是唯一的例外:坚持负利率、坚持利率收益率曲线控制(YCC)。2016年1月29日日本央行宣布,决定从2016年2月16日起将商业银行存放在日本央行的超额准备金存款利率从之前的0.1%降至-0.1%,这宣告日本进入"负利率"时代。自2016年9月起日本央行实施YCC政策,通过购买国债操作控制短期和长期利率,将短期国债收益率维持在-0.1%,将10年期国债收益率维持在0,且对每日浮动上限有所限制,压低利率,试图刺激经济走出通缩。

时至今日,日本央行的政策性利率仍为-0.1%。2022年12月20日日本央行宣布将日本10年期国债收益率目标上限从0.25%上调至0.5%左右,并宣布放宽收益率曲线控制(YCC),目标收益率从±0.25%上调至±0.5%左右,适度修正由于主要发达经济体持续加息带来的日元贬值过大压力和扭曲的利率期限结构。

以月度均值的汇率来看,从本轮美元兑日元汇率最低点2020年年底到美元兑日元汇率最高点2022年年底,日元兑美元贬值了大约42%,两年时间内日元兑美元出现了大幅度贬值。考虑到日本是大型的发达经济体,在绝大多数时间里日本央行对日元贬值都采取了忽视态度,因为日本要摆脱通缩压力，推动经济增长。

在 2022 年 3 月美联储进入加息周期后，日元开始了比较快速的贬值。自 2022 年 2 月至 2022 年 12 月，日元对美元贬值了约 28%。自 2022 年 2 月至 2023 年 5 月，日元对美元贬值了约 19%（见图 1）。日元贬值幅度减小主要有几个原因。一是 2022 年 12 月日本央行修正了 YCC，调高了 10 年期日本国债收益率，缩小了日本和美国国债收益率差；二是日本央行对外汇市场进行了干预，稳定了汇率；三是日本通胀开始上行，经济似乎出现了走出通缩的迹象，经济状况的预期有所改善。日本 2023 年 5 月全国消费者物价指数（2020 = 100，生鲜食品除外）为 104.8，较 2022 年同期上涨了3.2%，连续 21 个月同比物价上升；2023 年第 1 季度日本实际国内生产总值（GDP）环比增长 0.7%，按年率计算增幅为 2.7%。

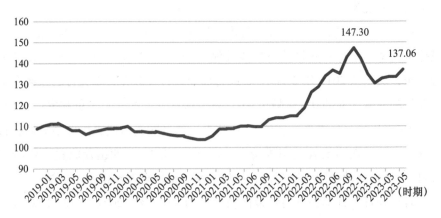

图 1　疫情冲击后的日元汇率走势（1 美元 = X 日元，月度值）

资料来源：BIS.

日元贬值在一定程度上起到了支撑日本经济出口的作用。从 BIS 广义汇率指数（Broad Indices）来看（2020 = 100），2022 年 2 月至 2023 年 5 月，广义名义有效汇率指数贬值了 10.8%，广义实际汇率指数贬值了 11.3%。从 BIS 狭义汇率指数（Narrow Indices）来看（2020 = 100），2022 年 2 月至 2023 年 5 月，狭义名义有效汇率指数贬值了 12.5%，狭义实际汇率指数贬值了 15.4% 。依据日本财务省的数据，2023 年 5 月出口额同比增长 0.6% ，是 2021 年 2 月以来的最低增速，反映出全球贸易走弱的趋势，但仍好于市场的预期。2023 年 5 月的出口额达到约 7.3 万亿日元，按照年率计算，占 2022 年日本 GDP 的大约 16% 。

从日本劳动力市场来看，日本央行坚持认为日本劳动力市场尚没有支撑通胀持续走高的基础，名义工资涨幅低缓，实际工资一年来是负增长，而进口价格上升是通胀的重要来源，但近期出现了明显下降。依据日本央行的数据，2021—2022 年日本以合约货币为基础的进口价格指数同比涨幅高达 18.7% 和 21.2% ，从 2023 年 4 月开始进口价格指数同比进入负值区间，4—5 月同比增长分别为 −7.5% 、−9.6% 。

总体上，在全球主要发达经济体由于高通胀进入紧缩周期后，日本央行奉行了增长优先于汇率稳定的货币政策，执着于摆脱通缩，日本经济似乎出现了走出通缩的迹象。

美联储：试图掌握控通胀的主动权

7 月 6 日

美联储紧缩的货币政策对资产价格和收入尚未造成系统性的负面冲击。从 2023 年 6 月的预测可以看出，美联储抬高了 GDP 增长率和核心 PCE 的全年预计值。这说明美联储试图掌握控通胀的主动权，这种主动权是想通过平衡通胀与失业实现美国经济的"软着陆"，美国目前经济状态比美联储原先预期的要好，也超出了美联储的预期，但过高的核心通胀率可能迫使美联储进一步加息。

2023 年 6 月中旬美联储暂停加息，标志着美联储进入平衡通胀和就业的阶段，也说明了美联储试图掌握控通胀的主动权，这与 2022 年下半年连续四次 75 个基点的激进加息被动控通胀有一定的差异。

从物价走势来看，通胀率显著下行，但核心通胀率居高难下。以美联储关注的 PCE 来看，2023 年 5 月 PCE 已经下降至 3.8%，与 2022 年 6 月高点 7.0% 相比已经显著下降；但核心 PCE 依然高达 4.6%，与 2022 年 2—3 月高点同比 5.4% 相比下降幅度有限，而且 2023 年以来核心 PCE 的同比涨幅变化很小，基本稳定在 4.6%—4.7%（见图 1）。

从美联储圣路易斯分行公布的美国经济平滑衰退概率（Smoothed U. S. Recession Probabilities）来看，其自 2020 年 5 月以来一直维持在低位，2022 年年底上升至阶段性高点 1.30%，到 2023 年 5 月下降至 0.62%。从 Sahm 失业率规则衰退指标来看，2023 年 5 月只有 0.03 个百分点，远低于 0.5 个百分点的临界值。这两个衰退指标表明美国经济尚没有出现明显的衰

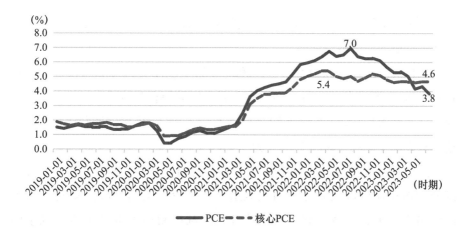

图1 美国经济中的 PCE 与核心 PCE（同比）

资料来源：BEA.

退迹象。依据 BEA 6 月底公布的第三次修正数据，2023 年第 1 季度美国 GDP 季度年率增长 2.0%。美联储亚特兰大分行 7 月 3 日预测第 2 季度美国 GDP 增速 1.9%，比 6 月 8 日的预测下调了 0.3 个百分点，经济增长势头放缓。

从金融市场对经济的预期来看，10 年期美债收益率与 3 个月美债收益率从 2022 年 10 月下旬开始倒挂，目前倒挂高达 160 个 BP，这一指标通常被用来预测美国经济的衰退。另一种解释是这一倒挂反映了长期预期通胀率的下行，目前 10 年期美债的盈亏通胀率已经下行至 2.0%—2.2% 的区间。考虑到当前的通胀率，10 年期美债的实际收益率仍然要高于 3 个月期的。从这种解释来看，长短期债券收益率倒挂可能不足以判断美国经济在 2023 年是否会出现衰退。

美国通胀出现显著下降，与能源价格显著下降和食品价格一定程度的下降直接相关。能源价格已经大幅度下降，天然气价格基本回到疫情前 2018—2019 年的水平，油价也回到 2018 年中期的水平。联合国粮农组织的数据显示，2023 年 5 月食品价格指数相比 2022 年 3 月的高位已经下降了 22.2%，与 2022 年年底相比下降了 5.7%。核心通胀率下降缓慢，说明了整体通胀的下行并不是总需求大幅度下降导致的，在相当程度上是能源食品外生价格的冲击减退所致。

从目前美国投资和消费来看，2023 年第 1 季度美国总私人投资同比增长 -2.2%，消费者支出则从 2022 年 3 月美联储加息开始缓慢回落，从 2022 年 3 月同比增长 9.2% 回落至 2023 年 5 月的 6.0%，依然保持着比较高的增速。从失业率来看，2023 年 5 月为 3.7%。

美联储这一轮货币政策紧缩至今，力度不可谓不大。货币政策对经济的冲击总体可以大致分为两大渠道：资产价格渠道和收入渠道。从资产价格渠道来看，由于利率不断抬升，对利率敏感的资产价格出现了明显的下降。依据达拉斯分行的数据，截至 2023 年 5 月，美国可交易国债存量账面浮亏高达近 1.66 万亿美元；S&P/Case-Shiller 美国全国住房指数从 2022 年 3 月高点同比上涨 20.8% 下降至 2023 年 4 月的 -0.24%。一个例外是美国股市，截至北京时间 7 月 5 日，2023 年以来纳斯达克指数上涨了 32.01%，标普 500 指数上涨了 16.05%，道琼斯指数也上涨了 3.84%，美国股市无视利率大幅度抬升，出现了上涨。纳斯达克、标普 500 和道琼斯的 P/E（TTM）在 2023 年 7 月 3 日分别达到了 38.98 倍、25.36 倍和 26.01 倍，比 2022 年要高出 39.4%、26.3% 和 25.4%，股市处在比较高的估值状态。

从收入渠道来看，截至 6 月 24 日这一周，申请失业救济的人数有 23.9 万，比疫情前的 2019 年周均值上升近 2.2 万人，劳动力市场开始软化，但个人可支配收入 2023 年 2—5 月依然基本保持在月度环比增长 0.4% 的水平，劳动力市场工资还在上涨，2023 年第 1 季度私人部门雇员工资和薪金同比上涨了 5.1%。

由于美联储紧缩的货币政策对资产价格和收入尚未造成全面系统性的负面冲击，最近几个月的经济状态好于美联储在 2023 年 3 月经济预测计划的预期情况。6 月 14 日美联储把 2023 年美国经济增速预期从 0.4% 调高到 1.0%，失业率从 3 月的 4.5% 调降至 4.1%，PCE 通胀率从 3 月的 3.3% 调降至 3.2%，而核心 PCE 从 3 月的 3.6% 调升至 3.9%。

从美联储 2023 年 6 月的预测可以看出，美联储抬高了 GDP 增长率和核心 PCE 的全年预计值。这说明美联储试图掌握控通胀的主动权，这种主动权是想通过平衡通胀与失业实现美国经济的"软着陆"，目前美国经济状态比美联储原先预期的要好，也超出了美联储的预期，但过高的核心通胀率可能迫使美联储进一步加息。

美国对外经济金融关键性政策的新取向

7 月 14 日

为了维护美国在全球的竞争力及美元霸权，美国面临两大问题：维持美国全球技术领先和降低美国外部不平衡程度。解决这两大问题构成了"慢全球化"时代美国对外经济金融政策取向的基础逻辑。贸易逆全球化＋金融全球化政策组合恰好对应解决上述两大问题，对美国是最有利的，但对其他经济体来说，资本账户完全开放对一国经济增长是不确定的，有产生汇率金融等系统性风险的隐患。坚持跨境资本管制、促进资本有序流动仍是应对美国对外政策取向负面外溢性的关键措施。

自 20 世纪 80 年代开始，新自由主义逐步主导了美国对外经济政策，贸易自由化＋金融自由化政策组合风靡全球，主导了全球经济金融问题的研究方向，世界也迎来了全球贸易自由化最快的时期。依据 IMF 的研究①，全球进出口额占 GDP 的比例从 20 世纪 80 年代初的约 30% 上升至次贷危机爆发前的约 55%。2008 年次贷危机爆发后，全球进入"慢全球化"时代，全球进出口额占 GDP 的比例基本稳定在 50%—55% 的区间，没有超越次贷危机前的峰值继续上升，也没有显著下降。

全球化是经济增长的重要引擎，不论是从竞争效率视角来看，还是从跨国公司在全球寻找最低成本视角来看，都是正确的。全球都在增长的增

---

① Shekhar Aiyar, Anna Ilyina, *Charting Globalization's Turn to Slowbalization After Global Financial Crisis*, Feb. 8, 2023, IMF, Blog.

量中获益，全球外部发展不平衡的矛盾被增量收益掩盖了。次贷危机爆发使美国意识到全球外部极端的不平衡会引发巨大的经济金融风险，各种逆全球化的措施随之而来，全球进入了"慢全球化"时代。"慢全球化"意味着世界经济在相当程度上进入了存量利益的再分配阶段，其竞争将脱离单纯的经济分工竞争模式，政治因素对经济竞争的影响逐步扩大。

"慢全球化"时代美国面临的核心问题是美国在全球政治经济的影响力下降，核心表现是美元货币体系在全球影响力下降。为了减缓美元货币体系影响力下降的速度，美国对外经济金融政策体现出两大关键性政策取向。

关键性政策取向1：维持美国全球技术领先。

关键性政策取向2：降低外部不平衡程度。

上述两个方面的政策取向都是为了维持美元在全球的竞争力及美元信用。维持技术领先就维持了美国在全球经济金融领域的竞争力。降低外部不平衡程度一方面降低了美国过大的贸易逆差导致的美元信用问题，因为世界不可能无限制借贷给美国消费；另一方面降低了美元货币体系"过度特权"紧运行带来的压力。

关键性政策取向1：维持美国全球技术领先。

在维持美国全球技术领先方面，美国采取了一系列防止技术扩散的措施。2018年美国商务部就出台了关于14个领域高技术贸易出口管制措施。最近几年，实体清单、高端芯片及其制造设备、限制投资等众多关于限制高技术扩散的措施急剧增多，表明美国在极力防止高技术扩散，试图维持以美国为首的发达经济体技术领先的优势。

以安全为名，采取"去风险化"策略，打压竞争对手，推动新一轮全球供应链、产业链的迁移和重构，"近岸""友岸"外包成为供应链、产业链重构的新形式，试图形成供应链、产业链同盟，用地缘政治关系偏好替代全球经济分工原则。

关键性政策取向 2：降低外部不平衡程度。

在降低外部不平衡方面，由于技术禁售，技术服务业贸易顺差对冲货物贸易逆差的功能大幅度下降，这与 20 世纪 90 年代的情形完全不同。在贸易逆差不断扩大的背景下，美国怎么办？美国采取的措施主要体现在以下两个方面。

首先，奥巴马政府时期美国开始采取制造业"回流"战略；特朗普政府采取了"关税战"；拜登政府采取国家深度介入经济结构调整和发展的方式，出台了《芯片与科学法案》《基础设施法案》《通胀消减法案》等，以大规模财政补贴的形式鼓励外资在美国建厂生产，促进美国制造业大发展，增加美国国内供给能力，通过减少进口来降低货物贸易逆差。

其次，美国依然会最大限度依靠美元货币体系发挥美国金融的竞争优势，两次大危机加速透支了美元体系"过度特权"的信用。依据美国经济分析局（BEA）的数据，2007 年年底美国对外投资净头寸为 -1.66 万亿美元，2008 年年底约 -3.99 万亿美元，意味着次贷危机爆发美国从国外净借入增加了 -2.34 万亿美元。随着次贷危机的缓慢修复，2010 年年底下降至 -2.51 万亿美元。此后一直扩大到疫情前 2019 年年底的 -11.65 万亿美元。新冠疫情暴发后，对外投资净头寸再次扩大至 2021 年年底的历史峰值 -18.12 万亿美元，美国对外投资的净债务出现了急剧膨胀。2023 年第 1 季度美国对外投资净头寸收缩为 -16.75 万亿美元，这可能说明美国从全球借钱再在全球投资获取正回报的空间收窄了，通过借债获取投资正收益弥补贸易逆差的空间也变小了。这也说明了 2022 年以来美元货币体系"过度特权"存在紧运行的压力。

从使用美元货币体系"过度特权"获取正回报对冲贸易逆差的视角来看，我们可以推断，在对外投资巨大规模负净头寸的现状下，美国为了使用这种特权为自己带来正投资收益，维持美国在全球投资的影响力，美国对外投资负净头寸不会出现大规模的持续收缩。从开放会计恒等式来看，债务"软"上限意味着美国会不断增加财政赤字规模，也意味着美国对外贸易账户会保持对外赤字的状态（储蓄不足），需要通过"过度特权"获取足够的投资收益来一定程度上对冲贸易赤字，以缓解贸易赤字过大对美元信用的损害。

美国如何继续发挥"过度特权"的作用？答案是金融自由化。让更多的发展中经济体完全开放自己的资本账户，资本的自由流动将为美国获取更多的投资回报提供机会，但往往伴随的是，资本账户自由化后快速流动的资本将带来难以预料的汇率冲击或者货币冲击。

总结起来，"慢全球化"时代美国对外经济两大关键性政策取向是：贸易逆全球化＋金融全球化。这一政策取向组合对美国是最有利的，但对发展中经济体来说并非如此。由于资本账户完全开放对一国经济增长是不确定的，具有产生汇率金融等系统性风险的隐患。坚持跨境资本管制、促进资本有序流动仍是应对美国对外政策取向负面外溢性的关键措施。

可能不是本轮最后一次加息

7 月 27 日

2023 年 7 月 26 日美联储公布了货币政策委员会声明（Federal Reserve issues FOMC statement），将联邦基金利率上调 25 个基点，使其处于 5.25%—5.50% 的区间，以促使美国通胀率回归 2% 的目标。加息 25 个基点符合市场之前的预期。在 6 月美联储暂停加息时，鲍威尔就引导市场，7 月美联储可能加息 25 个基点的预期。从公布的内容来看，有几点值得关注。

首先，美联储认为，最近的指标表明，美国经济活动一直在以温和的速度扩张（expanding at a moderate pace）。近几个月来，美国就业增长强劲，失业率一直很低，通胀率仍偏高（remains elevated）。美联储的观点说明了：第一，通胀率偏高是加息的关键原因；第二，美国经济以温和的速度扩张；第三，劳动力市场的强劲支撑了美联储的加息。

其次，美联储认为，美国的银行体系健全且富有弹性。家庭和企业信贷条件收紧可能会影响经济活动、就业和通货膨胀，但影响程度仍不确定。委员会保持对通货膨胀风险的高度关注（remains highly attentive to inflation risks）。美联储的观点说明了以下三点。第一，美国银行体系资产负债表受债券价值估值影响的损失可控，尽管近几个月债券估值损失有所上升。依据达拉斯分行的数据，2023 年 6 月美国可流通国债账面价值浮亏再次突破 1.8 万亿美元，达到 1.812 万亿美元。与浮亏高点 2022 年 10 月相比要低 2845 亿美元。美联储在 2023 年 3 月出台了银行定期融资计划（BTFP），在一定程度上缓解了银行流动性压力。第二，家庭和企业信贷条件收紧对经济行为的影响存在不确定性。这与近期房地产市场出现价格反弹有关；与 2023 年以来的股市持续上涨有关；与失业率 2023 年几个月微小波动有关；也与核心通胀率居高难下有关。第三，继续保持对通货膨胀风险的高度关注，说明通胀已经不是需要关注的急迫问题，但要跟踪检测其变化的风险。

再次，美联储认为，在评估货币政策的适当立场时，委员会将继续监测新信息（incoming information）对经济前景的影响。如果出现可能阻碍实现委员会目标的风险，委员会将酌情调整货币政策立场。委员会的评估将考虑广泛的信息，包括劳动力市场状况、通胀压力和通胀预期以及金融和国际发展。美联储的观点说明了以下两点。第一，要看新信息。美联储坚持了依据实际数据决策的逻辑，不依赖过去信息和预期展望来做出决策。第二，美联储评估的新信息很广泛，不只是高度关注通胀，而是综合考虑通胀、就业（增长）以及金融的稳定性。尽管美联储高度关注通胀，但对美国经济"软着陆"的渴望决定了美联储已经进入了平衡通胀和就业增长的新阶段。

最后，委员会将按照先前宣布的计划继续减持美国国债、机构债务和机构抵押贷款支持证券。委员会坚决致力于将通货膨胀率恢复到 2% 的目标。美联储的观点说明了以下两点。第一，继续缩表，紧缩流动性，用缩表配合加息继续控通胀，也为下一次遇到危机再度扩表创造出扩表的空间。第二，坚决致力于将通货膨胀率恢复到 2% 的目标。2020 年 8 月美联储货币政策新框架采取的是弹性平均通胀目标制，通胀目标 2% 不代表一定要到 2%，而是一定时期平均通胀率 2%。因此，美联储不会等到通胀降至 2% 才开始调整货币政策，更可能是在 PCE 进入 3%，甚至在 3% 左右就会开始考虑调整货币政策取向。

2023 年 6 月美国通胀率（CPI）同比增长 3.0%，核心 CPI 同比增长 4.8%。BEA 提供的 5 月的 PCE 通胀率为 3.8%，核心 PCE 同比增长 4.6%，核心通胀率远高于 2%。第 1 季度美国经济增长年率为 2.0%，第 2 季度的预测值为 1.9%。能源食品价格对美国通胀的冲击快速消退，但劳动力市场支撑的核心通胀率居高难下。综合来看，有利于美联储的关键信息是，通胀下行趋势明确，失业率仍然很低，这给了美联储实现美国经济"软着陆"的机会。也正是这个机会导致了下一次是否还要再次加息 25 个基点存在不确定性：因为美联储要小心翼翼地平衡通胀与就业（增长）。

强势美元还要持续一段时间

8 月 10 日

　　此轮紧缩周期中的强美元大致可分为两个阶段：加息所致的利差驱动阶段和经济预期差异驱动阶段。目前第一阶段已基本完成，正在进入第二个阶段。由于美国经济预期要好于美元指数中大多经济体的经济预期，在加息进入尾声阶段时，经济预期差异决定了美元强势还要持续一段比较长的时间。

　　2022 年 3 月美联储进入加息周期，美元指数开始上行，并在 2022 年 4 月中下旬突破 100，除了 2023 年 7 月中旬的几个交易日美元指数跌破 100，其他时间基本维持在 100 以上运行。截至 2023 年 8 月，强美元已经持续了差不多 16 个月。从 2023 年 7 月 19 日开始，美元指数再次站上 100，截至 8 月 8 日，美元指数大约 102.5。对于美元指数再次在 100 以上运行，利差也许不再是主要的驱动因素。

　　在美联储及美元指数中主要经济体加息周期接近尾声时，驱动美元指数上行的因素从加息周期开始时的拼加息走到了目前的拼经济预期阶段。这个时期的汇率变动基本消化了加息及加息预期带来的影响，汇率的变动更多体现出经济预期的作用。

　　此轮加息周期以来，美国及美元指数中经济体的加息、通胀和经济现状大体有如下内容。

　　美联储 2023 年 7 月 26 日宣布上调联邦基金利率目标区间 25 个基点至 5.25%—5.5% 的区间。自 2022 年 3 月以来，美联储加息 11 次，总计加息

525 个基点，达到 22 年来的最高水平。2023 年 6 月美国通胀率（CPI）同比上涨 3.0%，环比上涨 0.2%；核心 CPI 同比上涨 4.8%，环比上涨 0.2%。6 月 PCE 通胀率为 3.0%，相比 5 月的 3.8% 显著下降；6 月核心 PCE 同比上涨 4.1%，相比 5 月的 4.6% 也有明显下降。6 月 PCE 和核心 PCE 通胀率的环比增幅均为 0.2%。美国通胀环比增幅开始逐步进入美联储可忍受区间。2023 年第 1—2 季度美国 GDP 年率增长分别为 2.0% 和 2.4%，7 月的失业率保持在 60 年来的低位 3.5%。

欧洲央行 2023 年 8 月 2 日将政策性利率上调 25 个基点至 4.25%。自 2022 年 7 月开启加息以来，欧洲央行连续加息 9 次，共计加息 425 个基点。2023 年 7 月欧元区通胀率（HICP）同比上涨 5.3%，核心 HICP 同比上涨 6.6%。2023 年第 1—2 季度欧元区 GDP（市场价）同比涨幅分别为 1.1% 和 0.6%。6 月欧元区失业率 6.4%，这是自欧元区成立以来的最低失业率。

英国央行 2023 年 8 月 3 日宣布将基准利率从 5% 上调至 5.25%，这是自 2021 年 12 月以来英国央行连续第 14 次加息，加息幅度达到 515 个基点，利率升至 2008 年以来最高水平。6 月英国通胀率（CPI）同比上涨 7.9%，较上月的 8.7% 明显下降，6 月核心 CPI 也从 5 月的同比上涨 7.1% 降至 6.9%。2023 年第 1 季度英国实际 GDP 同比增长 −0.1%，英国央行预计第 2 季度 GDP 环比增长 0.1%。英国 6 月失业率 4.0%，是自 2022 年 1 月以来的新高。

加拿大央行 2023 年 7 月 12 日将其关键隔夜利率上调 0.25 个百分点至 5.00%，达到 22 年来最高水平。2022 年 3 月以来加拿大央行总计加息 10 次，加息幅度达到 475 个基点。6 月加拿大的通胀率同比上涨 2.8%，核心通胀率（CPI-trim）同比上涨 3.7%。2023 年第 1 季度加拿大实际 GDP 较 2022 年同期增长 2.4%，第 2 季度预计年化 GDP 增长率为 1.5%。6 月加拿大的失业率上升至 5.4%，比 5 月上升 0.2 个百分点。

日本央行 2023 年 7 月 28 日宣布，将基准利率维持在历史低点 −0.1%。日本央行还宣布调整收益率曲线控制（YCC）政策，将灵活控制 10 年期国债收益率，允许 10 年期国债收益率在 0.5 个百分点左右波动，10 年期国债收益率波动区间仍然维持在正负 0.5% 的区间。但当利率触及上限时，日本央行将以 1.0% 的固定利率购债，波动区间实质性被放宽至 1.0%。日本央行将 2023 财年（2023 年 4 月至 2024 年 3 月）剔除生鲜食品的核心消费价格指数（CPI）同比涨幅预期从 4 月的 1.8% 上调至 2.5%。2023 年第 1 季度日本 GDP 同比涨幅为 1.9%，第 2 季度环比年率增长 2.2%。6 月日本失业率只有 2.5%。

2023 年 6 月 23 日瑞士央行政策性利率为 1.75%，自 2022 年 9 月以来加息 4 次，总计加息幅度 200 个基点。7 月瑞士通胀率从 6 月的 1.7% 降至 1.6%。2023 年第 1 季度瑞士实际 GDP 较上年同期增长 0.6%。瑞士面临的主要问题是经济失速（2022 年实际 GDP 同比 2.1%），通胀已不是问题。

2023 年 7 月 5 日瑞典央行加息 25 个基点，将政策性利率提升至 3.75%，自 2022 年 5 月以来加息 7 次，总计加息 375 个基点。瑞典 6 月通胀率（CPIF）同比上涨 6.4%，较 5 月的 6.7% 略有下降。瑞典第 1 季度实际 GDP 同比下降 1.3%，第 2 季度 GDP 同比下降 2.4%，通胀与经济下行并存。

以上数据大致可以得出以下几个判断：一是美国通胀下行的速度快，但核心通胀率仍然过高，经济"软着陆"的概率增加，是否加息还需要观察 2023 年 7 月以来的经济数据；二是欧元区和英国通胀过高，还需要继续加息控通胀，经济预期前景暗淡；三是加拿大的通胀率处于相对较低的位置，继续加息的可能性不高；四是日本经济逐步走出低迷，进入复苏阶段。

2023 年 7 月下旬以来的美元指数上行，在很大程度上是对美国及美元指数中经济体经济数据预期的反映。除了欧元区和英国，其他经济体加息的空间非常有限。欧元区、英国、瑞士以及瑞典的经济预期明显比美国经济预期要差。日本央行在通胀可忍受范围内，不太可能加息去破坏日本经济的复苏态势。

美元指数只包括上述六种货币，目前的数据显示美国经济预期要好于美元指数中大多数经济体，在加息进入尾声时，经济预期替代利差成为决定美元相对于美元指数篮子中六种货币保持强势的主要因素。从这个视角看，强势美元还要持续一段比较长的时间。

投资者风险偏好上升支撑了美股上涨

8月14日

依据 WIND 数据，截至 2023 年 8 月 11 日，2023 年以来美国三大股指出现了较大的涨幅。其中，道琼斯指数上涨了 6.44%，纳斯达克指数上涨了 30.37%，标普 500 指数上涨了 16.27%。应该说，2023 年以来美股较大幅度上涨超出了此前的市场预期。在如此高利率的压力下，美股的表现确实有些出乎意料。

从美股目前的盈余估值来看，与过去几年相比，并不便宜。截至 2023 年 8 月 11 日，标普 500 指数、纳斯达克指数和道琼斯指数的市盈率（P/E，TTM）分别为 24.4 倍、39.4 倍和 26.1 倍。相较于 2018—2022 年的年均 25.3 倍、38.4 倍和 23.7 倍来说，差异不大。考虑到 2020 年是一个特殊的年份，激进宽松政策下的零利率使估值的收益率参照发生了重大变化，零利率下什么样的估值从理论上来说都可以找到自身所需要的依据（股票是一种特殊的债券，类似永续债券 $P = c/y$，当 y 很小时，即使票息 c 小，P 值也可能不小）。比如，2020 年 3 月后短期美债收益率接近于零，纳斯达克即使高达 66.6 倍也可以获取 1.5 个百分点的风险溢价。2021 年的利率情况与 2020 年的利率情况有些相似，但股票盈余估值的风险大幅度下降，2021 年美国三大股指的市盈率均显著低于 2020 年的情况。

美联储从 2022 年 3 月开始加息，2022 年的盈余估值和疫情前的 2018—2019 年比较接近，但如果考虑到风险溢价，两者差距巨大。2023 年美股盈余估值的收益率对应的是 5% 左右的联邦基金利率和 1 年期国债收益率。按照目前的盈余估值收益率，标普 500 指数和道琼斯指数市盈率表达出来的风险收益率基本在 5% 左右，这说明市场风险溢价基本为零。如果从道琼斯指数的盈余估值的收益率来看，市场风险溢价将为负值，39.4 倍市盈率对应的是 2.5% 左右的风险收益率，远低于 5% 左右的无风险利率。

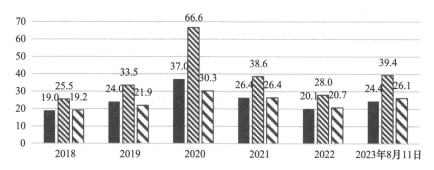

图1　美国三大股指的市盈率（P/E，TTM）

资料来源：WIND.

　　从股息率来看，2023 年以来的股息率与 2020—2021 年相近，明显低于疫情前的 2018—2019 年的股息率（见图2）。考虑到目前超过 5% 的利率水平，可以认为当前的股息率与 2018—2019 年的股息率相差不大，这就意味着投资者的风险偏好对当前利率与 2018—2019 年利率之间的巨大差距弱化了，或者说，对于风险资产溢价并没有因为市场利率上升而要求有所补偿。

　　从衡量市场风险溢价的一些指标来看，与 2022 年相比，BB 级及以下高收益率债券的风险溢价在 2023 年以来有一定幅度的下降。自 2023 年以来从 5 月的 5.0% 左右下降至 8 月 10 日的 3.8% 左右（见图3）。

　　从低收益债券的风险收益率来看，风险溢价也处于比较低的位置。截至 2023 年 8 月 9 日，AAA 级债券的风险溢价（收益率）只有 0.50%。尽管低于 2021 年部分月份的情况，但考虑到目前的利率要远高于 2021 年的零利率，就可以推断投资者对风险溢价补偿的要求是非常弱的。

　　为什么美国股市投资者对风险溢价补偿的要求如此之低？直接的表达

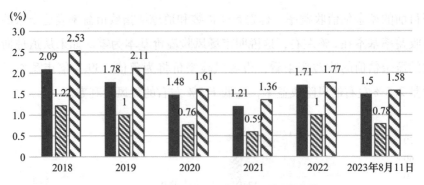

图2 美国三大股指的股息率

资料来源：WIND.

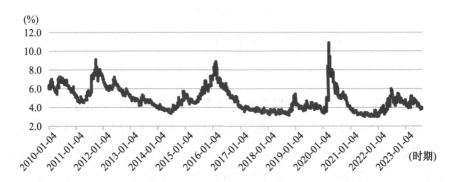

图3 ICE BofA 美国高收益债券指数期权调整利差

资料来源：Ice Data Indices, LLC.

是美国股市投资者风险偏好上升，或者说是信心过度了。进一步思考，大体有三个原因。首先，美国金融市场流动性依然很充裕，表现为目前纽约联储的每日逆回购规模还有 1.7 万亿—1.8 万亿美元；也表现为金融条件指数还处在显著的负区间，金融条件的收紧并不理想。其次，美国通胀下行速度较快，但劳动力市场低失业率支撑了核心通胀率居高难下，7 月 CPI 同比 3.2%，核心 CPI 同比 4.7%，失业率为 3.5%。美联储已经进入平衡通胀

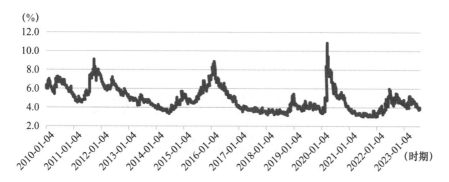

图 4 ICE BofA 美国低收益（AAA 级）债券指数期权调整利差

资料来源：Ice Data Indices，LLC.

和就业阶段，加之 2023 年第 1—2 季度年化 2.0% 和 2.4% 的增长率，在一定程度上给了市场投资者美国经济会出现"软着陆"的预期。最后，纳斯达克指数负的风险溢价说明美国市场投资者在豪赌上市公司未来的技术创新。

因此，充裕流动性、期望"软着陆"和豪赌技术创新三大因素推动了美国股市投资者风险偏好上升，成为美国股市 2023 年以来出现较大幅度上涨的基本支撑。上述三大因素中的任何一个因素出现反向调整，美国股市就会向下调整。

美国财政与货币政策失调加剧
国际金融市场动荡

8月21日

  一方面控通胀，另一方面加大财政支出刺激本土经济，并强调基础设施建设优先使用美国货。美国财政与货币政策在控通胀目标上相互冲突，财政与货币政策失调增强了美国通胀的韧性，迫使美联储进一步紧缩，需要的限制性利率水平更高，持续的时间也更久。

  美国财政与货币政策失调加剧了国际金融市场的动荡，这种失调突出表现在货币政策紧缩与财政政策大规模补贴并行，美国财政政策与货币政策在控通胀目标上是相互冲突的。

  美国财政部 2023 年 8 月 16 日发布了《通胀消减法案与美国商业投资》（The Inflation Reduction Act and U. S. Business Investment）报告，该报告指出，相较于之前的复苏，美国商业投资（包括研发支出）在新冠疫情后的复苏表现强劲，《通胀削减法案》《基础设施法案》和《芯片与科学法案》很可能起到了一些作用。2021 年 11 月 15 日美国总统拜登正式签署《基础设施法案》，该法案包含了拜登政府提出的一系列基础设施建设计划，意在通过加大政府投入、刺激经济来抵消疫情负面影响促进就业，推动产业链向北美转移，该法案涉及道路、桥梁、城市基建等多个领域，总价值超过 1.2 万亿美元。2022 年 8 月 9 日美国总统拜登签署《芯片与科学法案》，通过提供约 527 亿美元的资金补贴和税收等优惠政策，以吸引各国芯片产业转移到美国。2022 年 8 月 16 日美国总统拜登签署了《通胀削减法案》，法案计划未来十年投入约 4300 亿美元用于气候和清洁能源以及医疗保健等领域，提供高达 3690 亿美元补贴，以支持电动汽车、关键矿物、清洁能源及发电设施的生产和投资。

2021 年 11 月美国通胀率已经相当高了，PCE 表达的通胀率高达 5.9%，CPI 表达的通胀率高达 6.9%。2022 年 3 月美联储启动加息紧缩政策，2022 年 8 月美国通胀率（CPI）高达 8.2%，PCE 表达的通胀率也高达 6.3%，这时候美国政府却出台了两项带有大规模补贴的法案来刺激美国的投资。美国一方面担忧通胀高企，另一方面加大补贴重构产业链，刺激本土经济维持低失业率，这种做法的结果只能是增强通胀韧性，尤其是核心通胀率（CPI）在 2023 年 7 月依然高达 4.7%。核心通胀率居高难下，这与美国在货币政策紧缩周期中实施大规模的财政支出政策有直接关系。

2023 年第 1—2 季度美国 GDP 季度年率分别达到 2.0% 和 2.4%，夸张的是，2023 年 8 月 16 日美联储亚特兰大分行预测第 3 季度美国 GDP 季度调整的年率高达 5.8%。同日，美国人口普查局（U. S. Census Bureau）和美联储理事会预测 2023 年第 3 季度实际个人消费支出增长 4.8%，第 3 季度私人国内投资实际增长 11.4%。从个人消费支出和私人投资增速来看，美国经济没有出现明确的下行，甚至反而存在"过热"嫌疑。

2023 年 8 月 14 日，美国政府发布了《建设美国、购买美国法案》（Build America Buy America，BABA）实施规则指南，BABA 法案规定接受联邦财政援助的基建项目需要优先使用美国货，涉及钢铁、制成品和建筑材料 3 个领域，由于美国目前的高物价，这一法案将推高美国建设项目的成本，不利于美国控通胀。

2023 年 8 月 16 日美联储公布 7 月 25—26 日的货币政策会议纪要，表达了对通胀上行风险的担忧，看来此时讨论美国货币政策紧缩周期的结束和转向还为时尚早。此外，还有一个值得关注的现象，美联储缩表减少债券持有与财政发债规模快速增加并行，这增加了金融市场吸纳美债的压力。从 2023 年 5 月底美国债务上限暂停之后，美债规模从约 31.4 万亿美元快速上升至 8 月 17 日的约 32.7 万亿美元，两个多月时间美债规模增加了约 1.3 万亿美元。

尽管美国金融市场流动性依然充裕，但大量美债供给和美联储按计划每月减持 600 亿美元美国国债会导致美债市场出现供求失衡压力，其结果会压低美债价格，提高美债收益率。目前，10 年期美债收益率已经创造了自 2008 年以来的新高，达到 4.30%。

财政与货币政策失调加剧了美国通胀的韧性，迫使美联储进一步紧缩，需要的限制性利率水平更高，持续的时间更久。与此同时，美国国债市场供求失衡风险也会助推美债收益率上行。

10 年期美债收益率是否可能重回次贷危机爆发前 2007 年时的 5.00%？这很难判断。即使不重回 5.00%，10 年期美债收益率维持在 4.30% 左右的新高，也会造成国际金融市场的动荡。最近一段时间，部分新兴经济体外汇市场动荡频发，货币贬值压力加大。可以说，美国财政与货币政策失调加剧了国际金融市场的动荡。

美国货币政策的负面外溢性
可能还未达到顶点

8 月 28 日

　　美联储激进加息，核心通胀率依然过高，而金融条件还是宽松，助推了劳动力市场的紧张状态；但其他经济体金融条件收紧，金融条件的变化出现了非对称性。基本原因在于其他经济体资金流入美国，美国金融条件收紧困难。金融条件变化的非对称性会导致美联储进一步紧缩，美国货币政策的负面外溢性可能还未达到顶点。

　　为什么说美国货币政策的负面外溢性可能还未达到顶点？要回答这个问题，我们需要观察两个基本面：一是美国通胀性质与进一步加息的可能性；二是美国与其他经济体金融条件的变化。如果美国加息，但核心通胀率还是居高难下，且加息带来的不是美国市场金融条件的收紧，而是其他经济体金融条件的收紧，这会导致一种最坏的循环结果：通胀压力迫使美联储进一步加息，资金回流美国，美国市场流动性充裕，金融条件难以因为加息而实质性收紧，美国通胀难控；而其他经济体资金流出，流动性不足，金融条件进一步收紧，会带来金融市场的动荡。从这个视角来看，美国和其他经济体金融条件变化的非对称性导致美国货币政策的负面外溢性可能还未达到顶点。

一　关于美国通胀性质和进一步加息的可能性

当前美国通胀已经明确是基本来自内部的需求，尽管有些不确定性，但供应链瓶颈、能源和食品价格冲击已基本消退。纽约联储的全球供应链压力指数已经低于疫情前水平；世界银行的大宗商品价格指数显示，截至 7 月底，2023 年以来布伦特和 WTI 原油价格有所波动但总体变化不大，基本与年初价格持平，但天然气价格下降超过 50%；FAO 的食品价格指数显示，相比 2022 年年底，截至 2023 年 7 月全球食品价格下降了 6.0%，并预计 2023 年全球食品价格将比 2022 年下降 12.0%。

当下美国通胀的基本原因是美国经济增速在历史趋势水平之上，2023 年第 1—2 季度 GDP 年率增速 2.0% 和 2.4%，第 3 季度年率增速预测竟然高达 5.9%[①]。极低的失业率和薪资上涨推动总需求上扬。7 月美国失业率 3.5%，而薪资要求创历史新高，纽约联储 8 月 21 日发布的劳动力市场调查报告显示，平均保留工资（The average reservation wage，愿意接受新工作的最低工资）上升至创纪录水平的 78645 美元，相比 2022 年 7 月上涨了近 5800 美元，涨幅近 8.0%。为了留住已有员工，美国企业持续努力提高薪资，目前全职员工平均工资已升至 6.97 万美元。依据 BEA 的数据，2023 年第 1 季度美国公司存货重估和资本消耗调整的年率利润近 2.82 万亿美元，比 2022 年第 2 季度峰值下降了约 1800 亿美元，但仍处于比较高的位置。美国经济存在利润—工资—物价螺旋机制。如果薪资的涨幅超过目前的通胀率水平，那么实际购买力增加，且随着物价基数的下降，通胀下行的速度也会明显变慢。

鲍威尔在 2023 年 8 月 25 日杰克逊霍尔全球央行年会上说，通胀率尽管下降，但仍然过高，美联储准备在适当的情况下进一步提高利率。超出历

[①]　The Atlanta Fed, August 24, 2023.

史趋势水平的经济增速和紧张的劳动力市场为美联储提供了进一步紧缩的基础。

二 关于金融条件收紧的非对称性

美国通胀下行需要依赖金融条件的持续收紧，抑制美国经济中的投资和消费。依据 BEA 的数据，在 2023 年第 2 季度 GDP 增长的 2.4% 中，私人消费贡献了 1.12 个百分点，私人投资贡献了 0.97 个百分点，政府消费和投资贡献了 0.45 个百分点。从 2022 年第 3 季度到 2023 年第 2 季度，政府消费和投资对 GDP 的贡献率分别达到 0.65、0.65、0.85 和 0.45 个百分点，政府消费和投资部分对美国 GDP 的拉动作用比较大，美国财政政策并未与货币政策配合控通胀。

政府消费和投资部分对利率不太敏感，美国居民过去住房抵押贷款利率大多是固定利率，对加息有免疫力，这也是美国房价保持高位的重要原因。当然，新的住房抵押贷款将受到利率上升的影响。2023 年第 2 季度住房和公用事业（Housing and utilities）对美国 GDP 的贡献也达到了 0.36 个百分点。

从美国金融条件指数来看，依据美联储圣路易斯分行的数据，从 2023 年 4 月开始，圣路易斯金融压力指数在波动中下行，截至 8 月 18 日，圣路易斯金融压力指数为 −0.67，较 4 月底的 −0.28 显著下行，比 2022 年 3 月美联储启动加息周期时的金融压力还要明显小。依据芝加哥分行的金融条件指数，截至 8 月 18 日，芝加哥金融条件指数为 −0.40，较 3 月底的 −0.16 显著下行，目前的金融条件指数比 2022 年 3 月中旬美联储启动加息周期时还要宽松。

一方面，我们看到在经过美联储加息 525 个基点后，目前的美国金融市场条件比加息前还要宽松；另一方面，我们看到全球金融压力指数出现了显著的不对称变化。图 1 显示在 2022 年 3 月美联储启动加息周期之后，美国市场金融条件经过一个阶段性收紧，然后开始出现放松，截至 2023 年第 2 季度金融条件指数为 −0.71。其他发达经济体和新兴市场经济体的金融条件指数出现了不同的变化。其他发达经济体经过收紧后出现了放松，但金融条件指数明显高于加息之前，2022 年第 1 季度其他发达经济体为 0.09，2023 年第 2 季度为 0.30。新兴市场经济体的金融条件指数从 2022 年第 1 季度的 0.23 上升至 2023 年第 2 季度的 0.30。

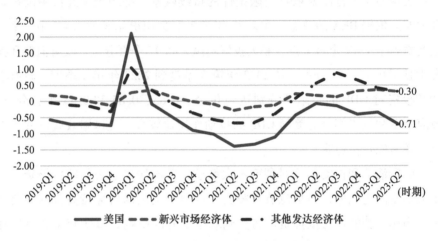

图 1　美国及其他经济体金融条件指数

资料来源：World Economic Outlook，July 2023 Update.

　　美国和其他经济体金融条件指数的不对称变化，是当前国际金融市场面临的最大风险。这种风险主要来自两个渠道：一方面，美国宽松的金融条件迫使美联储限制性利率水平更高、持续的时间更长，导致资金回流美国；另一方面，其他经济体金融条件收紧、外汇市场承压，就会通过减持部分美债、增加外汇市场美元流动性来维护汇率稳定。如果出现大规模减持美债，则会推高美债收益率，进一步导致资金回流美国。依据 2023 年 6 月 22 日 BEA 公布的数据，2023 年第 1 季度美国金融账户从外部的净借入为 3268 亿美元，显著高于经常账户赤字 2193 亿美元。根据 BIS 提供的数据，受美联储激进加息和资金回流的影响，从 2022 年第 3 季度开始，流入美国

以外的非银行主体美元借贷出现负增长，2022 年第 3—4 季度分别下降了
1.8% 和 3.9%，2023 年第 1 季度下降 3.7%。2022 年第 2 季度至 2023 年第
1 季度美国以外的非银行主体美元借贷下降了 3880 亿美元。7 月中旬以来美
元指数连续数周上行可能反映了美国和其他经济体金融条件指数的不对称
变化。当然，美元指数上行也可能部分反映了美国经济预期明显好于美元
指数中经济体（尤其是欧元区）的经济预期。

　　总体上，美国与其他经济体金融条件非对称变化具有潜在的、不可忽
视的风险。这会导致一种最坏的循环结果：通胀压力迫使美联储进一步加
息，资金持续回流美国，美国市场流动性充裕，金融条件难以因为加息而
实质性收紧，美国通胀难控；而其他经济体资金流出，流动性不足，金融
条件进一步收紧，会带来金融市场的动荡。从这个视角来看，美国和其他
经济体金融条件变化的非对称性导致美国货币政策的负面外溢性可能还未
达到顶点。

美联储"鹰""鸽"背后的逻辑及短期取向

9月6日

判断美联储"鹰""鸽"背后主要逻辑应依据对以下问题的看法。首先，明确货币政策中物价与增长之间"权衡"与"平衡"的区别；其次，明确货币政策中"降通胀"与"去通胀"之间的区别。

货币政策中物价与增长之间"权衡"与"平衡"之间区别的理论逻辑是对通胀性质的看法存在差异。一般来说，按照通胀来源的性质可以简要分为三个因素：供给冲击、需求拉动，或者两者兼而有之。供给冲击占主导地位就是供给冲击型通胀。20世纪80年代能源供给冲击所致的"滞胀"是典型例子。美国这一轮始于2021年开始的通胀，早期和中期阶段由于供应链瓶颈和地缘冲突导致供给冲击在通胀形成中也占据了重要位置。

如果供给冲击涉及的范围广，且力度大，供给冲击性型通胀来势很快。在这种情况下，货币政策面临的是物价和增长之间的"权衡"：物价和增长之间要有明确的选择取向。货币政策的"鹰"基本是一致性的选择：控通胀。

如果经济总需求过旺，显著超过经济潜在产出水平，就会导致经济资源全面持续紧张，工资—物价螺旋机制一旦固化会导致工资—物价之间的恶性循环。货币政策的"鹰"基本也是一致性的选择。

如果通胀的性质来源多元化，既有供给冲击因素也有需求拉动因素，且不具有高通胀根深蒂固的风险，那么在这种情况下，货币政策中的物价和增长之间是"平衡"关系。因为任何"鹰"或者"鸽"都会导致增长或者物价朝着单一方向演进：通胀下行以经济衰退为代价，或者维持增长但通胀会出现长期化的风险。

货币政策中"降通胀"与"去通胀"之间区别的理论逻辑是对通胀容忍度的高低。在通胀远远超过通胀目标值时，货币政策中"降通胀"与"去通胀"之间的差异不是很明显，都是要高通胀的回落。但在通胀超过通胀目标值一定幅度时，"降通胀"与"去通胀"之间会存在明显差异："降通胀"是把通胀控制到目标通胀区间；而"去通胀"则是要求把通胀快速降至目标值以下，甚至到零。这种背景下，货币政策如果秉持"去通胀"，那么就会表现出明显的"鹰"；货币政策如果秉持"降通胀"，则会表现出偏"鹰"。如果对通胀超过目标值的容忍度高，且通胀没有进一步上升的风险，那么货币政策甚至会出现偏"鸽"的态势，尤其考虑到物价是滞后变量时，物价下行趋势明确，货币政策甚至会出现提前的"鸽"。

在上述判断的逻辑下，我们再来看美联储对当前通胀和经济的态度。2023 年 8 月 25 日，鲍威尔在一年一度的杰克逊霍尔全球央行年会上警告美国通胀率"依旧过高"，并强调"如果适宜，美联储准备继续加息"。此番讲话基调偏向鹰派。随着 8 月美国失业率上升至 3.8%，紧张的劳动力市场开始出现软化，薪资上涨幅度放缓，通胀下行趋势明确，但依然处于比较高的位置。7 月 PCE 同比增涨 3.3%，核心 PCE 高达 4.2%。按照美联储纽约分行的研究，自 7 月底以来，国际能源价格由于供给冲击因素出现一定的上涨，这给通胀的变化带来了更多的不确定性。在这种背景下，美联储会继续维持偏"鹰"的态度，将限制性利率水平维持足够长时间，使经济由目前温和扩张走向温和收缩，通胀以可以接受的速度下行，且不希望以失业率较大幅度攀升为代价，通过拉长控通胀的周期，回避经济"硬着陆"。

目前，美国的通胀依然面临供给冲击的不确定性。按照美联储 2020 年 8 月的货币政策新框架，美联储对通胀的容忍度明显提高，但又必须坚持长期通胀率逼近 2% 的目标。按照美联储"鹰""鸽"背后的逻辑，以及当前通胀较大幅度超过目标值的现实，短期中美联储应该不会改变偏"鹰"的态度。

两个"时滞"是近期人民币汇率波动的主因

9 月 11 日

当前，存在两个"时滞"：美国货币政策效果"时滞"、中国宏观政策效果"时滞"。两个"时滞"是近期人民币汇率波动的主因。只要缩短中国宏观政策效果"时滞"，中国经济基本面和预期就会给人民币兑美元汇率提供持续内生的支撑。

2023 年以来，美元指数上涨了 1.52%，人民币兑美元（CTETS）贬值了 5.66%。从 7 月中旬以来的美元指数和人民币兑美元汇率走势来看，7 月 14 日至 9 月 8 日美元指数上涨了 5.1%，同期人民币兑美元汇率贬值了约 3.0%。从进入 9 月的情况看，截至 9 月 8 日，相比 8 月底，美元指数上涨了约 1.4%，人民币兑美元汇率贬值了大约 1.4%，人民币兑美元汇率出现了 2008 年以来的低位。依据 WIND 数据，9 月 8 日在岸收盘价为 1 美元兑 7.345 人民币。

从上述三个阶段的美元指数和人民币兑美元汇率走势来看，有三点含义。首先，从 2023 年以来的美元强势程度来看，人民币兑美元汇率是偏弱的，美元指数上涨的幅度（1.52%）小于人民币兑美元的贬值幅度（5.66%），人民币相对于构成美元指数的六种货币综合定价来说也是贬值的。其次，从 7 月中旬以来美元快速走强来看，美元指数上涨的幅度（5.1%）显著大于人民币贬值的幅度（3.0%）。人民币汇率相对稳健，人民币相对于构成美元指数的六种货币综合定价来说是升值的。最后，进入 9 月以后的一周多，人民币的贬值幅度和美元指数升值的幅度一致（1.4%），说明相对于 7 月以来的整体情况，近期人民币贬值的压力有所增加。

这里，我们需要再一次强调美元指数的重要性。在固定汇率制下，美元与黄金挂钩，美元对外定价有硬“锚”，这个硬“锚”就是黄金；在浮动汇率制下，美元与六种货币挂钩构成美元指数，美元对外定价有软“锚”，这个软“锚”就是美元指数中的六种货币。由于美元及美元指数中货币占全球外汇储备、全球外汇市场交易以及贸易结算的比例高达 90%，美元指数作为美元对外综合定价的指标，其高低基本代表了美元相对于全球货币的强弱。当然，不排除一国货币在美元指数持续上涨的过程中对美元依然升值，因为开放条件下货币的双边汇率要依据利率汇率平价而定，而美元指数是美元对外综合定价指数。

在上述逻辑下，我们再来看 2023 年以来人民币兑美元汇率波动的三个阶段的情况。

首先，2023 年以来人民币兑美元汇率贬值幅度大于美元指数上涨幅度，主要原因是中、美货币政策周期错位。中国央行一直在降息促增长，而美联储一直在加息控通胀，利差扩大导致了人民币兑美元出现了贬值。美元指数代表的是美元相对于欧元等货币币值的综合变化，2023 年以来欧元区、日本、英国等市场利率水平也出现了上升，由于美联储加息幅度相对大，而且美国经济基本面明显好于欧元区、英国等，使美元相对于美元指数中六种货币出现了综合性升值。美元指数上涨导致美元资产在全球的吸引力增加，也会通过流动性的方式吸引导致全球非美元指数中货币的市场美元流出，对非美元指数中货币带来贬值压力①。

其次，7 月中旬以来，美元指数上涨幅度（5.1%）显著大于人民币贬值幅度（3.0%）。7 月中旬以来的美元指数较为快速地上涨，主要有两个原因。一是美国金融市场对美国经济“软”着陆的预期增加，导致美国经济基本面要好于美元指数中的部分经济体，尤其是美国经济预期好于欧元区经济预期。二是 7 月以来国际市场能源价格出现了上涨，提高了市场对美联

---

① 参见 CMF 2022 年 11 月 24 日《美元指数是如何影响其他货币升值和贬值的？》。

储加息的概率预期。但人民币兑美元的贬值幅度是明显小于美元相对于美元指数中六种货币综合升值幅度的。其间中国央行通过降息促增长，中美政策性利差扩大，人民币出现了贬值，但人民币相对于美元指数中六种货币的综合定价来说，是升值的。从这个视角看，人民币汇率还是相对强势的。

最后，进入 9 月以来的一周多，人民币兑美元贬值幅度和美元指数上涨的幅度一致，这说明了相较于 7 月以来的整体情况，中国经济向好的预期并未完全得到市场消化，9 月以来经济预期改善尚未完全确立，活跃资本市场的表现也未呈现出来，导致人民币出现了和美元指数中六种货币兑美元综合定价同样幅度的贬值，人民币相对于美元指数中六种货币的综合定价来说，基本持平。

此时，市场之所以更加关注人民币汇率，是因为人民币兑美元汇率出现了 2008 年以来的新低，市场对这种点位比较敏感。

为什么会出现这种情况？两个"时滞"可能是提供一种解释。第一个"时滞"是美国货币政策效果存在"时滞"。从目前美国通胀来看，尽管劳动力市场出现了一定"软化"的迹象，但核心通胀率依然过高，再加上 7 月以来能源价格的上涨，美国货币政策控通胀的效果依然存在"时滞"。市场对美联储是否有足够的耐心等待货币政策逐步发挥作用有所存疑，目前的利率水平是否是合意的"限制性利率"水平依然存在不确定性。简言之，美联储还可能加息。另一个"时滞"是中国宏观政策效果存在"时滞"。任何政策均需要经过市场解读、消化，判断政策与市场原先预期之间的差异，然后才能进入发挥作用的阶段。近期，多地多部门密集发文适时调整优化房地产政策，监管机构也出台了多项活跃资本市场的政策。促增长和活跃市场的政策都需要有一个市场解读、消化，以及与原先预期之间比较的过程，其到发挥作用有一个"时滞"。当然，这个"时滞"的长短决定了预期转变的速度和效果。

两个"时滞"在很大程度上导致了近期人民币汇率波动弹性加大。两个"时滞"都变短，中国经济基本面会支撑人民币走强；两个"时滞"都变长，人民币兑美元汇率有一定的承压；美国货币政策效果 "时滞" 变长，中国宏观政策效果 "时滞" 变短，人民币汇率会稳中有升；美国货币政策效果 "时滞" 变短，中国宏观政策效果 "时滞" 变长，人民币还是会有所承压。

因此，只要缩短中国宏观政策效果 "时滞"，中国经济基本面和预期就会给人民币兑美元汇率提供持续内生的支撑。

看透美联储此轮控通胀的真实目的

9 月 25 日

　　美联储通过修改货币政策框架，允许通胀"超调"，对通胀采取极高容忍度，并采用扩张性财政政策提高中性利率水平。美联储似乎摆脱了"实际利率下限"约束风险，扩展了货币政策利率空间，但财政政策与货币政策的失调延长了控通胀周期。

　　这一轮美联储的控通胀与美国历史上任何一次控通胀均有所不同。不同之处有两点：一是允许通胀显著"超调"；二是具有全球大国竞争日趋激烈，地缘政治博弈白热化的背景。

　　允许通胀显著"超调"的标志是，2022 年 3 月美联储首次加息时，美国经济中通胀率已经很高了，加息几乎加在此轮美国通胀的高点，这在历史上是罕见的。2022 年 3 月美国通胀率（CPI）高达 8.5%，核心 CPI 为 4.6%；而美联储关注的通胀指标 PCE 高达 6.8%，核心 PCE 高达 5.4%。2021 年 3 月美国 PCE 已经超过 2%（为 2.5%），这就是说，美联储是在通胀率超过 2% 的目标后的一年才开始加息。很难想象过去长期把 2% 作为通胀目标的美联储要等到通胀率如此之高之后才开始加息。进一步从失业率来看，2022 年 3 月美国失业率只有 3.6%，这几乎是 60 年来的最低失业率。2021 年 12 月美国经济中失业率已经跌破 4%，为 3.9%。即使是按照强调就业优先的货币政策来看，也有些过了。

　　全球大国竞争日趋激烈，地缘政治博弈白热化的典型表现是，美国执意强调与中国之间的竞争关系，尽管竞争不是全部，但把竞争放在与中国关系的首要位置。2022 年 2 月下旬俄乌冲突爆发，至今仍未出现明确的缓和迹象。美、欧等通过对俄罗斯的多轮制裁，与俄罗斯经济金融等方面进行全方位的割裂。竞争与割裂将带来全球产供链的重构，地缘政治距离替代地理距离、安全高于效率成为全球产供链重构的两大特点。

通胀"超调"意味着美联储加息可以加到足够高的水平。为什么要加到足够高的水平？这与 2020 年 8 月 27 日美联储出台的货币政策新框架直接相关。新框架中明确指出美联储要摆脱"实际利率下限"约束风险。次贷危机之后，美国经历了长达十年的低通胀、低增长和低利率的"三低"时期，导致美国经济中的中性利率持续下降。按照美联储的测算，中性利率从 2012 年的 2% 下降至疫情时期的 0.5%。这意味着即使美国通胀率达到目标值 2%，联邦基金利率水平也只有 2.5%。2.5% 的利率水平使美联储货币政策缺乏足够的利率调整空间，以应对未来可能出现的经济衰退风险。同时，2.5% 的名义收益率对于美元及美国资产的吸引力来说，是偏弱的。

要摆脱"实际利率下限"对名义利率上限的约束风险，只有两种办法：其一，提高中性利率水平；其二，提高通胀目标。前者需要提高经济潜在产出水平，后者则需要修改过去 2% 的绝对通胀目标制。

为了提高中性利率水平，我们就不难理解美国在控通胀进程中财政政策和货币政策之间为何是失调的。经济学基础原理认为，控通胀需要紧缩货币与财政政策之间的搭配，但美国此轮控通胀选择了紧缩货币政策与扩张财政政策之间的搭配。2021 年 11 月 15 日美国总统拜登签署《基础设施法案》；2022 年 8 月 9 日签署《芯片与科学法案》；2022 年 8 月 16 日签署了《通胀削减法案》。这些法案共同的一个显著特点就是通过补贴建设美国的基础设施和构建美国的产业体系，吸引制造业回流美国。美国不顾高通胀，加速出台这类刺激法案，是地缘竞争的结果，美国试图在地缘竞争中具备优势。依据 BEA 的数据，截至 2022 年年底外国在美国直接投资中制造业占比上升至 42.4%，这是 1980 年以来历史第 2 高位，仅次于 1998 年的 42.8%。疫情前的 2019 年为 41.5%，相比 2011 年的 31.3% 已经大幅度上升。

美国财政部网站上《通胀消减法案与美国商业投资》报告中强调了两点。第一，对于之前的复苏，包括研发支出，美国商业投资在疫情后的复苏中尤其强劲。IRA 加上《基础设施法案》和《芯片与科学法案》，很可能是解释部分强劲的因素。第二，最近宣布的与 IRA 相关的清洁能源、电动汽车和电池等投资集中在工资较低、大学毕业率较低、就业率较低的相对弱势社区。对这些社区的投资有助于为居住在那里的人提供机会，也有助于提高国家生产率。中性利率与生产率之间密切相关，生产率越高，中性利率也越高。鲍威尔在 9 月货币政策会议之后的解读中提到了中性利率的提高问题，中性利率涉及的基础因素较多，难以测度，按照目前的估计在 0.9%—1.5%，这与前两年 0.5% 相比已经大幅度提高。

关于提高通胀目标，在新框架中已经明确表示为 2% 的长期平均弹性通胀目标值，精确是多少只有美联储自己知道。按照美联储官员的解释不会低于 2%。这里大致可以推测一下联邦基金的利率区间，下限为 2%（通胀目标不变）＋0.5%（中性利率不变）＝2.5%；上限 2.5%（通胀率提高）＋1.5%（中性利率上限）＝4%。因此，联邦基金利率在 2.5%—4.0% 之间。这个利率区间应该已经摆脱了次贷危机之后的低利率状态。

按照美联储 2023 年 9 月的经济预测计划，长期中联邦基金利率区间为 2.4%—3.8%，2023 年 6 月预测区间为 2.4%—3.6%；2023 年 3 月预测区间为 2.3%—3.6%；2022 年 12 月经济预测计划中的预测区间为 2.3%—3.3%；2022 年 9 月的预测区间为 2.3%—3.0%；2022 年 6 月和 3 月以及 2021 年 12 月的预测区间均为 2.0%—3.0%。可见，从 2022 年 3 月加息至今，联邦基金长期利率区间从 2.0%—3.0% 显著上升至目前预测的 2.4%—3.8%。这一次控通胀带来了美联储长期基准利率下限提高 20% 和上限提高约 27%，提高了美元及美元资产的名义收益率，也因此提高了美元的相对吸引力。

此轮控通胀，美联储通过修改货币政策框架，允许通胀"超调"，对通胀采取极高容忍度，并采用扩张性财政政策提高中性利率水平。美联储似乎摆脱了"实际利率下限"约束风险，扩展了货币政策利率空间，但财政政策与货币政策的失调延长了控通胀周期。

强美元周期存在被拉长的可能性

10 月 7 日

　　激进加息带来的强美元周期可能不是美国经济合意的强美元周期，因为付出了高利率成本。强美元与高通胀会恶化美国经常账户，增加美元及美元资产的相对吸引力。高利率下强美元目前尚未显著恶化美元"过度特权"，美国巨额对外投资负净头寸获取的正收益相较 2021 年下降了约 11%，仍能在一定程度上对冲美国对外贸易赤字。从这个视角来看，高利率下强美元周期可能是美国乐见的，强美元周期存在被拉长的可能性。但全球承受强美元周期带来的负面外溢性，不利于世界经济的恢复。

　　此轮强美元周期是在美联储激进加息方式下逐步形成的，可能不是美国经济合意的强美元周期。在国际金融市场上，美元指数代表美元强弱，美元指数代表的强美元周期由两种方式形成：第一种是美联储持续加息带来的强美元周期；第二种是美联储不加息带来的强美元周期。第一种方式主要是通过美国主动提高美国与美元指数中经济体的息差，带来即期市场上的美元走强；第二种是美元指数中给美元定价背书的货币走弱，尤其是欧元，占据了美元指数权重的 57.6%，欧元走弱带来了美元走强。典型的例子是欧洲债务危机之后的情况，为了消化欧洲债务危机，欧洲央行被迫从 2014 年开始大规模扩表，扩表周期一直延续到 2016 年。美元指数也从 2014 年下半年开始上涨，一直到 2017 年，其间美元指数多次上 100。

　　上述第二种情况下的强美元周期对美国经济来说是合意的。原因在于：美国国内利率低（或者不变），没有付出任何利率边际成本就走出了强美元，增加了美元及美元资产的相对吸引力。

这一次的强美元周期，美国付出了高利率成本。目前联邦基金利率水平处于 5.25%—5.50% 区间，这是 22 年来的最高利率水平。

高利率成本体现在哪里？这里说的高利率成本主要体现在美国对外经济金融关系上，即体现在美国经常账户和资本（金融）账户上。

从经常账户来看，自 1991 年以来，美国经常账户赤字规模不断扩大，尤其新冠疫情危机导致了美国经常账户赤字大规模上升。过去美元一直承受对外大规模经常账户赤字造成的信用损失。2022 年美国经常账户赤字高达 9716 亿美元，创历史新高。2023 年上半年赤字规模约 4266 亿美元。强美元周期将降低美国出口产品的竞争力，恶化美国经常账户，尽管其改善了进口条件。依据 BIS 的数据，相比 2021 年，截至 2023 年 8 月，美元的广义名义有效指数上涨了 8.13%，广义的实际有效汇率指数上涨了 10.12%。强美元和高通胀共同降低了美国出口产品的竞争力，会恶化美国经常账户。

从资本（金融账户）来看，在美国经常账户出现大规模赤字时，美国对外投资负净头寸也出现了快速增长，美国需要通过金融账户来为经常账户赤字融资。截至 2023 年第 2 季度，美国对外投资净头寸接近 18 万亿美元，这意味着美国对外投资净负债约 18 万亿美元。在美国国内利率低时，美国可以使用发行债券等证券低利率成本借入资金，这些借入的资金可以在全球进行投资，获取相对高收益，这种正投资净收益率就是美国利用美元货币体系大规模借贷获得的"过度特权"。通常所说的，美国国债就是典型低利率成本的结构性产品，在利率低时，美国就通过国债借钱，在全球投资获取高于国债利率成本的收益率，从而在一定程度上弥补经常账户赤字，缓解经常账户赤字扩大的信用风险。

目前的情况是，国债收益率很高。10 年期国债收益率突破 4.5%，有触及 5.0% 的可能性。在这样的高成本下，美国依然在从全球借入资金。依据 BEA 的数据，2023 年第 2 季度美国净金融账户交易 – 1090 亿美元，即美国从外部净借入了 1090 亿美元，比 2023 年第 1 季度的 3501 亿美元大幅度下降。2022 年美国从外部净借入了约 8048 亿美元。

在目前高利率环境下，美国借入资金的成本高，存在对外投资收益率低于借款成本的风险。即使有正收益，也会压低投资的正净收益。从 BEA 的数据来看，2023 年上半年美国依然从全球获取了 664.5 亿美元的正净收益（Balance on primary income），为 2021 年全年的 44.3% 和 2022 年全年的 44.7%。从短期证券借款利率成本来看，2023 年上半年美国短期证券借款利率成本总额是 2021 年全年的 39.5 倍，是 2022 年全年的 1.3 倍；而 2023 年上半年美国长期证券借款利率成本是 2021 年全年的 52.7%，是 2022 年全年的 48.8%。因此，美国在高利率时期通过借短贷长，或者尽力不扩张、压缩长期借款来降低高利率下的借款利率成本。总体上，在高利率环境下维持了正收益，收益总额相比 2021 年大约下降了 11%。

我们也关注到，2021 年年底美国对外投资负净头寸达到历史峰值，约 18.8 万亿美元。此后收缩至 2022 年年底的约 16.2 万亿美元，1 年时间使对外投资负净头寸缩小了 2.6 万亿美元，投资正净收益（Balance on primary income）也下降了 13.8 亿美元。从 2023 年第 1 季度开始，又进入了扩张状态，负净头寸扩张到 2023 年第 2 季度的约 18 万亿美元。

这就引起了一个重要问题：如果这么高的利率成本，又是强美元，美国对外投资净头寸还在扩张，获取了对外投资的正净收益。美国可能没有必要为高利率下强美元会恶化美国对外投资收益而担忧：因为加息背景下的强美元会提高美国借款利率成本，并由于资金流入美国提高了美国资产价格和外部投资者收益，从而导致美国对外投资净收益恶化。

因此，在美国巨额的对外投资负净头寸背景下，高利率下强美元可能不是美国合意的强美元周期（美国从全球的借款成本上升），但目前来看，尚能在一定程度上通过金融账户借钱获取投资收益弥补美国对外贸易赤字风险。

在这种背景下，美国可能是乐见强美元周期时间拉长的。投资正收益下降一些，却提高了美元及美元资产的相对吸引力，对于美国制造业回流可能是有利的。但全球遭受了强美元周期的负面外溢性，引发金融市场的动荡，不利于世界经济的恢复。

核心通胀率持续高于通胀率是否有利于"软着陆"?

10月9日

如果美、欧央行坚持锚定核心通胀率指标，在目前依然紧张的劳动力市场支撑下，限制性利率水平维持的时间将更长，会降低经济"软着陆"的概率。

一般认为，通胀有三种来源：内生性通胀、外生性通胀和兼具内外生性的通胀。内生性通胀是指经济总需求过旺导致的通胀；外生性通胀一般是指外部能源及食品冲击导致的通胀；兼具内外生性是前述两种情况的结合。

从美、欧此轮通胀的历程来看，在相当长时间里，能源食品价格和扩张性财政、货币政策均是导致通胀的重要因素。随着能源食品价格的下行，以及美、欧紧缩货币政策带来的通胀下行，2023年以来内生性通胀在美、欧的通胀中占据了主导作用。在物价上的表现是，核心通胀率持续高于通胀率。核心通胀率是指剔除通胀率中由于能源和食品价格部分导致的通胀率。

从美联储最关注的PCE通胀率来看，2023年3月以来，核心PCE开始高于PCE，截至2023年8月，核心PCE已经连续6个月高于PCE（见图1）。

从欧元区通胀率情况来看，从2023年3月开始，欧元区核心通胀率开

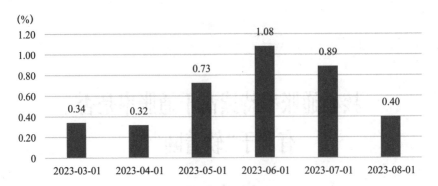

图 1　美国经济核心通胀率与通胀率之差（PCE，同比）

资料来源：BEA.

始超过通胀率（HICP），截至 2023 年 9 月，欧元区核心 HICP 已经连续 7 个月高于 HICP（见图 2）。

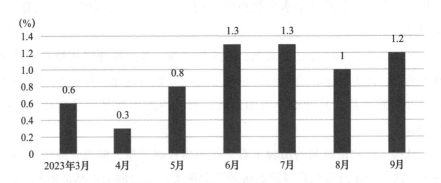

图 2　欧元区核心通胀率与通胀率之差（HICP，同比）

注：9 月通胀是 ECB 的估计值。

资料来源：ECB.

　　从最近的通胀水平来看，2023 年 8 月美国通胀率（PCE）同比上涨 3.5%，相比此轮高点 2022 年 7 月的同比上涨 7.1% 下降了 51%；核心 PCE 同比上涨 3.9%，相比此轮高点 2022 年 2 月的同比上涨 5.6% 下降了 30%。欧元区 9 月通胀率（HICP）同比上涨 4.3%，相比此轮高点 2022 年 10 月的同比上涨 10.6% 下降了 59%；核心 HICP 同比上涨 5.5%，相比此轮高点

2023年3月的同比上涨7.5%下降了27%。因此，美、欧此轮通胀的压力得到了明显缓和，通胀率下降了一半以上，核心通胀率下降了不足1/3。

美、欧的核心通胀率超过通胀率的时间都在半年及以上，这说明通胀主要是紧张的劳动力市场支撑的，经济内生性通胀占据了主导地位。

2023年9月美国劳动力市场失业率为3.8%，职位空缺数量比疫情前水平高出近30%，目前工资增速超过通胀率水平，实际购买力还是上涨的。欧元区8月的失业率接近6.4%，是欧元区历史上最低失业率。欧洲央行预计2023年欧元区的工资增长率将在5.3%左右，基本能够对冲通胀带来的购买力下降。

核心通胀率持续高于通胀率是否有利于"软着陆"？

从美联储的预测来看，2023—2024年美国经济增速分别为2.1%和1.5%，2025年达到长期潜在增速1.8%。从欧洲央行的预测来看，2023—2024年欧元区GDP增速分别为0.7%和1.0%。2025年GDP增速为1.5%，略低于欧元区经济潜在增速。近期彼特森国际经济研究所对美国和欧元的经济增速预测与美联储和欧洲央行的预测基本一致，并预计全球经济将实现"软着陆"[①]。

这一轮控通胀中，美、欧劳动力市场都表现出了不同以往的经验。在物价显著下降的同时，劳动力市场保持足够低的失业率。这是特例还是财政政策（尤其是前期刺激性财政政策）的结果？在逻辑上似乎与前期刺激性政策有关：财政刺激改善了居民资产负债表，带来了超额储蓄，提高了消费能力，从而持续改善了就业。美、欧极限利用其国际货币地位获取了国际铸币税，这充分反映了当下不公平的国际货币体系。

劳动力市场对利率不敏感，也说明了美、欧在此轮控通胀的过程中，充分就业和价格稳定之间平衡的重要性下降了：价格显著下降，而失业率继续保持低位。但目前通胀率远高于2%的增长目标，美、欧央行需要在反

---

① Peterson Institute for International Economics（PIIE）Fall 2023 Global Economic Prospects.

应不足风险和反应过度风险之间进行仔细权衡：反应不足会延长控通胀周期，加大通胀的负面影响；过度反应会带来剧烈波动，并导致经济和金融的系统性不稳定。

这在很大程度上要取决于2%通胀率目标是通胀率还是核心通胀率？如果美联储和欧洲央行分别以PCE和HICP为指标锚定通胀目标，那么控通胀的难度就小一些；如果美联储和欧洲央行分别以核心PCE和核心HICP为指标锚定通胀目标，那么控通胀的难度就会大一些。

如果美、欧央行坚持锚定核心通胀率指标，在目前依然紧张的劳动力市场支撑下，限制性利率水平维持的时间将更长，也会降低经济"软着陆"的概率。

中国股市可勇担提振投资者信心的功能

10 月 10 日

中国股市 IPO 应该变成识别大股东是否具有长期经营企业理念和决心的门槛，而不仅是依据财务指标或者某些产业政策导向来识别其是否具有获得 IPO 资格的门槛。规划好控股股东或实际控制人与中小投资者利益一致性的制度安排，平衡好大股东与中小投资者的利益关系。如此，通过活跃资本市场，中国股市就承担了提振投资者信心，改善经济预期的重任。

2023 年 7 月 24 日中共中央政治局会议指出，要活跃资本市场，提振投资者信心。此后，中国证监会就如何活跃资本市场、提振投资者信心，提出一揽子相关政策措施。

股票市场两个多月来的表现与一揽子活跃资本市场的政策措施不匹配。在当前背景下的基本原因是：政策力度不及市场预期。

如何理解政策力度不及市场预期？这需要回归到股市的基本功能视角来理解。股市的基本功能是长期融资功能（股权融资）。请注意：是长期融资！关键在于如何把这种股权形式上的长期融资真正变成 IPO 时大股东的长期融资，迫使大股东树立长期经营企业的理念和决心。至于企业是否聚焦主业，不用太多指导，长期经营的企业会依据最大化原理来经营企业。

在股市实施注册制后，更多的企业将获得上市的机会。在这样的背景下，股权形式上的长期融资真正变成 IPO 时大股东的长期融资就更加重要，否则市场资金供给和股权供给（上市＋减持＋股权再融资）之间就会出现失衡的风险，难以出现"牛市"，"长牛"就更难了。

中国股市具有鲜明的特色,在市场结构上主要体现在两个基本特征。第一,上市公司股权结构相对集中。绝大多数上市公司都有控股股东,甚至绝对控股股东。一家上市公司具有控股股东是公司的优势,按照同股同权的原则,控股股东付出越多,收获也就越多。在不考虑委托代理问题时,控股股东追求自身利益的行为,正好与企业实现集体价值最大化的目标相吻合,符合激励相容原理。一旦控股股东或者大股东能够通过二级市场不断减持,甚至清仓式减持,中国特色的上市公司股权结构的优势就会失去,二级市场就会变成控股股东或者大股东减持获利了结的平台。如此,企业通过稳定经营获取长期回报,市场投资者通过长期投资分享企业发展成果的期望就充满了不确定性。

第二,股市投资者结构以散户居多。中国股市开户数量多年来已超过1亿,投资者中散户占比80%以上。党的二十大报告指出,中国式现代化是人口规模巨大的现代化。那么,中国股市的现代化也将是散户规模巨大的现代化。只有保护好中小投资者利益,中国股市才能够获得持续健康发展的不竭动力。

中国股市的主要制度框架和政策应该建立在上述两个具有中国特色的市场结构特征上。努力的基本方向是:平衡好大股东和中小投资者的利益,建立大股东和中小投资者相互信任以及共建、共享企业发展成果的市场生态。

控股股东或者大股东具有企业信息优势,要建设好平衡大股东和中小投资者之间利益的机制,虽非易事,但并不是不可为。最基本的办法是通过制度设计严格约束控股股东或者大股东的套现行为,迫使具有信息优势的内部人降低,甚至放弃高位套现获利的动机,这也会降低内部人财务造假的预期。

上市公司控股股东或者大股东如果把减持作为兑现资本收益的重要渠道,就会弱化长期持续经营上市公司的决心,这与获取社会储蓄公共资源不匹配。因为上市公司一旦降低通过长期经营企业给投资者回报的愿望,那么股权融资这种长期融资的方式对IPO时的大股东来说只是形式上的

"长期"，在一定程度上脱离了长期融资的基本功能和属性。

股市市场结构两大特征决定了中国股市制度的完善和发展应该充分考虑以下四个方面。

第一，储蓄的珍贵性。

第二，信息真实的不可挑战性。

第三，控股股东或大股东与中小投资者利益的一致性。

第四，市场的淘汰性。

对于第一个方面，储蓄的珍贵性意味着如果股票市场绝大多数散户长期亏损，那么市场参与者的积极性会持续受到打击，市场难以活跃。居民储蓄存在银行会有利息，以反映储蓄的珍贵性；如果进入股市进行风险投资，存在亏损的风险，那也不应该是绝大多数都存在亏损的风险。股市需要充分考虑储蓄的珍贵性，给予相应的风险回报，这也是在发挥股市资产财富管理的功能。

对于第二个方面，信息真实的不可挑战性意味着上市公司只要造假，一经发现，就必然会有难以承受的惩罚，这种惩罚的力度足以使作假者从此再也不愿意造假。上市公司公布的信息必须如实实现，例如，上市公司发布回购信息，但存在到期回购不满，甚至不回购的情形。这种具有"忽悠式"嫌疑的回购方案都是在挑战信息的真实性，是不允许的。再比如限售股就是限售股，不论采取何种形式参与交易都有违背限售股一致性定义的风险。

对于第三个方面，控股股东或大股东与中小投资者利益的一致性意味着控股股东或者大股东必须树立长期经营企业的理念和决心，主要靠股息来获取投资回报，降低通过减持的资本利得获取回报的想法。"减持新规"明确，上市公司存在破发、破净情形，或者最近 3 年未进行现金分红、累计现金分红金额低于最近 3 年年均净利润 30% 的，控股股东、实际控制人不得通过二级市场减持本公司股份。这无疑是约束公司控制人套现的巨大进步。也要看到，"减持新规"是一种带有奖励性质的减持措施，达到上述标准的上市公司可以减持。可以考虑加码"减持新规"，符合减持条件的公司减持，控股股东、实际控制人在二级市场的减持总和不得超过所持有股份的一个比例，比如30%，剩下的股份可以通过场外协议收购减持，增加股东减持的交易成本，通过引入战略"接盘者"的信息优势来为减持企业进行评价。战略"接盘者"一旦成为公司新的控股股东或实际控制人，同样参照比例上限来约束减持。在中国股市上全面形成大股东长期经营上市公司的理念和决心，全面构建上市公司只有专注于提高公司质量才能获得回报的市场生态，从而在根本上实现控股股东或大股东与中小投资者利益的一致性。

对于第四个方面，市场的淘汰性意味着要提高上市公司的退市率，与注册制相对应。上市公司应该是好企业、有前景的企业。可以考虑降低退市门槛，并探索建立退市企业的中小投资者补偿机制。

当前，中国经济正处在恢复向好的关键期。股市资产价格连续下跌，以及房地产由于供求关系发生深刻改变后价格也面临向下调整的风险。为了促增长，央行政策性利率一降再降。在海外控通胀，利率不断高企的背景下，央行尽力在发挥中国货币政策的自主性，希望通过降低市场主体负债端的成本来减轻企业经营压力，财政政策也是通过减税降费措施来努力降低市场主体的成本。应该看到，财政、货币政策在降低市场主体成本上下了很大功夫。如果资产端的价值也在萎缩，就会显著冲减负债端成本的下降，使财政和货币政策的效果打了折扣。

在股市下跌的过程中，出现了股市"平准基金"的讨论。在中国经济回暖迹象渐显的背景下，讨论股市"平准基金"本身是对股市的不信任。

也许，中国股市需要的不是"平准基金"，而是股市制度深层次的改革。30多年来，中国股市市值已约占GDP的70%，取得了巨大成就。要更上一层楼，需要更加立足于具有中国特色的股市市场结构，建立长久的控股股东或大股东与中小投资者利益一致性的制度安排，平衡好大股东与中小投资者的利益关系，建设好大股东和中小投资者相互信任、共建、共享企业发展成果的全面市场生态，中国股市可勇担提振投资者信心的功能。

美国通胀可能会超出美联储的预期

10 月 19 日

    美国经济中核心通胀率（PCE）对利率不够敏感，美国通胀可能会超出美联储的预期。11 次加息 525 个基点，至今核心 PCE 仅下降了不足 1/3。主要原因有两点：一是紧张的劳动力市场导致薪资上涨，支撑了消费；二是资产价格上涨带来了财富效应，刺激了美国居民消费。空缺职位数量较高和金融市场风险偏好依然较强使美联储货币政策在劳动收入和资产价格两大渠道上作用效果不理想。美国核心通胀率下降缓慢，美联储"限制性利率水平"持续的时间也会超预期。

    2023 年 10 月 17 日，美联储亚特兰大分行上调了第 3 季度美国实际 GDP 增速，年率达到 5.4%。美国商务部发布数据显示，美国 9 月零售销售额环比增长 0.7%，除汽车、汽油、建材和食品服务之外的核心零售额增长了 0.6%。9 月美国 CPI 同比上涨 3.7%，与 8 月持平，环比涨幅为 0.4%，较 8 月 0.6% 的涨幅略有放缓。剔除波动较大的能源和食品价格后，当月核心 CPI 同比上涨 4.1%，环比上涨 0.3%。目前 BEA 尚未公布 9 月的 PCE 数据，8 月的 PCE 同比上涨 3.5%，核心 PCE 同比上涨 3.9%，从 9 月超预期的零售销售额环比增幅来看，9 月核心 PCE 同比涨幅可能再次重回 4% 的水平。

    从 8 月的 PCE 来看，相比此轮高点 2022 年 7 月的同比上涨 7.1% 下降了 51%；核心 PCE 同比上涨 3.9%，相比此轮高点 2022 年 2 月的同比上涨 5.6% 下降了 30%，不足 1/3。核心 PCE 的下降要缓慢得多。

依据美联储2023年以来的3月、6月和9月的三次《经济预测摘要》中的数据,2023年全年PCE的预测值区间分别为3.0%—3.8%、3.0%—3.5%、3.2%—3.4%;1—8月PCE同比最低值是6月的3.2%。一方面随着基数下降,另一方面随着环比增幅并未放缓,8月PCE同比涨幅再次上升至3.5%。1—5月PCE同比涨幅在4.0%—5.5%之间。因此,2023年美国PCE要落入3.2%—3.4%的区间有相当大的难度。

从核心PCE看,2023年3月、6月和9月的三次预测值区间分别为3.5%—3.9%、3.7%—4.2%、3.6%—3.9%。按照目前已公布的1—8月的核心PCE来看,最低值是8月的同比上涨3.9%,其余7个月均在4.3%—4.9%。从未来几个月看,一方面基数在下降,另一方面PCE环比还是正值,全年核心PCE要落入3.6%—3.9%的区间难度也不小。

从美联储2023年3次预测美国GDP增速来看,差距巨大。3月预测为0.4%,6月预测为1.0%,9月的预测跳升至2.1%。如果第3季度GDP年率超过5%,考虑到2023年第1—2季度GDP年率分别为2.2%和2.1%,2023年美国GDP增速有可能会超出美联储9月中旬预测的2.1%。

可见,2023年美国通胀率(PCE)可能会超出美联储的预期。

从美联储9月中旬公布的《美国金融账户》数据来看,2023年第2季度美国家庭净财富达到了近154.3万亿美元,比2022年第4季度上涨了近8.5万亿美元,其中股票价值上涨了2.6万亿美元,不动产价值上涨了2.5万亿美元。依据WIND的数据,截至10月18日,2023年以来道琼斯指数、标普500指数和纳斯达克指数分别上涨了约2.6%、13.9%和29.3%。圣路易斯分行的数据显示,S&P/Case-Shiller美国房价指数从2023年1月的292.9上涨至7月的310.2。依据美联储2019年的调查数据,在居民持有财富结构中,家庭占比50%的低收入居民,其金融资产和房产分别约占8.5%和22.3%;在家庭占比40%的中间收入居民中,金融资产和房产分别约占12.0%和22.7%。因此,金融资产和房价上涨带来的财富效应刺激了消费。

从劳动力市场来看,9月的失业率为3.8%,非农就业岗位超预期地增加33.6万个,工资涨幅有所回落,平均时薪环比增长0.2%,同比增长

4.2%。薪资同比涨幅超过 CPI 同比 3.7% 的涨幅，支撑了美国居民的实际购买力。从储蓄来看，2023 年 8 月（年率）个人储蓄接近 0.8 万亿美元，比 2022 年上升了约 0.3 万亿美元。储蓄仍能够支撑一定的消费。

　　总体上看，美国经济中核心 PCE 对利率不够敏感。主要原因有两点：一是紧张的劳动力市场导致薪资上涨，支撑了消费；二是资产价格上涨带来了财富效应，刺激了美国居民的消费。美国经济空缺职位数量较高（8 月为 960 万个）和金融市场风险偏好依然较强（近期 Aaa 级债券和同期国债收益率溢价处在全球金融危机以来的低点），使货币政策在劳动收入和资产价格两大渠道上作用效果不理想，导致美国核心通胀率下降缓慢，美联储"限制性利率水平"持续的时间也可能会超预期。

美联储已缩表1万亿美元

10 月 25 日

从 2022 年 6 月缩表开始，截至 2023 年 10 月 25 日，美联储共缩表 1 万亿美元。流动性收紧基本体现在逆回购规模下降了约 1 万亿美元，银行体系流动性受到的影响小。由于金融市场条件指数仍然处在低位，可以认为美联储缩表收紧的流动性是市场上的"冗余"流动性，尚没有触及市场必需的流动性。由于核心通胀率下降相对缓慢，美联储的耐心可能最终会体现在"限制性利率持续更长的时间"上。

2023 年 10 月以来，美联储总资产进入 8 万亿美元以内。截至 10 月 18 日，美联储总资产为 7.93 万亿美元。其中，持有国债约 4.91 万亿美元，按揭抵押债券（MBS）约 2.48 万亿美元。从负债端来看，存款机构存款 3.25 万亿美元，美国财政部一般账户（TGA）8411 亿美元。6 月 1 日，TGA 仅有 485 亿美元，当时存款机构存款 3.21 万亿美元。6 月初美国国会决定暂停债务上限后，美国财政部加快了债券发行，快速重建了 TGA。

美联储总资产峰值在 2022 年 3 月，达到 8.95 万亿美元。2022 年 6 月美联储公布紧缩计划时，美联储总资产高达 8.91 万亿美元。其中，持有国债约 5.76 万亿美元，MBS 约 2.73 万亿美元。从负债端来看，存款机构存款 3.89 万亿美元，TGA 6215 亿美元。

以上信息说明，首先，自 2022 年 6 月美联储开启缩表周期以来，美联储总资产减少约 1 万亿美元（0.98 万亿美元）。相比总资产峰值来说，已经略超 1 万亿美元（减少 1.02 万亿美元）

其次，美联储减持国债约 8500 亿美元，减持 MBS 约 2500 亿美元。按照美联储 2022 年 6 月 1 日开始渐进式缩表的进程：前三个月，减持国债和 MBS 的规模分别为每月至多 300 亿美元和 175 亿美元，合计 475 亿美元；此后缩表规模提升至每月至多 600 亿美元和 350 亿美元，合计 950 亿美元。目前缩表规模大约是上限的 70%，也并未按照 2∶1 的比例去减持国债和 MBS。2023 年 3 月银行业关闭风波曾一度打断美联储的缩表进程，从 3 月 9 日到 3 月底美联储总资产增加了约 0.4 万亿美元。硅谷银行关闭事件后，3 月 12 日美联储公布了一项新的银行定期融资计划，将为符合条件的储蓄机构提供贷款，增加银行流动性，美联储总资产也相应得到扩张。

最后，美国财政部 TGA 的重建没有影响储蓄机构在美联储的存款。从 2023 年 6 月 1 日到 10 月 18 日，存款机构在美联储的存款还增加了 0.04 万亿美元。因此，银行体系的流动性并未受到影响。

美联储缩表带来的流动性收紧主要体现在货币市场基金上。

2022 年 6 月美联储开始缩表，美联储纽约分行的逆回购规模显示超过 2 万亿美元，这一态势一直延续到 2023 年 6 月中旬。从 2022 年 6 月到 2023 年 6 月美联储缩表 0.52 万亿美元，但逆回购规模一直保持在 2.2 万亿美元左右，这说明在激进宽松政策刺激下，美国金融市场出现了大量流动性"冗余"。当然，激进加息带来外部资金流入美国，也加重了市场流动性"冗余"，导致美联储缩表没有相应带来美国金融市场逆回购规模的下降。

情况从 2023 年 6 月中旬发生了显著变化，逆回购规模出现了拐点。6 月中旬开始逆回购规模跌破 2 万亿美元，纽约联储的逆回购规模也从 6 月中旬的 2 万亿美元下降至目前的 1.1 万亿—1.2 万亿美元，相对于 5 月底下降了大约 1 万亿美元。其间美国财政部加快了债券发行，重建了 TGA。

从数据来说，美联储至今缩表了约 1 万亿美元，逆回购规模下降了约 1 万亿美元，而美联储负债中储蓄机构的存款几乎没有发生什么变化。这意味着紧缩带来的流动性收紧几乎完全来自货币市场的逆回购。

依据美联储的数据，广义货币供应量（M2）在 2022 年 12 月进入负增长，截至 2023 年 8 月 M2 同比下降 3.7%，但 M2 流通速度从 2022 年第 1 季度的 1. 16 上升至 2023 年第 2 季度的 1. 30。货币流通速度的上升在一定程度上对冲了 M2 下降带来的流动性收紧。

总体上，美国市场的流动性出现了趋势性的收紧，尤其是在 2023 年 6 月中旬之后收紧趋势是明确的。美国金融市场流动性还是比较充足的，10 月中旬以来逆回购规模基本保持在 1. 1 万亿—1. 2 万亿美元之间。

同时，我们看到流动性收紧后，整个金融市场融资条件却出现了相反的情况。芝加哥全国金融条件指数从 2023 年 3 月 24 日的 -0. 122 一直下降至 10 月 13 日的 -0. 386，这说明美国金融市场流动性还是足够的，市场风险溢价也处在低位，市场杠杆率并未明显上升。

至此，有几个大致的判断。第一，美国金融市场流动性紧缩主要体现在逆回购规模的下降。相对于逆回购规模峰值，目前逆回购规模下降了约 1/2。第二，银行体系流动性受到影响小。储蓄机构在美联储的存款依然处在比较高的位置，超过 3. 2 万亿美元。第三，整个金融市场融资条件还处于相对宽松状态。

只要风险偏好不发生趋势性的逆转，美国金融市场总体可以保持正常波动运行。在仍有超过 1 万亿美元逆回购规模的背景下，通胀出现了明显下行（相对于峰值下降了 1/2），但核心通胀率下降相对缓慢（相对于峰值下降不足 1/3），美联储足够的耐心可能最终会体现在"限制性利率持续更长的时间"上。

跨周期和逆周期调节下的人民币汇率

11 月 2 日

新冠疫情冲击至今，中国央行货币政策使用"跨周期调节"的频率明显高于使用"逆周期调节"的频率，这说明相对于短期波动，中国央行更强调通过结构性信贷锚定中长期促进中国经济结构转型、优化和升级的目标。2019 年第 3 季度以来人民币兑美元 4 次破"7"，均与新冠疫情或者外部冲击导致的经济下行或经济预期转弱有关。中、美货币政策周期深度错位带来的中、美政策性利差缩小甚至"倒挂"是破"7"的重要原因之一，加强宏观审慎管理可以降低利差变化对汇率的影响程度。相对于中、美利差的变化，中国经济预期向好是汇率稳定的基石。在货币政策"跨周期调节"中，人民币兑美元贬值幅度与 CFETS 指数下行幅度之间高度不对称，人民币兑美元贬值幅度显著大于 CFETS 指数下行幅度，体现了汇率"跨周期"调节下的政策取向：降低人民币贸易汇率波动幅度及其对实体经济贸易的影响。货币政策更加注重做好"跨周期和逆周期"调节，"跨周期"调节通过平滑"逆周期"和"顺周期"波动，体现了稳中求进的工作总基调。"跨周期"调节在收敛"逆周期"和"顺周期"波动幅度的过程中避免了大起大落，为推进高质量发展要求的经济结构调整、优化和升级创造了条件。"跨周期"调节忽略短期扰动因素、允许汇率弹性增强，人民币汇率走势也相应体现出"跨周期和逆周期"调节的特征：弹性增强且呈现双向波动。

一 "逆周期调节""跨周期调节"
与 "跨周期和逆周期调节"

2019 年中美经贸摩擦、英国脱欧、地缘政治等全球不确定性因素增多，经济下行压力持续加大，第 3 季度 GDP 同比增速破 6%（5.9%）。央行在当年第 3 季度《中国货币政策执行报告》中提出实施稳健的货币政策，加强"逆周期调节"。9 月 6 日央行降准 0.5 个百分点，释放资金约 8000 亿元。2019 年年底疫情突然出现，2020 年第 1 季度央行再次提出加强货币政策"逆周期调节"。

央行在 2019 年第 3—4 季度和 2020 年第 1 季度 3 次提出过货币政策"逆周期调节"。从疫情出现至今只有两次，均是发生在疫情出现和暴发的2019 年第 4 季度和 2020 年第 1 季度。疫情冲击导致 2020 年第 1 季度中国经济同比下滑 6.9%。此后，截至 2023 年第 2 季度，《中国货币政策执行报告》中再也没有提及"逆周期调节"。

从 2020 年第 2 季度开始，央行提出"完善跨周期设计和调节"，2020年第 3 季度强调稳健的货币政策要更加灵活适度，第 4 季度强调保持好正常货币政策空间的可持续性。2021 年第 1 季度和第 2 季度强调"坚持跨周期设计理念"和"搞好跨周期政策设计"，2021 年第 3 季度开始进入"做好跨周期调节"，第 4 季度调整为"加大跨周期调节力度"且"不搞大水漫灌"。从 2022 年第 1 季度开始，一直到 2023 年第 1 季度，搞好"跨周期调节"，坚持不搞"大水漫灌"成为《中国货币政策执行报告》中货币政策的基本取向。2023 年第 2 季度在延续前两个季度"稳健的货币政策要精准有力"的基础上，提出要保持流动性合理充裕，但没有出现货币政策周期性的表述。2023 年 9 月中国人民银行货币政策委员会召开第三季度例会，提出"搞好逆周期和跨周期调节，更好发挥货币政策工具的总量和结构双重功能"。2023 年 10 月 21 日，受国务院委托，中国人民银行行长潘功胜在第十四届全国人民代表大会常务委员会第六次会议上作国务院关于金融工作情况的报告，指出"稳健的货币政策更加精准有力，把握好逆周期和跨周期调节"。2023 年 10 月 30—31 日中央金融工作会议提出"更加注重做好跨周期和逆周期调节"。

2020 年 7 月中共中央政治局会议第一次提出"完善宏观调控跨周期设计和调节"，一年之后的 2021 年 7 月中共中央政治局会议提出"要做好宏观政策跨周期调节"。2021 年 12 月召开的中共中央经济工作会议提出"财政政策和货币政策要协调联动，跨周期和逆周期宏观调控政策要有机结合"。中央会议强调的宏观政策，主要包括了财政政策和货币政策。

"逆周期"是指经济政策采取与经济周期波动走势相反的策略，典型的是总需求下降时，采取扩张性政策提升经济。"顺周期"是指经济政策采取与经济周期波动走势同向的策略，典型的是在经济处于扩张期时，通过放松货币政策，促进经济总需求进一步提升。"逆周期"政策可以提升总需求，但"逆周期调节"强调的总量政策很难实现结构性调整目标。"顺周期"政策可以加速经济提升，但存在经济过热的风险，可能导致资源错配。"跨周期"政策兼顾短期和长期，兼顾总量和结构，能够平滑"逆周期"和"顺周期"的政策力度。简言之，"跨周期"政策可以让短期中经济保持在合理目标增长区间，不采取过度刺激，强调资源效率，降低经济风险的积累；中长期中通过经济结构性调整、优化和升级，实现高质量增长。因此，"跨周期"调节体现了稳中求进的工作总基调。

表 1 归纳了 2019 年第 4 季度至 2023 年第 2 季度《中国货币政策执行报告》有关货币政策周期性取向的重点表述。可以看出新冠疫情冲击至今央行货币政策周期性取向的变化：（1）央行货币政策周期从疫情冲击早期的"逆周期调节"较快走到"跨周期设计和调节"，并逐步进入"搞好跨周期调节"，央行没有采取明显的刺激政策；（2）自 2019 年以来央行货币政策进入降息周期，政策性利率从 2019 年的 4.15% 下降至 2023 年 9 月的 3.45%，下降了 70 个 BP，体现了利率成本稳中有降，延续了 2012 年 5 月以来超过 10 年的降息长周期。（3）深化利率市场化改革，形成公开市场操

作和中期借贷便利（MLF）（2018年12月央行创建）到贷款市场报价利率（LPR）的传递渠道，积极引导利率下行。（4）2023年第3季度开始，央行货币政策取向表述变化为"搞好逆周期和跨周期调节"，"逆周期"调节一词回到央行货币政策表述中，说明经济持续恢复的基础仍需要通过货币政策加以巩固。

表1　　《中国货币政策执行报告》中货币政策周期和汇率的相关表述

时间	货币政策周期	人民币汇率
2019年第4季度	稳健的货币政策要灵活适度，加强逆周期调节	把握好保持人民币汇率弹性，完善跨境资本流动宏观审慎政策，人民币汇率双向波动，兑美元汇率双向"破7"
2020年第1季度	稳健的货币政策要更加灵活适度，加强货币政策逆周期调节，降低贷款实际利率	把握好保持人民币汇率弹性，完善跨境资本流动宏观审慎政策，保持人民币汇率在合理均衡水平上基本稳定
2020年第2季度	稳健的货币政策更加灵活适度，完善跨周期设计和调节，降低社会综合融资成本	人民币汇率总体稳定，双向浮动弹性增强，完善跨境资本流动宏观审慎政策
2020年第3季度	稳健的货币政策要更加灵活适度，精准导向，推动社会融资成本明显下降	人民币汇率以市场供求为基础双向浮动，弹性增强，市场预期平稳
2020年第4季度	稳健的货币政策要灵活精准，不急转弯，保持好正常货币政策空间的可持续性，促进企业综合融资成本稳中有降	发挥市场供求在汇率形成中的决定性作用，增强人民币汇率弹性，加强宏观审慎管理
2021年第1季度	坚持跨周期设计理念，稳健的货币政策要灵活精准，珍惜正常的货币政策空间，引导综合融资成本稳中有降	发挥市场供求在汇率形成中的决定性作用，增强人民币汇率弹性，加强宏观审慎管理，引导社会预期
2021年第2季度	稳健的货币政策要灵活精准，坚持正常的货币政策，搞好跨周期政策设计，推动实际贷款利率进一步降低	增强人民币汇率弹性，稳定市场预期，加强宏观审慎管理，引导企业和金融机构坚持"风险中性"理念
2021年第3季度	稳健的货币政策要灵活精准、合理适度，做好跨周期调节，推动实际贷款利率稳中有降	增强人民币汇率弹性，加强预期管理，完善跨境融资宏观审慎管理，引导企业和金融机构坚持"风险中性"理念

续表

时间	货币政策周期	人民币汇率
2021 年第 4 季度	稳健的货币政策要灵活适度，加大跨周期调节力度，不搞"大水漫灌"，引导企业贷款利率下行	增强人民币汇率弹性，加强跨境资金流动宏观审慎管理，强化预期管理，引导市场主体树立"风险中性"理念
2022 年第 1 季度	稳健的货币政策加大对实体经济的支持力度，提振信心，搞好跨周期调节，坚持不搞"大水漫灌"，促进企业综合融资成本稳中有降	加强跨境资金流动宏观审慎管理，强化预期管理，引导市场主体树立"风险中性"理念
2022 年第 2 季度	加大稳健货币政策实施力度，搞好跨周期调节，坚持不搞"大水漫灌"，推动降低企业综合融资成本	坚持底线思维，加强跨境资金流动宏观审慎管理，增强人民币汇率弹性，加强预期管理
2022 年第 3 季度	加大稳健货币政策实施力度，搞好跨周期调节，坚持不搞"大水漫灌"，推动降低企业融资和个人消费信贷成本	坚持底线思维，加强预期管理，注重预期引导，增强人民币汇率弹性，保持人民币币值和购买力的基本稳定，坚持市场在汇率形成中起决定性作用
2022 年第 4 季度	稳健的货币政策要精准有力。要搞好跨周期调节，坚持不搞"大水漫灌"，推动降低企业融资和个人消费信贷成本	加强预期管理和流动性管理，增强人民币汇率弹性，优化预期管理，坚持市场在汇率形成中起决定性作用
2023 年第 1 季度	稳健的货币政策要精准有力，总量适度，搞好跨周期调节，保持利率水平合理适度，促进实际贷款利率稳中有降	坚持市场在人民币汇率形成中起决定性作用，注重预期引导，增强人民币汇率弹性
2023 年第 2 季度	稳健的货币政策要精准有力，保持流动性合理充裕，促进企业融资和居民信贷成本稳中有降	坚持市场在人民币汇率形成中起决定性作用，稳定预期，坚决防范汇率超调风险

从央行对货币政策周期性的表述来看，即使在经济有下行压力时，"跨周期"调节的频率也远高于"逆周期"调节的频率。央行货币政策的周期性取向发生了明显变化，更加强调"跨周期"调节，相对于短期波动，央

行更强调通过结构性信贷锚定中长期促进中国经济结构转型、优化和升级的目标，服务于持续推动经济高质量发展。

二 货币政策周期不同表述下的人民币汇率

（一）货币政策"逆周期"调节下的人民币汇率

在 2019 年第 4 季度和 2020 年第 1 季度货币政策"逆周期"调节期间，央行对人民币汇率的表述为：把握好保持人民币汇率弹性，完善跨境资本流动宏观审慎政策，人民币汇率双向波动，兑美元汇率双向"破 7"。这是从 2015 年"811"汇率市场化改革以来人民币兑美元首次破 7，也是 2008 年 5 月以来人民币兑美元首次破"7"。

2015 年"811"汇改后，2016 年年底、2018 年 10 月人民币兑美元均几乎触及"7"，央行通过抛售外汇储备等措施，使人民币汇率守住了"7"关口，其中 2014—2016 年外汇储备出现了明显下降。2016 年人民币出现贬值的背景是 2015 年年底美联储开始加息。2018 年 3 月之后人民币出现贬值的背景是美国挑起了中美贸易争端；同时，2015 年 8 月到 2019 年 7 月，中美政策性利差呈现出显著收窄趋势，政策性利差从 2015 年 8 月的 423 个 BP 缩小至 2019 年 7 月的 198 个 BP，总体上保持了 200 个 BP 以上的水平。

2017 年年初人民币兑美元破 6.95，触及破"7"。2017 年 5 月中间价报价模型由原来的"收盘汇率 + 一篮子货币汇率变化"调整为"收盘汇率 + 一篮子货币汇率变化 + 逆周期因子"。"逆周期因子"成为调节汇率波动的重要变量。2018 年 1 月人民币中间价报价行陆续将"逆周期因子"调整至中性（人民币汇率进入 6.5 及以下区间）。2018 年 8 月受美元指数走强和中美贸易摩擦等因素影响，人民币汇率再次出现贬值，"逆周期因子"随即重启（人民币进入 6.8 及以上区间）；2020 年第 2 季度后"逆周期因子"淡出使用。此后，再未官宣启用逆周期因子。

可见，2019 年 8—9 月人民币破 "7"，主要是经济下行压力带来中美政策性利率显著缩小以及中美贸易摩擦所致。2019 年 8 月初，在第十二轮中美高级别经贸磋商结束后不久，美国突然宣布拟对剩余 3000 亿美元中国输美商品加征 10% 关税，受市场情绪迅速转换的影响，在央行使用了 "逆周期因子" 的背景下，人民币汇率十余年来出现了首次破 "7"。

（二）货币政策 "跨周期" 调节下的人民币汇率

2020 年第 2 季度央行提出 "完善跨周期设计和调节"，"跨周期调节" 忽略短期扰动因素、允许汇率弹性增强。人民币兑美元双向浮动，增强人民币汇率弹性，同时加强宏观审慎管理。从 2021 年第 2 季度到 2022 年第 2 季度的报告中，央行强调引导企业和金融机构坚持 "风险中性" 理念。

2020 年第 2 季度后 "逆周期因子" 淡出使用，人民币汇率形成机制进一步市场化。2020 年 4—5 月人民币汇率再次破 "7"。2020 年 3 月由于新冠疫情以及石油地缘摩擦导致了国际金融大动荡的出现，美股出现了约 30% 的跌幅，美联储也在 3 月 23 日实施了 "零利率 + 无上限宽松" 的货币政策，中美政策性利差保持在 373 个 BP 的相对高位，人民币汇率出现了破 "7"。主要原因是疫情对中国经济产生了巨大的负面冲击，2020 年第 1 季度中国 GDP 出现了同比 6.9% 的下滑，贸易顺差出现了下滑（2020 年 2 月出现了近 620 亿美元的逆差），经济预期转弱；同时，2020 年 5 月美国白宫发布了《美国对中国战略方针》，大肆炒作所谓的 "中国威胁论"，试图遏制中国发展。可见，新冠疫情冲击导致中国经济下滑带来预期转弱和中美关系恶化是人民币汇率第 2 次破 "7" 的两个基本原因。

随着疫情防控优化，中国快速推进复工复产，顺差快速恢复并创新高，从 2020 年 6 月开始，人民币趋势性升值到 2022 年 2 月底，人民币兑美元也从破 "7" 升值到 6.3。2020 年中国经济增速 2.3%，是全球大经济体中唯一保持正增长的经济体。2021 年中国经济增速达到 8.4%，2022 年第 1 季度中国经济增速达到 4.8%，而且在这个升值周期中，中美政策性利差始终保持在 332—373 个 BP 之间，变动不大。可见，稳定的中美政策性利差、中国经济相对高增长以及大量贸易顺差支撑了人民币兑美元走出了长达 8 个月的升值。

2022 年 9 月人民币兑美元出现了第 3 次破"7"，主要是由中美货币政策周期深度错位和疫情冲击使中国经济有下行压力共同导致的。2022 年 3 月美联储开始加息，货币政策进入紧缩周期。美联储采取了激进加息方式，9 月政策性利率已达到 3.125%，中国货币政策性利率下调了 5 个 BP（从 3.7% 下降至 3.65%），中美政策性利差从约 333 个 BP 快速收窄至约 53 个 BP。同时由于疫情冲击导致 2022 年第 2 季度中国经济增速只有 0.4%，到 2022 年 11 月上旬，人民币汇率触及 7.33 的低位。此后其升值至 2023 年 1 月中旬的 6.7 左右，主要是经济预期向好所致。2023 年第 1 季度中国经济增速达到 4.5%，疫情放开政策预期带来人民币兑美元升值。其间中美政策性利差由正转负，从 2022 年 11 月约 53 个 BP 变化为 2023 年 1 月中美政策性利率倒挂近 73 个 BP。中国经济预期向好压倒了中美利差反转，人民币兑美元出现了阶段性升值。

从 2023 年第 1 季度开始，央行坚持市场在人民币汇率形成中起决定性作用，注重预期引导，增强人民币汇率弹性，并在第 2 季度提出稳定预期，坚决防范汇率超调风险。2023 年 5 月中旬人民币汇率第 4 次破"7"，主要是国内宏观数据不及预期、美联储加息使中美政策性利率"倒挂"幅度急剧扩大所致。2023 年第 2 季度中国经济增速 6.3%（2022 年基数只有 0.4%），增速可能不及市场预期；2023 年 5 月中美政策利率"倒挂"幅度接近 150 个 BP。此后，2023 年 7 月 20 日中国人民银行、国家外汇管理局将企业和金融机构跨境融资宏观审慎调节参数从 1.25 上调至 1.5，加大跨境美元融资，提高美元流动性；2023 年 9 月 1 日中国人民银行宣布从 9 月 15 日起，将金融机构外汇存款准备金率由 6% 下调至 4%，释放美元流动性。其间美元指数一直上行，人民币兑美元从 9 月上旬的 7.35 开始轻微回落，截至目前基本保持在 7.3 左右运行。2023 年 9 月之后美联储暂缓加息，中国央行从 5 月以来政策性利率再次下调 20 个 BP，2023 年 8—9 月中美政策性利率"倒挂"达到近 193 个 BP，是截至目前的中美政策性利差"倒挂"峰值。

（三）人民币兑美元 4 次破"7"揭示的信息

2019 年年中以来人民币汇率 4 次破"7"。第 1 次发生在新冠疫情前的货币政策"逆周期"调节中；第 2、第 3 次出现在货币政策"跨周期"调节期间，也是发生在疫情期间；第 4 次出现在疫情放开后 2023 年第 2 季度《中国货币政策执行报告》中没有关于货币政策"跨周期"和"逆周期"的相关表述期间。

从基本原因来看，第 1 次人民币汇率破"7"，主要是经济下行压力导致中美政策性利率显著缩小以及中美贸易摩擦所致；第 2 次破"7"的基本原因是疫情冲击导致中国经济下滑带来预期转弱和中美关系恶化；第 3 次破"7"主要是中美货币政策周期深度错位和疫情冲击导致中国经济下行和预期转弱；第 4 次破"7"主要原因是国内宏观数据不及市场预期、美联储加息导致中美政策性利率"倒挂"幅度急剧扩大所致。

综合上述 4 次破"7"的基本原因，有四点需要关注。首先，随着中国金融开放的程度不断提高，中美利差变化是导致人民币兑美元汇率变动的基本原因之一。其次，疫情不确定冲击对人民币汇率影响较大，两次破"7"发生在疫情期间，均与疫情冲击导致中国经济下行及带来的预期转弱有关。再次，疫情后的破"7"是利差大幅度"倒挂"和经济修复不及市场预期所致。最后，在加强宏观审慎管理的前提下，经济增速及预期对人民币汇率的作用程度可能要高于中美利差的作用程度。4 次破"7"均与中国经济增速放缓和预期转弱直接相关，加强宏观审慎管理能降低中美利差"倒挂"对人民币汇率的影响程度。

从货币政策周期来看，发生在疫情前及疫情暴发初期的货币政策"逆周期调节"只有三个季度。一般来说，货币政策在三个季度内不太可能形成一个完整的"逆周期"调节周期。中国货币政策从"逆周期"调节较快过渡到"跨周期"调节，原因大体有两点：一是吸取了次贷危机之后的强刺激经验和教训，总量强刺激不利于整体经济结构转型、优化和升级；二是中国进入高质量发展阶段，持续优化和提升经济结构是宏观政策的要点。央行货币政策较快进入"跨周期"调节体现在重视结构性信贷上，结构性信贷在总信贷中的占比是不断提高的。因此，这一轮的"逆周期"调节并未完成，不依靠强刺激来获取较高的经济增速。2020 年第 2 季度 GDP 增速 3.1%，和过去的增速相比，疫情冲击所致的偏弱经济增速及预期转弱，使人民币汇率也在 2020 年 4—5 月出现了第 2 次破"7"。"跨周期"调节货币政策周期中的第 3 次破"7"的原因与中美货币政策周期深度错位直接相关。美国由于高通胀压力进入激进加息周期，而中国又遭受了地区性的疫情冲击，2022 年第 2 季度 GDP 增速仅为 0.4%。中美利差急剧缩小以及经济预期转弱，使 2022 年 9 月人民币兑美元出现了第 3 次破"7"。这两次发生在货币政策"跨周期"调节周期中的破"7"除了经济增速及预期、中美利差的因素，美国执意打压中国导致中美关系恶化也可能是原因之一。

2023 年第 1 季度央行货币政策强调"搞好跨周期调节"，这是疫情结束后的第一个货币政策执行报告。2023 年第 1 季度 GDP 同比上涨 4.5%，超出市场预期，为"跨周期"调节的货币政策创造了有利条件，也为结构性调整和优化的政策创造了空间。但从第 2 季度开始，在美联储进一步加息和地缘政治冲突持续的背景下，全球经济增长出现了偏悲观的预期，中国对外贸易也出现了下滑。以美元计价，2023 年 5 月中国出口下滑 7.4%，6—7 月出现了 10% 以上的下滑。从国内经济情况来看，民间投资信心尚未恢复，从 5 月开始，民间投资出现了累计负增长（1—5 月同比下滑 0.1%）。房地产投资进一步下滑，1—2 月累计下滑 5.7%，1—5 月累计下滑达到 7.2%。过去数年累积起来的依靠债务推动增长的房地产企业和地方政府债务风险加大。在这样的背景下，央行在 2023 年第 2 季度《货币政策执行报告》中出现了没有关于货币政策"跨周期"和"逆周期"的相关表述，提出了"保持流动性合理充裕，促进企业融资和居民信贷成本稳中有降"。

这种表述的变化体现了实情："跨周期"货币政策兼顾短期和长期，兼顾总量和结构；"逆周期"货币政策偏向总量。2023 年第 2 季度 GDP 增速 6.3%（2022 年基数 0.4%），6.3% 增速采用哪一种周期性表述都不太贴合实情。2023 年 6 月之后，民间投资和房地产投资下滑趋势仍未得到扭转，出口下滑幅度收窄但仍然是下滑，第 2—3 季度最终消费对 GDP 的贡献率分别高达 84.5% 和 94.8%。因此，再次平衡中国经济增长动力就成为经济持续增长的内在要求，央行再次提出了"把握好逆周期和跨周期调节"，而且将"逆周期"放在"跨周期"前面，说明平衡增长动力来稳增长成为权重更大的偏好，稳定了增长也就稳定了人民币汇率。

三 不同货币政策周期表述下的 人民币金融汇率与贸易汇率

2005 年 7 月 21 日，人民币汇率改革形成了以市场供求为基础、参考一篮子货币进行调节、有管理的浮动汇率制度，这一制度延续至今。关于此制度 2023 年第 2 季度央行在《中国货币政策执行报告》中表述为：继续推进汇率市场化改革，完善以市场供求为基础、参考一篮子货币进行调节、有管理的浮动汇率制度。2005 年汇改人民币放弃了与美元之间单一的定价关系，改为与贸易一篮子货币相对定价。从此，人民币汇率就出现了两个汇率：人民币兑美元的双边金融汇率、人民币兑一篮子货币的多边贸易汇率。2015 年"811"汇改主要是人民币兑美元汇率中间价机制进一步市场化，更加真实地反映了外汇市场的供求关系。

人民币金融汇率与贸易汇率之间比较好的关系是，人民币兑美元金融汇率贬值，人民币兑贸易一篮子货币也贬值。这样，人民币兑美元贬值就起到了贬值促进出口的作用。人民币金融汇率与贸易汇率之间也会出现阶段性背离：人民币兑美元金融汇率贬值，人民币兑贸易一篮子货币反而升值。原因是贸易篮子中其他货币兑美元贬值幅度更大，导致人民币兑贸易一篮子货币升值。例如，2022 年年初至 2022 年 7 月 15 日，人民币兑美元

（CFETS）大约贬值了约6%，CFETS、BIS 和 SDR 人民币汇率指数分别升值了1.34%、2.53%和1.52%。人民币兑美元双边汇率（金融汇率）和人民币兑一篮子货币汇率（贸易汇率）出现了阶段性的背离。

2015 年中国开始编制 CFETS 指数，当时美元权重为 26.40%，2017 年下降为 22.40%，2020 年下降为 21.59%，2021 年进一步下降为 18.79%，2022 年开始上升至 19.88%，2023 年又下降为 19.83%。从 CFETS 编制至 2023 年，美元在 CFETS 篮子货币中权重下降了 6.57 个百分点。因此，在 CFETS 指数中，随着美元权重的下降，人民币兑美元金融汇率变化与人民币兑贸易一篮子货币币值变化出现阶段性方向不一致的概率可能会增加，因为人民币兑美元汇率变化影响人民币兑一篮子货币（CFETS）变化的程度下降了。

图 1 给出了 2019 年以来人民币兑美元在岸金融汇率和 CFETS 汇率指数的变化。结合 2019 年 8—9 月、2020 年 4—5 月、2022 年 9 月以及 2023 年 5 月中旬人民币汇率共计 4 次破"7"的情况，我们可以观察人民币兑美元的双边金融汇率和人民币兑一篮子货币贸易汇率的变化。

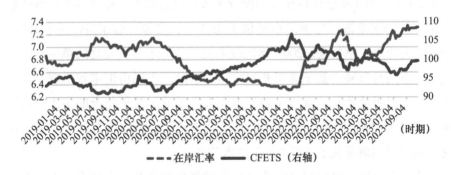

图1　人民币兑美元金融汇率与一篮子贸易汇率的变化（收盘价）

资料来源：WIND.

2019 年 8—9 月第 1 次破"7"阶段：这一阶段人民币兑美元贬值的同时，CFETS 汇率指数也下行，人民币贬值带来了名义有效汇率的贬值。2019 年 4 月 19 日到 8 月 30 日，以收盘价计，人民币兑美元贬值了 6.6%

（从 6.7 到 7.145），CFETS 贬值了 4.5%。

2020 年 4—5 月第 2 次破 "7" 阶段：这一阶段人民币兑美元贬值几乎没有带来名义有效汇率（CFETS）的贬值。2020 年 1 月 17 日到 2020 年 5 月 29 日，人民币兑美元贬值了 4.2%（从 6.86 贬到 7.146），CFETS 仅贬值了 0.60%。

2022 年 9 月第 3 次破 "7" 阶段：这一阶段人民币兑美元较大幅度贬值，CFETS 出现较小幅度的贬值。2022 年 2 月 25 日到 11 月 4 日，人民币兑美元贬值了 15.2%（从 6.31 贬到 7.27），CFETS 仅贬值了 4.33%。

2023 年 5 月第 4 次破 "7" 阶段：这一阶段人民币兑美元较大幅度贬值，CFETS 也出现了较小幅度的贬值。2023 年 1 月 13 日到 9 月 8 日，人民币兑美元贬值了 9.4%（从 6.71 贬到 7.34），CFETS 只贬值了 2.57%。

因此，在第一个破 "7" 贬值阶段，人民币兑美元贬值可以有效带来 CFETS 指数下行，有利于出口。在其他三个阶段，人民币兑美元贬值与 CFETS 指数下行幅度之间是高度不对称的：需要人民币兑美元较大幅度的贬值才能获取 CFETS 指数较小的下行。换言之，人民币兑美元较小幅度的贬值对出口的作用甚微。当然，中国经济从来都不靠货币竞争性贬值来促进出口，即使在 1998 年亚洲危机期间，人民币也坚持了对美元汇率的稳定性。

为什么出现这样的结果？大概有两个方面的原因：一是 CFETS 指数中美元权重下降，导致人民币兑美元贬值在推动 CFETS 指数下行中的作用下降；二是贸易伙伴的货币兑美元也贬值，冲销了人民币兑美元贬值的作用。

人民币兑美元贬值幅度带来 CFETS 指数下行幅度之间的高度不对称性也证实了人民币汇率是参考一篮子货币进行调节、有管理的浮动汇率制度。人民币侧重于保证对 CFETS 篮子货币的稳定性。从这个视角，我们可以发现，人民币币值稳定更侧重于相对以贸易为基础的一篮子货币的币值，这与过去一直以来人民币侧重于以贸易为基础的货币国际化是一致的。从货币周期来说，重视贸易货币篮子稳定性，也体现出了汇率在 "跨周期" 货币政策调节下的取向：降低人民币贸易汇率的波动幅度及其对贸易的影响，体现出了汇率服务于实体经济发展的功能。

四 "跨周期和逆周期"调节下的
人民币汇率再讨论

2023 年 10 月 30—31 日中央金融工作会议指出，始终保持货币政策的稳健性，更加注重做好跨周期和逆周期调节，充实货币政策工具箱。对于外汇市场，强调加强外汇市场管理，保持人民币汇率在合理均衡水平上的基本稳定。

在始终保持货币政策稳健性的前提下，更加注重做好跨周期和逆周期调节，央行货币政策在前期跨周期调节的基础上，引入了逆周期调节因素，以应对当下经济面临的困难。保持流动性合理充裕，融资成本持续下降仍然是货币政策的着力点。央行政策性利率超过 10 年的降息周期在未来一段时间不会出现反转，名义利率将继续保持低位。通过继续降低成本支持实体经济发展，也有利于降低债务重置成本，化解债务风险。

加强外汇市场管理，丰富外汇市场管理工具箱。在外汇市场出现超过经济基本面的不合意波动时，"往飞转的轮子里掺沙子"对于抑制短期投机套利，防止投机性资本流动对中国金融市场可能带来的冲击是非常必要的。尤其是美国核心通胀率至今仍在 3.5% 以上的水平，美联储利率持续在高位运行的时间会比较长。在中国政策性利率降息长周期中，中美政策性利差较大幅度的"倒挂"时间也会比较长。图 2 显示，中美政策性利率"倒挂"时间已接近 1 年时间，在未来相当长一段时间内，都会存在中美政策性利率"倒挂"现象。通过加强外汇市场管理，可以减弱中美货币政策周期深度错位给人民币汇率波动带来的影响。

加强外汇市场管理为央行货币政策"以我为主"创造了条件。保持货币政策自主性对于推动中国经济持续向好和预期增强至关重要，而中国经济持续向好和预期增强是人民币汇率保持稳定的基石。应对疫情冲击和多轮外部冲击，央行在 4 次破"7"的过程中积累了丰富的经验，具有充足的政策工具储备，有足够的能力维护外汇市场平稳运行。

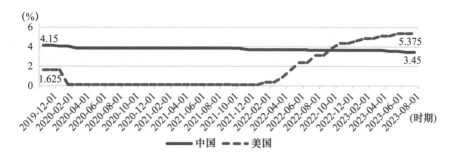

图2 中美央行政策性利率的变化

资料来源：BIS.

稳外资、稳外贸穿越了央行的货币政策周期，是中国经济发展的长期战略，持续的贸易顺差为外汇市场上外汇供给提供了保障。2019 年中国贸易顺差超过 4000 亿美元，2022 年超过 5000 亿美元，2021 年超过 6000 亿美元，2022 年更是达到了 8477 亿美元。2023 年 1—9 月中国贸易顺差超过 6300 亿美元。在坚持"引进来"和"走出去"并重的开放进程中，2011 年以来中国外汇储备始终保持在 3 万亿美元以上，2019 年以来稳定在 3.1 万亿—3.3 万亿美元之间。充足稳定的外汇储备为人民币汇率的稳定性提供了基础，也为坚决防范汇率"超调"风险提供了基础。

在"汇率中性"理念逐步融入金融机构、企业和家庭的投资决策行为之后，结汇售汇行为的正常化能有效降低外汇市场的不合意波动。因此，强调"汇率中性"理念，注重预期引导，在人民币汇率弹性增强的同时，人民币汇率保持了在合理均衡水平上的基本稳定，发挥了汇率作为调节宏观经济和国际收支自动稳定器的作用。

货币政策更加注重做好"跨周期和逆周期"调节，"跨周期"调节忽略短期扰动因素、允许弹性增强，人民币汇率走势也会相应体现出"跨周期和逆周期"的特征：弹性增强且呈现双向波动。"跨周期"通过平滑"逆周期"和"顺周期"的波动，在收敛"逆周期"和"顺周期"波动幅度的过程中，避免了大起大落，为有效推进高质量发展所要求的经济结构调整、优化和升级创造了条件。

美元汇率指数的一般性和特殊性

11 月 10 日

美元除了有其他货币具有的贸易汇率指数和金融汇率指数，还有美元指数。美元汇率指数既有一般性，也有特殊性。固定汇率制下，美元用黄金给自己的定价背书；浮动汇率制下，美元用六种货币给自己的定价背书。1999 年以来美元指数有三大特点：篮子中货币不变、权重不变、实时交易。篮子中货币不变和权重不变的特殊性促成美元在现有国际货币体系定价中的显著优势：相对于给自己定价背书的经济主体，美国具备综合优势。实时交易为美元市场交易深度和广度创造了条件。美元指数为维持美元货币体系全球影响力及美元实现"过度特权"提供了定价支撑。未来国际货币体系变革的一项重要内容是改革美元指数的编制方法。

一　美元汇率指数的一般性

自从固定汇率制解体后，西方各国普遍采用浮动汇率制，这导致所有货币都存在两种类型的汇率指数：贸易汇率指数和金融汇率指数。贸易汇率指数是基于一国与贸易伙伴之间双边贸易量权重构造的一篮子货币指数，也称名义有效汇率指数。有效汇率指数经过与贸易伙伴的价格调整后，变为实际汇率贸易指数。该指数主要反映一国商品和服务与贸易伙伴之间的综合竞争力，能体现出汇率变动调节国际收支平衡的作用，通过贸易渠道对一国或者区域外部头寸产生影响。

金融汇率指数是基于一国与其他国家之间双边投资头寸权重构造的一篮子货币指数，主要用于体现一国金融资产的综合竞争力，以及汇率变动通过金融渠道对一国或者区域外部头寸产生的影响。世界各国目前少有正式发布的金融汇率指数，部分学者在学术研究时会通过估算外部敞口数据来构建金融汇率指数。

随着中国汇率市场化改革的推进，2015 年中国编制的人民币 CFETS 指数就是一种人民币贸易汇率指数，采用考虑转口贸易因素的贸易权重法来确定货币权重。由于一国或者区域与贸易伙伴的贸易占总体贸易权重会发生变化，因此，贸易权重是动态变化的。2015 年至今，CFETS 指数多次调整了贸易伙伴的权重，这与世界上其他经济体编制的贸易指数类似，都会过一段时间就调整一篮子货币的权重。中国目前尚未正式发布人民币金融汇率指数，人民币兑美元之间双边汇率在较大程度上代表了人民币的金融汇率。

二　美元汇率指数的特殊性

美元有贸易汇率指数和金融汇率指数，但与其他货币不同的是，美元还有美元指数，用以代表国际金融市场上的美元对外综合价格。在固定汇率制度崩溃不久之后，以 1973 年 3 月定期 100 为基准，美元建立了一个包含 10 种主要货币的美元指数，而该指数的数据记录最早可追溯到 1971 年。历史上，美元指数货币篮子也进行过调整。目前所使用的美元指数，是 1999 年 1 月 1 日欧元面世之后，纽约棉花交易所将美元指数期货合约标的物由 10 国减至 6 个经济体，欧元成为权重最大的货币。具体而言，美元指数给了欧元 57.6% 的权重，其余的 5 种发达经济体的货币权重分别是日元 13.6%、英镑 11.9%、加拿大元 9.1%、瑞典克朗 4.2%、瑞士法郎 3.6%。

美元指数不是贸易汇率指数，而是代表美元在国际金融市场上综合强弱的金融汇率指数。由 BIS、IMF 和美联储编制的美元汇率指数都是贸易汇率指数，其权重基于贸易量计算，而且进行动态调整。通过比较美元指数与这三种贸易汇率指数的货币篮子权重，我们可以发现美元指数并不是通过贸易权重总和来构建的指数，因此不属于贸易汇率指数。美元指数中的六种货币在 BIS 的窄口径美元有效指数中的权重总和为 65.11%，在宽口径美元有效指数中的权重总和为 41.24%，在美联储编制的广义美元贸易汇率指数中的权重总和约为 47.46%，在 IMF 有效汇率指数中的占比也不到一半。此外，一些在美元贸易汇率指数中权重较高的国家，如墨西哥和中国，却未被包括在美元指数的货币篮子中。

美元指数通过货币篮子中的六种货币给美元定价，从而形成国际金融市场上美元对外货币价格的"锚"，也就是美元指数中的美元只用上述六种货币来给自己定价。由于美元及美元指数中的货币基本主宰了国际金融市场，美元指数也就成为反映全球主要货币强弱的标志，代表了国际金融市场上的美元综合汇率价格。

美元指数期货直接上市交易，反映美元在国际金融市场上的实时综合汇率价格情况。实时性是该指数的一个特点，这与一般性的汇率指数不同。实时交易为美元市场交易深度和广度创造了条件。美元指数期货在美国洲际交易所上市交易，美元指数的实时数据由该交易所提供。相较于其他提供月度或日度数据的汇率指数，美元指数更能准确反映国际金融市场上美元的实时情况，对于国际投资者资产配置决策有重要的参考价值。

三　美元指数代表了一个排他性的国际货币定价利益集团

与其他汇率指数会定期更新货币篮子不同，自 1999 年 1 月 1 日欧元出现使美元指数货币篮子进行了调整后，美元指数的货币篮子就再也不曾做过调整。在 1973 年美元指数制定时，美元及美元指数中的货币毫无疑问地主导着国际金融市场。但现在，一些非美元指数货币，例如人民币和澳大利亚元，也在国际金融市场上有着一定的产品数量和定价权，却无法参与美元指数内部的价格形成机制，这体现出美元指数货币篮子构成的不公正性和不合理性。

美元指数是唯一主导国际金融市场币值定价的汇率指数。美元指数上涨意味着美元走强，通常指数在 95 以上就可以认为是强美元，反之在 95 以下可以认为是美元走弱。由于美元及美元指数货币主导了国际金融市场，所以美元指数走势的变化会影响全球货币走势。这就是美联储加息以来我们经常看到的，美元指数走强，全球许多货币兑美元贬值。具体来说，美元指数走强影响其他货币贬值有两种情况。一是利率机制。美元加息，美元相对于美元指数中的货币升值，美元指数走强，与此同时非美元指数的货币不加息或加息幅度低于美元，在资本市场开放的条件下，利差的变化会导致其货币兑美元贬值。二是流动性机制。由于美元指数的走势不仅取决于美元，还取决于美元指数中的六种货币，在美元不加息甚至降息时，美元指数中六种货币的弱势地位也会反向推动美元指数走强。这时美元资产相对于美元指数篮子货币中的资产更有投资价值，美元就会回流到规模巨大的美国金融市场，对其他货币来说资本外流带来贬值压力。

固定汇率制下，美元用黄金给自己的定价背书；浮动汇率制下，美元用六种货币给自己的定价背书。美元指数篮子货币是选择性和排他性的，作为一个排他性的国际货币定价利益集团，在相当程度上已经不能客观反映国际金融市场上美元的对外综合价格，这种特殊性促成美元在现有国际货币体系定价中的显著优势：相较于给自己定价背书的经济主体，美国具有综合优势。因此，美元指数为维持美元货币体系全球影响力及美元实现"过度特权"提供了定价支撑。未来国际货币体系变革的一项重要内容是改革美元指数的编制方法，纳入有一定全球影响力的、对美元有直接影响力的货币，以便客观反映美元在全球金融市场上的对外综合相对价格。

美元货币体系:一个极简分析框架

11 月 20 日

我们尝试提供一个三层次极简而完整的美元货币体系运行分析框架，为思考美元货币体系的运行和演进提供了新视角和思路，也为研究者研究美元货币体系提供了研究范围和层次区分的逻辑，从纷繁复杂的美元货币体系中明确了所研究的内容在本框架中的位置。

美元货币体系是人类有史以来最复杂的国际货币体系。我们尝试给出一个极简分析框架，以便简洁而完整地理解美元货币体系的运行。

在给出极简分析框架之前，我们先看三个基本事实。

事实 1：美国对外投资负净头寸自次贷危机以来大幅上升，截至 2023 年第 2 季度大约为 −18 万亿美元。

事实 1 说明美国长期以来从全球净借入资金，然后进行全球投资，获取融资成本和投资收益之间的差额。美国向全球融资并再投资获得的正收益率差被研究者称为美元货币体系的"过度特权"[1]。这一净收益在相当程度上弥补了美国经常账户赤字，降低了美国经常账户赤字风险，维护了美元信用，由此成为支撑美元货币体系运行的关键点。

事实 2：美元长期以来用欧元等六种货币给自己定价背书，构成了国际金融市场上反映美元强弱的美元指数。这六种货币是美元定价的"弹性锚"，这与固定汇率制度下美元用黄金给自己定价背书的"固定锚"完全

---

[1]　Gourinchas and Rey, 2005；2007.

不同。

从布雷顿森林体系开始，固定汇率制度存续了 26 年（1945—1971 年），1971 年美国总统尼克松关闭"黄金窗口"，宣布终止美元与黄金之间的固定兑换比率，固定汇率制度解体。这就是说，美元用黄金作为自己定价的"固定锚"，美元只"锚"了黄金 26 年，就"锚"不住了，直接原因是国际市场不相信美国还有能力维持美元和黄金之间固定汇兑关系（美元增加的速度大大高于美国黄金储备的增长速度）。浮动汇率制度下，美元用六种货币给自己定价就完全不同了。欧元等货币的币值随着经济周期和货币政策的变化本身就有周期性波动，而美元用这种币值波动的货币给自己定价意味着美元的定价"锚"是"弹性锚"。从 1971 年以来（1973 年 3 月为基期 =100），截至 2023 年 11 月，美元指数的月度均值是超过 97 的，如果按照 95 以上就是强美元的逻辑，那么从长期中的平均水平来看美元是强的。美元指数本身也有周期性的波动，有强也有弱，既取决于美国本身的经济周期和宏观政策，也取决于给自己定价的六种货币经济体的经济周期和宏观政策。此外，地缘政治等各种冲击也会影响美元指数的走势。

浮动汇率制度至 2023 年已有 52 年（1971—2023 年），已经是固定汇率制存续期 26 年的 2 倍，但美元还处在这轮美联储紧缩周期的强势阶段。这就是美元采用黄金"固定锚"和六种货币"弹性锚"之间的巨大差异。

事实 3："去美元化"方兴未艾。"去美元化"是全球货币多极化，不同货币经济体面临的地缘政治（军事）、经济、科技的此消彼长，都会影响该经济体的货币在全球的使用。

有多种因素带来全球"去美元化"，降低美元在国际贸易和投资中的使用程度。2022 年俄乌冲突爆发，全球"去美元化"出现了加速态势，主要原因是新地缘政治关系深度演进加速了新地缘经济—货币关系的变化。美国激进加息周期和疫情冲击导致全球贸易投资收缩也是助推"去美元化"的因素。截至 2023 年第 3 季度美元在全球外汇储备中占比低于 60%，2021 年全球非传统储备货币在全球储备中的占比首次超过了 10%，表明储备货币多极化的局面已经拉开帷幕。

如何理解上述三个基本事实之间的关系？如何把三个基本事实统一在一个分析框架中，以便简洁而全面地理解美元货币体系？为此，我们提出一个三层次美元货币体系极简的分析框架（见图 1）。

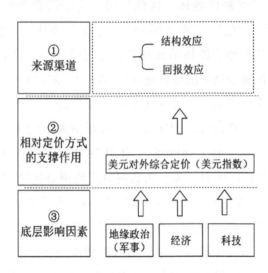

图 1 美元货币体系的三层次极简分析框架

层次 1：图 1 中的上层部分，这一部分是美元货币体系"过度特权"的实现方式或者渠道。按照现有的研究，美元货币体系"过度特权"主要由结构效应和回报效应这两大核心渠道构成。结构效应是指美国通过做空安全资产、做多风险资产的杠杆投资结构获得正回报率差。回报效应是指在同一资产细分类别中美国外部资产回报率超过外部负债回报率获得的"过度特权"，体现的是资产属性不同带来的溢价，包括安全性和流动性溢价。按照我们的研究，1990—2021 年美元货币体系"过度特权"年均的净正收益率为 1.40 个百分点，其中结构效应贡献了约 3/4，回报效应贡献了约 1/4。

需要注意的是，结构效应和回报效应的测度是基于美元货币体系运行后的事实结果，是一种机制运行事后的数据测度，我们需要充分认识到美元"过度特权"实现背后的定价机制。

层次2：图1中的中层部分，这一部分是美元相对定价方式（或者称为美元指数的定价机制）对美元货币体系"过度特权"运行的支撑作用。相对定价方式是指在浮动汇率制下，国际金融市场上美元用美元指数货币篮子中的六种货币来为自己定价背书。与层次1的差异在于这是回答为什么会出现图1中的上层部分事后测算结果，或者说图1中层的美元对外定价方式支撑了上层部分的事后测算结果。

美元指数是美元对外综合相对价格，货币篮子中的六种货币成为美元的"弹性锚"。与固定汇率制下美元与黄金间的固定兑换比例无法维持就意味着美元信用崩溃不同，美元指数所代表的美元信用弹性大，美元货币体系"过度特权"的扩张边界模糊，我们不知道国际投资者还能接受多少美国安全资产。美元指数的走势不仅取决于美元自身，还取决于美元指数中的六种货币。如果美元本身的价格没有发生变化，但其他货币的价格下跌，那也会反向推动美元指数走高，提高美元对外综合相对价格。反之，如果其他货币的价格上涨，那么也会导致美元指数下行。

美元指数是一个排他性的国际货币体系定价利益集团，这个利益集团占了全球外汇储备的90%以上，占全球外汇市场交易的90%。1999年年初欧元出现后，美元指数货币篮子及权重进行了调整，此后美元指数的货币篮子及权重再也不曾发生过调整。通过这种排他性的定价方式，排除了部分强势货币对美元指数的直接影响，有助于美元指数在长期中保持强势和稳定，增加国际投资者持有美国安全资产的意愿，从而强化了结构效应，由于结构效应贡献了"过度特权"的约3/4，因此，美元指数支撑了美元货币体系"过度特权"的运行，也就有助于美元货币体系的运行及存续。

层次3：图1中的下层部分，这一部分是支撑整个美元货币体系运行的底层因素，包括地缘政治（军事）、经济、科技三大支柱。在地缘政治（军事）方面，美国通过军事力量或者地缘政治影响力，引诱说服其他国家加入美国领导的全球秩序体系，增加全球对美元的需求。最典型的代表就是"石油美元"。美国以提供军事保护为条件要求沙特把美元作为石油计价货币。在经济方面，美国的金融发展程度、金融市场流动性、经济规模、经济增长速度以及进出口贸易量等因素，都会影响全球投资者对美元及美元资产的需求，也会影响美国金融资产的供给能力和供给结构。在科技方面，美国通过其技术创新能力创造了其他国家对于美国科技产品的需求。为了购买美国产品，其他国家需要持有美元，使用美元交易。最典型的代表是"芯片美元"。这些因素影响了美元的供给和需求，这些因素彼此之间也存在极其复杂的相互影响关系，最终都会影响美元供求，并体现在美元的对外定价上（美元指数）。

底层因素是直接影响美元货币体系演进的因素，国际货币体系变革只有在底层因素上出现重大变化，才会显著影响美元的全球需求。因此，任何国际货币体系的大变革一定发生在本小节提出的极简分析框架的底层（层次3）。底层的全球美元供求关系变化传递到中层的美元指数定价（层次2），从而影响到上层美元全球大循环及美元货币体系的"过度特权"（层次1）。

"软着陆"预期刺激了美国金融市场

11 月 29 日

临近年末，市场投资者认为 2023 年美国经济在三个方面超出了市场预期：经济增速超过长期潜在增长率、劳动力市场韧性强以及通胀放缓的速度较快。"软着陆"预期刺激了投资者兑现风险偏好的提高，这是 11 月美国股债市场价格出现较大幅度上涨的基本原因。

依据美国财政部网站的数据，截至 2023 年 11 月 27 日，10 年期美国国债收益率 4.39%，相比 10 月底的 4.88%，下降幅度高达 49 个 BP。在短期美债市场收益率变化很小的情况下，长期美债市场收益率均出现了大幅下行。依据 WIND 数据，截至 2023 年 11 月 27 日，相比 10 月 30 日的收盘价，道琼斯指数、纳斯达克指数和标普 500 指数分别上涨了 7.3%、11.3% 和 9.2%。

从截至 2023 年 11 月 27 日的数据来看，11 月美国债市价格和股市价格都出现了明显上涨。

2023 年 7 月美联储第 11 次加息，至 2023 年 11 月未变。联邦基金利率水平保持在 5.33% 的水平。相比 10 月底，截至 11 月 24 日，美联储总资产下降了 970.16 亿美元，美联储继续缩表，货币政策紧缩态势未变。

从货币市场流动性来看，11 月美国金融市场流动性出现了下降。10 月底纽约联储的逆回购规模仍超过 1.1 万亿美元（相比 5 月中旬大约下降了50%），到了 11 月 27 日下降至 8672 亿美元，相比 10 月底的逆回购规模下降了约 2705 亿美元，可见美国货币市场流动性在不断收紧。

2022 年 6 月美联储开始缩表时，纽约联储的逆回购规模超过 2 万亿美元，一直延续到 2023 年 6 月中旬，基本维持在 2 万亿美元以上。此后，由于美债上限被暂停，美国财政部快速发行国债，债务存量从 5 月底的约 31.4 万亿美元上升至 11 月 24 日的约 33.8 万亿美元，债务增量高达 2.4 万亿美元。财政部在美联储的普通账户（TGA）从 5 月末的 485 亿美元上升至 11 月 22 日的 6930 亿美元，基本接近美国财政部 7500 亿美元的全年目标，TGA 账户阶段性重建基本完成。从存款机构在美联储的存款来看，11 月 22 日存款机构在美联储的存款达到 3.455 万亿美元，相比 5 月末的 3.205 万亿美元上升了 2500 亿美元。

从负债端来看，美联储要大幅度缩表有三种途径：降低 TGA、降低存款机构在美联储的存款、降低逆回购规模（逆回购类似于货币市场基金在美联储的隔夜存款）。从目前负债端缩表演进的路线来看，美联储选择了最平稳、操作性可控的方式。TGA 美联储无法控制，属于美国财政部；美联储可以调控存款机构在美联储的存款，但这涉及银行体系的稳定性。因而，选择逆回购方式既便利，又不影响银行体系流动性，逆回购规模的下降通常被认为对金融系统的风险更低。从结果来看，逆回购规模下降说明市场流动性下降，但存款机构在美联储存款上升，说明银行体系的流动性是充足的。

从美国金融市场的金融条件指数来看，进入 11 月后，美国金融市场条件指数反而是大幅放松的。依据美联储芝加哥分行的数据，相比 10 月底，截至 11 月 17 日，美国国家金融条件指数从 10 月 27 日的 -0.36 下降至 -0.47，调整后的金融条件指数（ANFCI）从 -0.32 下降至 -0.47。

因此，我们看到，即使是市场流动性（逆回购规模）持续下降，但整个金融市场条件是宽松的。金融条件放松主要得益于风险偏好的上升。11 月 17 日金融条件指数为 -0.47，其中风险因素就贡献了 -0.27。

市场投资者风险偏高上升主要来自美国经济"软着陆"的预期。依据 BEA 的数据，2023 年第 3 季度美国经济增长环比年率 4.9%，第 1、2 季度环比年率分别为 2.2% 和 2.1%，2023 年全年美国经济增速可能会超出美联储在 9 月 20 日预计的 2.1%。

10 月美国劳动力市场失业率为 3.9%，9 月职位空置率为 5.7%，职位空置数量依然超过 955 万个，比 2020—2022 年的平均水平要超出 200 多万个。

2023 年 6 月 PCE 同比上涨 3.2%（基数是峰值 7.1%），截至 9 月的 PCE 同比上涨 3.4%，核心 PCE 连续 12 个月下降，由 2022 年 9 月的 5.5% 下降至 2023 年 9 月的 3.7%。2023 年 6 月 CPI 同比上涨 3.1%（基数是峰值 8.9%），10 月 CPI 同比上涨 3.2%；10 月核心 CPI 同比上涨 4.0%，也几乎是连续下降了 12 个月。

接近年末，市场投资者认为 2023 年美国经济在三个方面超出了市场的预期：经济增速超过长期潜在增长率、劳动力市场韧性强以及通胀放缓的速度较快。"软着陆"预期刺激了投资者兑现风险偏好的提高，这也是 11 月美国股债市场价格出现较大幅度上涨的基本原因。

美联储货币政策面临新难题

12 月 18 日

2023 年 11 月在通胀率和失业率有所下降的背景下，美联储货币政策面临新难题：美联储既要"软着陆"，又需要给美国金融市场降温。劳动力市场紧张状态和风险资产价格过大幅度上涨带来的财富效应构成了支撑美国核心通胀率下行缓慢的"双支柱"，控通胀目标远未实现。在劳动力市场降温和金融市场降温的选择上，美联储可能更倾向于给金融市场降温，释放资产价格过高的风险。

2023 年 12 月 13 日，美联储公布了最新一期的货币政策声明，基本确认了当前政策性利率 5.25%—5.50% 是限制性利率水平。在同时公布的《经济预测摘要》中上调了美国 2023 年 GDP 增速至 2.6%，下调了联邦基金利率至 5.40%。市场已经在预期本轮加息周期应该结束，并开始预测明年何时降息及降息幅度。

11 月美国经济 CPI 同比上涨 3.1%，核心 CPI 同比上涨 4.0%，CPI 同比增速小幅放缓，核心 CPI 同比增速与 10 月持平。同时，11 月的失业率出乎意料地从 10 月的 3.9% 下降至 3.7%。11 月美国经济出现了通胀和失业率有所下降的态势，使美联储对"软着陆"的期望大增，但 11 月美国 CPI 依然呈现出能源价格下跌、服务业价格走高的趋势。服务业价格的顽固性使核心通胀率下降依然会延续前期相对缓慢的态势，服务业价格下降成为美联储降通胀必须面临的问题。美联储如果仍然希望强劲的劳动力市场继续为消费者支出提供支撑，那就需要对通胀采取较高容忍度，采用以时间换空间的货币政策取向，并期望金融市场有所降温，降低财富效应以及与住房相关的服务业价格，尤其是租金价格。如果金融市场不降温，就需要劳动力市场降温。在两个市场降温取舍上，美联储可能更倾向于给金融市场降温，否则，美国核心通胀率下行将会相当缓慢。

从美国金融市场风险资产价格来看，截至 12 月 17 日，2023 年美国股市上涨幅度过大，道琼斯、纳斯达克和标普 500 指数分别上涨了 12.54%、41.54% 和 22.91%。无论从估值视角还是收益率视角，都是如此。图 1 显示了 2018 年以来美国股市三大股指估值的变化。2020 年是新冠疫情冲击的特殊年份，我们采用两种样本方法做了简单比较。剔除 2020 年，2018—2022 年标普 500、纳斯达克和道琼斯指数的市盈率（P/E）估值均值分别是 22.4 倍、31.4 倍和 22.3 倍，2023 年的估值分别比这 4 年估值的均值要高出 10.3%、34.7% 和 14.8%。如果包括 2020 年特殊年份，2020 年美国股市的估值在美联储无上限宽松刺激货币政策和经济下滑的双重背景下，明显是高估的，纳斯达克指数的 P/E 高达 66.6 倍，标普 500 指数的 P/E 估值也高达 37 倍，道琼斯也达到了 30.2 倍。相比包括 2020 年的 2018—2022 年均估值，2023 年纳斯达克和道琼斯指数的市盈率（P/E）估值分别比这 5 年估值的均值要高出 10.2% 和 7.1%，标普 500 要低 2.4%。

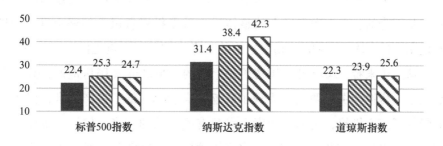

图 1 美国股市估值（P/E，TTM）

资料来源：WIND. 2023 年数据截至 12 月 15 日。

从股息率来看，2023 年美国股市的股息率是明显下降的。图 2 显示了

2018 年以来美国三大股指股息率的变化。与图 1 类似，剔除 2020 年特殊情况，2023 年标普 500、纳斯达克和道琼斯指数的股息率比 2018—2022 年 5 年均值要低出 15.9%、22.1% 和 21.4%。包括 2020 年样本，2023 年标普 500、纳斯达克和道琼斯指数的股息率比 2018—2022 年 5 年均值要分别低 13.9%、18.7% 和 19.2%。

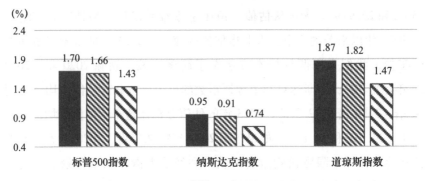

图 2　美国股市股息率

资料来源：WIND. 2023 年数据截至 12 月 15 日。

　　整体上，相对于过去 5 年的情况，2023 年美股在估值上是过高的，股息率是下降的。在金融市场上的整体反应就是投资者风险偏好上升，2023 年以来全球 VIX（CBOE 波动率）指数下降了 43.3%，也支持了这一判断。

　　从房价来看，2023 年美国房价是上涨的。2023 年美国房地产在高利率压制下，房地产供求两端都出现了收缩，高利率降低了房产需求，但也显著降低了房产供给，美国房产库存量只有疫情前的一半，供给不足导致了房价持续走高。S&P/Case-Shiller 住房指数显示，2023 年 9 月美国平均房价比 2022 年同期增长 3.9%。2023 年以来美国平均房价已经上涨了 6.6%。

　　依据美联储公布的 2023 年第 3 季度《美国金融账户》数据，2023 年第 3 季度美国家庭净财富比 2022 年第 4 季度增加了 7.33 万亿美元，金融资产价格过大幅度上涨是主要原因。相比 2023 年第 2 季度，第 3 季度下降了

1.31 万亿美元，其中直接和间接持有的股权价值下降了约 1.7 万亿美元，但不动产价值增加了 0.5 万亿美元。

可见，美国核心通胀率之所以下降缓慢，核心通胀顽固，存在劳动力市场紧张状态和金融市场财富效应的双重支撑。劳动力市场紧张状态和风险资产价格过大幅度上涨带来的财富效应构成了支撑美国核心通胀率下行缓慢的"双支柱"。

在核心通胀率下行缓慢和失业率处于低位的背景下，美联储货币政策面临新难题，美联储既要"软着陆"，又需要给美国金融市场降温。在劳动力市场降温和金融市场降温的选择上，美联储可能更倾向于给金融市场降温，释放资产价格过高的风险。

2023 年国际金融市场:韧性与分化

12 月 20 日

    2023 年即将过去,回首 2023 年国际金融市场的表现,总体可以概括为韧性与分化。2023 年国际金融市场在美、欧等控通胀和地缘冲突博弈加剧的环境下度过了有惊无险的一年。高利率和流动性收紧导致国际金融市场在 2023 年出现了硅谷等银行关闭风波以及金融市场动荡,但未出现系统性金融危机,国际金融市场展现出了较强的韧性;高利率环境下股涨债跌,不同市场、不同金融产品价格变化差异较大,分化明显,充分反映了国际金融市场上投资者意见的分歧。

一　国际金融市场面临高利率和流动性收紧双重压力

    2023 年以来,全球主要发达经济体持续紧缩控通胀,国际金融市场处于高利率环境。目前美联储政策性利率处于 5.33%,是 22 年来的最高利率;欧洲央行政策性利率 4.50%,是欧洲央行成立以来的最高利率。美元和欧元在全球外汇储备中占比接近 80%,在全球贸易结算中占比超过 70%,也是主要的全球性跨境融资货币,美、欧高利率抬高了国际金融市场的利率水平。相比 2022 年年底,2023 年以来美联储加息 4 次,政策性利率水平提高 100 个 BP;欧洲央行加息 6 次,政策性利率水平提高 200 个 BP。此外,英国、加拿大银行 2023 年以来也多次加息，目前政策性利率分别高达 5.25% 和 5.00%。

从美、欧央行资产负债表来看，相比 2022 年年底，美联储和欧洲央行继续缩表来收紧流动性。截至 12 月 7 日，2023 年以来美联储缩表规模超过 1 万亿美元（约 1.02 万亿美元）。从美国 M2 来看，2022 年年底以来 M2 出现负增长，2023 年 10 月同比下降 3.4%，出现连续 11 个月负增长。美联储逆回购规模从年初的约 2.2 万亿美元下降至 12 月 11 日的约 0.83 万亿美元，美国金融市场流动性和金融条件持续收紧。截至 12 月 1 日，2023 年以来欧洲央行缩表规模约 0.95 万亿欧元。欧元区 M2 从 2023 年 5 月开始一直负增长，10 月同比下降 2.2%。欧元区市场流动性和金融条件也在持续收紧。

二 国际金融市场面临增速放缓、通胀下行的经济环境

2023 年全球经济增速放缓，但大幅超出市场在年初的预期。依据 2023 年 10 月 IMF（WEO）提供的数据，2023 年世界经济增速 3.0%，相比 2022 年的 3.5% 增速放缓；发达经济体经济增速 1.5%，相比 2022 年的 2.6% 显著放缓；新兴市场和发展中经济体增长 4.0%，相比 2022 年的 4.1% 略有下降。11 月底《OECD 经济展望》预测 2023 年全球经济增速 2.9%，OECD 2023 年经济增速 1.7%，非 OECD 经济增速 4.0%。以中国为代表的亚洲经济体依旧是世界经济增长的重要拉动力量，IMF 和 OECD 预计 2023 年中国经济增速分别为 5.2% 和 5.0%。整体上，2023 年全球经济增速较 2022 年有所放缓，但保持了适度增长。OECD 预计其 2023 年总体物价水平将从 2022 年的 9.5% 下降至 2023 年的 7.0%。10 月 IMF（WEO）预计 2023 年全球消费者价格涨幅将从 2022 年的 8.7% 下降至 2023 年的 7.9%，其中，发达经济体从 7.3% 下降至 4.6%；新兴市场和发展中经济体从 9.8% 下降至 8.5%。2023 年全球高物价形势有缓和，但通胀依旧处于较高水平。

从美、欧经济和物价来看，IMF 和 OECD 预计 2023 年美国经济增速分别为 2.1% 和 2.4%。美联储在 2023 年 9 月《经济预测摘要》中预测 2023 年美国经济增速为 2.1%。2023 年欧元区经济增速显著放缓，IMF 和 OECD 预测欧元区 2023 年经济增速分别为 0.7% 和 0.6%，欧洲央行 9 月预测欧元区 2023 年经济增速为 0.9%。在激进紧缩货币政策的作用下，2023 年美、欧通胀显著下行。2023 年 10 月美国 CPI 和 PCE（私人消费支出价格）同比上涨 3.2% 和 3.0%，核心 CPI 和核心 PCE 同比上涨 4.0% 和 3.5%。2023 年 11 月欧元区通胀率（HICP）下降至 2.4%，核心通胀率同比上涨 4.2%。相比此轮通胀的高点，美、欧通胀已经显著降温，但核心通胀率仍处于比较高的水平。美、欧通胀率显著下降的原因主要有三点：一是紧缩政策降低了经济总需求；二是能源和食品价格冲击消退，2023 年以来能源和食品价格出现了明显的下降；三是全球供应链压力消失。纽约联储的全球供应链压力指数 2023 年以来已经恢复到疫情前的正常水平。

三　风险偏好支撑了市场风险 资产价格，股债分化

2023 年以来，美、欧等发达经济体经济状况好于此前的预期，得益于劳动力市场的韧性和物价较快速的下降，经济衰退风险减弱。11 月美国的失业率从 10 月的 3.9% 反而下降至 3.7%，10 月时薪同比涨幅 4.0%。10 月欧元区失业率 6.5%，是欧元区成立以来的最低失业率。劳动力市场的韧性一方面降低了经济衰退风险，另一方面使美、欧核心通胀率下降相对缓慢。

紧缩周期带来了流动性收紧，但由于前期美、欧激进宽松货币政策向市场投放了大量的流动性，相对于疫情前的 2020 年 2 月底，截至 2023 年 12 月初，美联储总资产扩张幅度超过 80%，欧洲央行总资产扩张幅度也接近 50%。同时，加息周期中国际资本流向美、欧市场，也带来了国际流动性的转移，增加了美、欧市场的流动性。从美国市场来看，美联储目前的逆回

购规模依然超过 8 千亿美元。因此，相对于疫情前的状况，美、欧市场流动性还是相对充裕的。

流动性相对充裕和衰退风险下降，导致国际金融市场投资者风险偏好在 2023 年出现阶段性波动，但整体上维持了上升态势，成为支撑美、欧股市上涨的关键因素。2023 年以来美国金融市场风险溢价是下降的。依据美联储圣路易斯分行的数据，穆迪 Aaa 级债券和 10 年期美国国债收益率之间的风险溢价（收益率差）从年初的 90 个 BP 下降至 12 月 8 日的 68 个 BP，但风险溢价在全年中出现了较大的波动，最高时接近 120 个 BP。穆迪 Baa 级债券和 10 年期美国国债收益率之间的风险溢价从年初的 203 个 BP 下降至 12 月 8 日的 161 个 BP。ICE 的 AAA 级公司指数期权调整利差从年初的 60 个 BP 下降至 12 月 8 日的 37 个 BP。

风险偏好上升助推了美、欧股市及全球股市的上涨，全球股市总体表现出牛市氛围。依据 WIND 的数据，截至 12 月 12 日，道琼斯、纳斯达克和标普 500 指数 2023 年以来的涨幅分别约为 9.8%、37.9% 和 20.4%，出现了较大的涨幅。欧洲股市也出现了不同程度的普遍上涨，英国富时 100 指数、法国 CAC40 指数、德国 DAX 指数、意大利富时 MIB 指数和欧元区 STOXX50 指数分别约上涨了 1.9%、16.9%、20.7%、28.9% 和 20.0%。亚洲股市涨跌出现了分化，日经 225 指数、韩国综合指数和印度 SENSEX30 指数分别约上涨了 25.9%、13.4% 和 14.5%；中国股市 2023 年表现欠佳，上证指数下跌了约 2.8%，深证成指下跌了约 12.6%，恒生指数下跌了 17.2%；泰国 SET 指数、富时新加坡海峡指数和富时马来西亚综指也分别下降约 17.2%、4.7% 和 2.22%。整体上，2023 年全球不同股市的表现与其经济增速出现了脱节。

从估值来看，截至 2023 年 12 月 11 日，道琼斯、纳斯达克和标普 500 指数的市盈率（TTM）分别为 25.23 倍、41.22 倍和 24.22 倍，分别比 2022 年年底上升了约 21.0%、47.3% 和 21.9%；道琼斯、纳斯达克和标普 500 指数的股息率分别为 1.49%、0.75% 和 1.45%，分别比 2022 年年底下降了约 15.8%、25.0% 和 15.2%。可见，美国市场投资者风险偏好上升是支撑美股上涨的关键因素。

风险偏好上升刺激了投资者持有股权类风险资产，债券市场价格出现了明显下跌。2023 年 3 月中旬美国硅谷银行、签名银行等关闭风波与债券市场价格大幅下跌直接相关，硅谷银行关闭成为 2008 年 9 月以来美国最大的银行关闭事件。美联储持续加息导致银行持有的债券资产价格出现了大量浮亏，银行流动性急剧恶化。依据美联储达拉斯央行的测算数据，截至 2023 年 10 月，美国可交易国债规模接近 26 万亿美元，账面浮亏高达近 2.64 万亿美元，创历史新高；而账面亏损率高达 10.1%，是历史第二高位。

为了应对银行业资产估值带来的流动性不足风险，2023 年 3 月 12 日美联储紧急创建了新的银行定期融资计划，为存款机构提供额外资金支持，向银行、储蓄协会、信用合作社和其他合格的存款机构提供最长 1 年的贷款，以存款机构持有的美国国债、机构债务和抵押贷款支持证券以及其他合格资产作为抵押，这些资产将按票面价值估值，美联储在帮助美国银行业穿越加息周期。欧元区在 2022 年 7 月加息时推出了反碎片化金融工具（TPI），以应对欧元区货币政策传导可能面临的无序市场事态，降低成员国因加息导致的息差大幅走阔对债务重的成员国造成的冲击，避免再次出现欧债危机。

四 全球外汇市场较大波动中整体稳定，存在分化

2023 年以来美元指数涨幅很小，但基本维持在 100 以上高位运行，全球外汇市场出现了阶段性较大波动风险。比如日元在 11 月中旬曾一度突破 1 美元兑 150 日元关口；欧元在 10 月上旬曾逼近与美元的 1∶1 平价；人民币在 9 月上旬一度突破 7.3 等。

2023 年外汇市场波动较大，但整体表现相对稳定。全球主要货币对美元汇率有涨有跌，汇率明显分化。截至 2023 年 12 月 12 日，欧元兑美元上

涨了约 0.9%，日元兑美元贬值幅度较大，贬值了约 10.8%，英镑兑美元升值了近 4%，加元兑美元仅贬值了 0.1%，瑞郎 2023 年表现相对强劲，兑美元升值幅度达到 5.3%。从新兴重要货币来看，人民币兑美元贬值了 3.2%，澳元兑美元贬值了约 3.3%，新西兰元兑美元贬值了约 3%。对外汇市场审慎监管和针对性增加美元流动性的政策在一定程度上保障了 2023 年全球重要货币外汇市场总体表现相对稳定。

此外，在 2023 年世界经济增速下滑预期的作用下，全球金融市场大宗商品价格普遍出现不同程度的下跌。截至 12 月 12 日，依据 WIND 数据，ICE 布油和 WTI 原油价格 2023 年以来下降幅度超过 10%；依据 EIA 数据，截至 12 月 5 日，2023 年以来天然气价格下降了约 40%，能源价格出现了较大跌幅。CBOT 大豆、小麦和玉米价格分别下降了 11.9%、22.4% 和 28.6%。国际铜价基本稳定，SHFE 螺纹钢价下降了 1.1%，LME 铝价下跌了约 10.5%，GFEX 工业硅价格下降了近 23.0%。铁矿石价格 2023 年则出现比较大的涨幅，DCE 铁矿石价格上涨了约 12.3%。值得一提的是，2023 年国际市场黄金价格出现了较大涨幅，伦敦金现、COMEX 黄金价格分别上涨了近 9.0% 和 9.4%。金价上涨与全球部分央行 2023 年较大规模增持黄金有关，地缘政治格局大变化导致部分经济体央行调整了储备资产结构，增持了黄金，而风险偏好不高的投资者也通过持有黄金来规避不确定性。一些金融创新产品，比如比特币，在 2023 年以来市场投资者预期美联储不再加息、美国证券交易所比特币基金即将获批，以及 2024 年即将到来的比特币减半等多种因素影响下，出现了超过 140% 的非理性上涨。

截至 12 月 12 日，2023 年以来国际恐慌指数（VIX）下降了约 43%，国际金融市场面临的不确定事件有所减少：新冠疫情不再构成"国际关注的突发公共卫生事件"；俄乌冲突对国际金融市场的影响逐渐被适应。但出乎意料的是 10 月 7 日爆发了巴哈冲突，冲突至今仍未妥善化解，这给未来全球地缘政治格局和经济关系的深度演变带来了不确定性。同时，紧缩货币政策导致全球金融市场持续承压，市场动荡风险并未消除，在美联储紧缩"最后一公里"和利率继续维持高位时期都是风险的爆发期。货币政策周期急剧转变、地缘政治持续动荡以及主要国际机构对世界经济不乐观预期将对全球的金融监管、市场金融机构的风险管理能力持续提出挑战，这种挑战在 2024 年不会消失。

主要参考文献

Weiss, C., 2022, "Geopolitics and the U. S. Dollar's Future as A Reserve Curren-
cy", *International Finance Discussion Papers* 1359, Washington: Board of Gover-
nors of the Federal Reserve System, https://doi. org/10. 17016/IFDP. 2022. 1359.

"Summary of Economic Projections", https://www. federalreserve. gov/mone-
tarypolicy/files/fomcprojtabl20221214. pdf.

"Federal Reserve Board Announces It Will Make Available Additional Funding to
Eligible Depository Institutions to Help Assure Banks Have the Ability to Meet
the Needs of All Their Depositors", Board of Governors of the Federal Reserve
System, March 12, 2023, https://www. federalreserve. gov/newsevents/pre-
ssreleases/monetary20230312a. htm.

Adam Shapiro, "A Simple Framework to Monitor Inflation", Federal Reserve
Bank of San Francisco, June 1, 2022, https://www. frbsf. org/research-and-
insights/publications/working-papers/2022/06/a-simple-framework-to-monitor-
inflation/.

"Examining the Rapid Rise of U. S. National Wealth since 2012", Federal Re-
serve Bank of St. Louis, March 28, 2023, https://www. stlouisfed. org/on-
the-economy/2023/mar/what-explains-rapid-rise-us-national-wealth.

"ECB Interview ǀ Are Big Profits Keeping Prices High? Some Central Bankers Are
Concerned", European-American Chamber of Commerce, April 3, 2023, ht-
tps://eaccny. com/news/chapternews/ecb-interview-are-big-profits-keeping-

prices-high-some-central-bankers-are-concerned/.

Erica Xuewei Jiang, Gregor Matvos, Tomasz Piskorskiand Amit Seru, "Monetary Tightening and U. S. Bank Fragility in 2023: Mark-to-Market Losses and Uninsured Depositor Runs?", National Bureau of Economic Research, Working Paper 31048.

Shekhar Aiyar, and Anna Ilyina, "Charting Globalization's Turn to Slowbalization After Global Financial Crisis", IMF Blog, February 8, 2023, https://www. imf. org/en/Blogs/Articles/2023/02/08/charting-globalizations-turn-to-slowbalization-after-global-financial-crisis.

Lane, P. R, and Shambaugh, J. C. , 2010, Financial Exchange Rates and International Currency Exposures, *American Economic Review*, 100 (1): 518 – 540.

Gourinchas, P. O. , and Rey, H. , 2005, "From World Banker to World Venture Capitalist: US External Adjustment and the Exorbitant Privilege", NBER Working Paper No. 11563.